IDEN TITA RIS MO

ANTONIO RISÉRIO

ANTONIO RISÉRIO

IDENTITARISMO

SÃO PAULO | 2024

Copyright © 2024 – Antonio Risério

Os direitos desta edição pertencem à LVM Editora, sediada na
Rua Leopoldo Couto de Magalhães Júnior, 1098, Cj. 46
04.542-001 • São Paulo, SP, Brasil
Telefax: 55 (11) 3704-3782
contato@lvmeditora.com.br

Gerente Editorial | Chiara Ciodarot
Editor-chefe | Pedro Henrique Alves
Editora assistente | Geizy Novais
Preparação dos originais | Mariana Diniz Lion
Revisão | Laryssa Fazolo
Capa | Mariangela Ghizellini
Diagramação | Décio Lopes

Impresso no Brasil, 2024

Dados Internacionais de Catalogação na Publicação (CIP)
Angélica Ilacqua CRB-8/7057

R474i   Risério, Antonio

       Identitarismo / Antonio Risério. - São Paulo: LVM Editora, 2024.
       280 p.

       Bibliografia
       ISBN 978-65-5052-219-3

       1. Ciências sociais   2. Ciência política   I. Título

24-2983   CDD 300

Índices para catálogo sistemático:
1. Ciências sociais

Reservados todos os direitos desta obra.
Proibida a reprodução integral desta edição por qualquer meio ou forma, seja eletrônica
ou mecânica, fotocópia, gravação ou qualquer outro meio sem a permissão expressa do
editor. A reprodução parcial é permitida, desde que citada a fonte.
Esta editora se empenhou em contatar os responsáveis pelos direitos autorais de todas as
imagens e de outros materiais utilizados neste livro. Se porventura for constatada a omissão involuntária na identificação de algum deles, dispomo-nos a efetuar, futuramente, as
devidas correções.

"O problema central do Brasil é a mediocridade".

ROBERTO MANGABEIRA UNGER

"Há algum tempo, essencializar as pessoas era considerado ofensivo, um tanto estúpido, antiliberal, antiprogressista, mas agora isso só é visto assim quando é feito por outras pessoas. Essencializar a si mesmo e estereotipar a si mesmo não só é permitido, mas considerado empoderador".

BENJAMIN ZACHARIAH

"O multiculturalismo também preenche um enorme vazio intelectual. Privados de um idioma radical, destituídos de uma esperança utópica, os liberais e esquerdistas recuam em nome do progresso para celebrar a diversidade. Com poucas ideias sobre a maneira como deveria ser moldado o futuro, abraçam todas as ideias. O pluralismo transforma-se na tábua da salvação, no alfa e no ômega do pensamento político".

RUSSELL JACOBY

"As palavras já não significavam o que costumavam significar mais recentemente... As pessoas começaram a falar de 'igualdade', mas não pareciam se importar com direitos iguais. Falavam de 'antirracismo', mas soavam profundamente racistas. Mencionavam 'justiça', mas pareciam querer dizer 'vingança'".

DOUGLAS MURRAY

"Sem universalismo, não há argumento
contra o racismo, apenas um grupo
de tribos disputando poder".

SUSAN NEIMAN

"A civilização ocidental está sob ameaça
de três forças diferentes, mas relacionadas: o
ressurgimento do autoritarismo e expansão
de grandes potências nas formas do Partido
Comunista Chinês e da Rússia de Vladimir Putin;
o aumento do islamismo global, que ameaça
mobilizar uma vasta população contra o Ocidente;
e a disseminação viral da ideologia 'woke', que está
corroendo o tecido moral da próxima geração".

AYAAN HIRSI ALI

"Os populistas de direita e os defensores da síntese de
identidades veem um ao outro como inimigos mortais.
Na verdade, cada um é o yin do yang do outro.
A melhor maneira de derrotar um é se opor
ao outro – e é por isso que todos que se
preocupam com a sobrevivência das sociedades
livres devem se comprometer a lutar contra ambos".

YASCHA MOUNK

Em memória de Pierrô, meu tão bonito e tão adorável
cão são-bernardo, amigo das pessoas e dos gatos,
o cachorro mais "boa gente" que conheci.

Sumário

Agradecimentos | 11

Palavras preliminares | 13

[Capítulo 1]
A dupla desorientação | 39

[Capítulo 2]
Desembarque nos trópicos |103

[Capítulo 3]
A dupla falsificação | 165

[Capítulo 4]
Quem banca a ideologia antimestiça | 215

A CIA, a Fundação Ford e a sociologia marxista | 218
Financiando a esquerda identitarista neonegra | 239
Em tela, o imperialismo cultural | 245
Mais duas ou três coisas | 256

Poslúdio
Sem choro, nem vela |267

Agradecimentos

N esses alguns anos em que venho examinando criticamente as falácias e falcatruas do identitarismo, tenho contado com a ajuda, o estímulo e a cumplicidade de um número razoável de pessoas.

Algumas me conseguem textos relevantes para as minhas análises, outras discutem temas e tópicos comigo e ainda outras me incitam ao trabalho ou me fornecem auxílio técnico e mesmo etílico. Passo então a nomeá-las aqui: Antonio Cícero, Amon Pinho, Bruna Frascolla, Barbara Maidel, Christine Ajuz, Carlinhos Cor das Águas, Caetano Portugal, Carlos Sávio Teixeira, Francisco Bosco, Fernando Coscioni, Fabíola Ferrari, Fernando Vita, Gustavo Alonso, Gustavo Falcón, Getúlio Santana, Iago Ribeiro, João Carlos Rodrigues, José Mario Pereira, Jorge Luiz Nóvoa, Josias Teófilo, Kátia Bandeira de Mello, Luca de Carmo Ferraro, Luciana Hope, Maria Augusta de Souza, Marcelo Cordeiro, Mary del Priore, Marcelo Luna, Maristerra Lemes, Mariana Risério, Pedro Franco, Peter Fry, Pedro Novis, Sara Victoria, Victor Mascarenhas, Vicente Paulo Ferreira, Vitória Eugênia Ottoni, Yvonne Maggie, Yuri Azevedo e Zé de Jesus Barreto.

Palavras preliminares

Escritores, de um modo geral, costumam usar esta abertura de seus escritos, comumente tratadas como *Nota do Autor*, para dar uma ideia do que virá ao longo do livro. Nunca foi o meu caso. Sempre uso este espaço inicial para explicitar alguns tópicos e dizer coisas que não disse (ou disse pela metade) no corpo do livro. E é o que, mais uma vez, vou fazer aqui.

Para começo de conversa, devo reafirmar o que já declarei várias vezes, mas meus adversários petistas-identitaristas, que reinam nos meios universitários e midiáticos, fingem que não ouvem, nem veem. Estou onde sempre estive: na esquerda. Mas fazendo a ressalva de sempre: esquerda democrática, mais ou menos na linha da antiga e verdadeira social-democracia, enquanto "versão socialmente responsável da tradição do iluminismo" (David E. Apter), colocando a esfera pública acima da esfera particular, mas acreditando que um setor econômico privado forte – numa sociedade mais igualitária – é capaz de evitar excessiva concentração de poder no setor público.

Repito isso porque os tais petistas-identitaristas, cinicamente, não cessam de me tachar de direitista e até de bolsonarista, como forma de me "queimar" entre os desavisados ou entre os que estão apenas se iniciando nos meandros da política e da cultura. Quando não, me acusam, juntamente com outros adversários críticos do *identipetismo*, de pretender "dividir a esquerda", que era justamente a crítica que nossos antigos partidos comunistas (o PCB e o PCdoB) faziam ao então líder sindicalista Lula da Silva – e ao recém-nascido Partido dos Trabalhadores.

Ou seja: o golpe é baixo e surrado, mas, pelo menos até certo ponto, funciona. Principalmente, num país em que a carência informacional é um fato. E numa conjuntura em que o maniqueísmo (de direita e de esquerda) impera. Confesso, também, que não deixo de achar engraçado ver turminhas de bonequinhos e bonequinhas posando de revolucionários, fazendo de tudo para me jogar no colo da direita, enquanto se entregam a seu esporte favorito, que é o chamado ativismo-de-sofá. Mas, sim, me encontro no campo da esquerda democrática, desde que me afastei da organização clandestina Política Operária, a Polop, no ano de 1970. A Polop, como sabe quem se interessa pela história da esquerda no Brasil, era um agrupamento principalmente trotskista, pregando a derrubada da "ditadura dos patrões" e a implantação de uma "ditadura do proletariado" (a fantasia marqueteira do marxismo clássico, que nunca chegou a se materializar em nenhum país comunista, da Rússia a Cuba, onde foi sempre a classe média – de Lênin a Fidel, de Trótski a Guevara – que açambarcou o poder). Deixando o trotskismo, deixei também para trás projetos ditatoriais. E os trotskistas, através de duas organizações, a Democracia Socialista e a Convergência Socialista (ambas ligadas à Quarta Internacional), estiveram na origem mesma do PT.

Mas vamos adiante. Em uns dois ou três momentos do livro, refiro-me ao fato de Lula e de o PT serem useiros e vezeiros na instrumentalização de movimentos sociais, em função de seu projeto de poder. Pouco importa que, para isso, caprichem na jogatina e na incoerência. Na verdade, ao longo de toda a história política brasileira, nenhum partido foi tão incoerente quanto o PT. Idelber Avelar, mescla de politicólogo e culturólogo, tratou muito bem do assunto em seu excelente *Eles em Nós: Retórica e*

Antagonismo Político no Brasil do Século XXI[1]. Em alguma medida, vou tê-lo em mente aqui. Como não há quem ignore, o PT entrou em cena negando o discurso do "Brasil Grande" da ditadura militar e atacando o populismo de Getúlio Vargas e sua CLT (Consolidação das Leis do Trabalho), ambos vistos como inimigos dos trabalhadores brasileiros. Chegando ao poder, todavia, o PT virou totalmente a casaca. De uma parte, passou a elogiar os militares (Lula celebrou até mesmo o general Garrastazu Médici, num discurso que pronunciou no aniversário da Embrapa, em abril de 2008), enfatizando que eles detinham um projeto nacional, o que é verdadeiro – e os governos lulopetistas, por sinal, retomaram teses, gestos e ações da ditadura, em coisas como o desempenho do BNDES e a construção da usina de Belo Monte (velho projeto, que o PT tanto criticara, do general Geisel), sem dar a mínima para o que a obra significava em matéria de devastação ecológica e de violência contra populações indígenas. De outra parte, como também não há quem ignore, Lula, que tanto demonizara o "trabalhismo", passou a se ver e a se apresentar, em vários discursos e declarações, como legítimo herdeiro de Getúlio Vargas. São apenas dois exemplos da absoluta incoerência de Lula e do PT. Poderíamos citar muitos outros.

Para a atual esquerda brasileira, a bem da verdade, coerência é coisa que só atrapalha. Vejam agora o caso de Marta Suplicy. Até 2016, o PT a paparicava como mulher de esquerda e a elegeu prefeita de São Paulo. Entre 2016 e 2023, Marta virou "traidora", personificação da mulher de direita. Agora, em 2024, o PT voltou a considerá-la de esquerda... Não, não é ideologia: é conveniência em função do poder. E é justamente nessa linha da incoerência desavergonhadamente interessada que devemos situar a instrumentalização petista de antigos e novos movimentos sociais.

---

1 AVELAR, Idelbar. *Eles em nós: Retórica e antagonismo político no Brasil do século XXI*. Record: Rio de JANEIRO, 2021. (N. E.)

Como foi dito, Lula e o PT se projetaram criticando asperamente o populismo varguista. Idelber sublinha corretamente este aspecto:

> Santo André, São Bernardo do Campo, São Caetano e Diadema tornaram-se o nascedouro de uma liderança jovem e moderna da classe trabalhadora, forjada na organização dos metalúrgicos. Seu movimento emergia ao romper com formas corruptas de representação e propor uma estrutura de sindicatos livre de clientelismo estatal. [...]. O PT tinha uma ideia bem clara do que não queria: não queria ser mais um partido comunista nem um partido populista/trabalhista na linha do legado de Getúlio Vargas, baseado em restrições forçadas e legalizadas aos sindicatos, um *éthos* nacionalista e laços clientelistas entre a liderança dos trabalhadores e o Estado. [...] O regime e a legislação de trabalho clientelista herdados do populismo de Getúlio Vargas eram constantes objetos de crítica. O pacto de classes que sustentara o populismo latino-americano devia ser abandonado em favor de um projeto de classe trabalhadora verdadeiramente autônoma.

Adiante, veio a virada:

> A surpreendente mudança que ocorreu durante os anos 2000, quando o PT finalmente chegou ao poder, foi que o populismo de Vargas, sua legislação trabalhista e seu sistema de sindicatos regulados pelo Estado passaram de antagonistas e *bêtes noires*[2] a apostas certas e inspiração explícita. De inimigos declarados do populismo varguista, os petistas se tornaram seus maiores defensores.

Foi por esse caminho – ou por essa conversão ao populismo varguista – que os movimentos sociais tradicionais foram

---

2 A expressão francesa *bête noire* se refere a algo ou alguém que incomoda, assombra ou perturba. É comumente usada para classificar aquela pessoa que não se pode ver "nem pintada de ouro". Em tradução literal, "a besta negra". (N. E.)

cooptados. Mais tarde, teríamos a cooptação dos novos movimentos identitaristas, hoje vistosamente entrincheirados nos gabinetes ministeriais de Brasília.

Mas Idelber acerta mais uma vez ao apontar que "as 'conquistas' que esses movimentos puderam comemorar a partir da pactuação lulista foram invariavelmente no campo do direito penal". Comenta o estudioso:

> [...] o endurecimento penal foi o osso compensatório que o lulismo atirou aos movimentos identitários, tanto ao movimento negro (com a criminalização do racismo) como ao feminismo (com a Lei Maria da Penha, a Lei do Feminicídio, a definição do feminicídio como crime hediondo e outras iniciativas). Em clara escolha por não enfrentar as questões estruturais que são afirmativas – direitos reprodutivos das mulheres, direito à terra para quilombolas, direito a acesso igualitário ao sistema educacional para negros e mulheres, direito à cidadania não policializada para negros –, a pactuação lulista com os movimentos identitários soube, já nos primeiros anos, que punir mais, insuflar punição e combinar esse desejo punitivo com o discurso em nome do oprimido era um hábil canal para evitar o confronto com as questões estruturais relacionadas à desigualdade. O giro punitivo da pactuação lulista com os movimentos identitários coincidiu com a emergência das redes sociais e com a consolidação de um discurso tautológico de que a vítima "tem sempre razão".

A cooptação/instrumentalização de grupos negros passou, ainda, pela política de "cotas" e pela ampliação do acesso de pretos a instituições do assim chamado "ensino superior". Confesso que não vejo maior relevância social na mera proliferação de faculdades e bolsas. Lula teria feito melhor se tivesse produzido escolas técnicas de alta qualidade ou, fora do campo educacional, tivesse realizado investimento maciço em saneamento básico e no esforço de superação da carência habitacional brasileira, em nível elevado, como Vargas o fez, e não construindo as favelas de amanhã, através do "Minha Casa, Minha Vida". E digo isso pelo simples motivo de que hoje, na vida socioeconômica de nossas classes menos privilegiadas, o diploma universitário tem certamente um alto valor simbólico, mas não um valor prático, conduzindo automaticamente a uma melhoria nas condições materiais da existência. Lula, de qualquer forma, meteu a mão na massa para fazer do Brasil um "país de doutores". Diante disso, fico a pensar nos reitores Edgard Santos e Darcy Ribeiro. Mais precisamente, no futuro que eles imaginavam para o sistema universitário brasileiro.

A visão que Edgard tinha da universidade era elitista, mas não classista. Acreditava que o ensino superior não era para as massas, mas para os possuidores de talento igualmente superior. Esse talento, no entanto, nada tinha a ver com a classe social em que o indivíduo nascera. Necessário era investir no talento. No dom. Preparar bem as pessoas, desde o ensino mais básico, formando-as da melhor maneira possível. Isso feito, os mais capacitados entrariam na universidade, que deveria providenciar os meios materiais de sua realização plena. A universidade aparece, então, como vanguarda cultural. Como usina de ideias e núcleo de alta pesquisa. Como lugar para o exercício das mentes mais brilhantes. E não se pense que esta conversa sobre talento e dom é supérflua. Ou que não existem diferenças qualitativas entre as inteligências das pessoas. Em *What Should the Left Propose?*[3], Roberto Mangabeira Unger, defensor sistemático da igualdade de oportunidades para todos, encarou a questão, escrevendo:

> Em sociedades muito desiguais, não é suficiente garantir níveis básicos de qualidade e investimento educacionais; é vital assegurar oportunidade especial ao jovem talentoso,

---

3 UNGER, Roberto Mangabeira. *What Should the Left Propose?*. Verso: Nova York, 2009. (N. E.)

realmente trabalhador e proveniente de classe menos favorecida. O objetivo inicial deste uso da educação como antídoto à incapacitação é alargar a síntese atual de classe e meritocracia. A meta seguinte é dissolver a classe através da radicalização da meritocracia. A ambição última é subordinar a meritocracia a uma visão mais larga de oportunidade e solidariedade inclusivas, afirmando-se diante das intratáveis disparidades do talento inato.

Pois é: intratáveis disparidades do talento inato...

Também Darcy Ribeiro, ao planejar a Universidade de Brasília, viu-se obrigado a levar o assunto em consideração. Sua proposta talvez seja a mais razoável. Ampliar, ao máximo, as matrículas. Permitir que todos, com qualificação, entrem na universidade. Mas esta, por sua vez, tem de saber distribuir bem as coisas. Com clareza e distinção, para lembrar o velho Descartes. Uma coisa é o grosso dos alunos, que devem ser formados para desempenhar suas profissões. Outra coisa são os "escolhidos", aqueles que o talento premiou. Seria perda de tempo tratar todos como iguais. Um sujeito que se destaca com um talento extraordinário para a matemática não pode ser nivelado aos que não revelam aptidão alguma para a matéria. Darcy, na verdade, faz uma certa ginástica mental para tentar resolver o problema. Mas o problema existe. A maioria dos alunos, diz Darcy, deve ser adestrada tecnicamente para exercer suas profissões. Mas haverá sempre uma minoria capaz de envergar o manto de cientista. A universidade não pode achar que todos serão cientistas. Tem de saber reconhecer o talento superior – e nutri-lo com as melhores e mais fortes vitaminas intelectuais. É o que lemos em seu livro *A Universidade Necessária*[4].

Nunca tomamos esse caminho. Mas outros – e desfiguradores do lugar da universidade como vanguarda cultural. No governo de Fernando Henrique, assistimos a um inesperado sucateamento da

---

4 RIBEIRO, Darcy. *Universidade necessária*. Paz & Terra: Rio de Janeiro, 1969. (N. E.)

universidade pública. A década de 1990 representou o momento em que o então chamado Consenso de Washington[5], sistematização mais esquemática do ideário neoliberal, predominou entre nós. O mercado foi eleito regulador máximo de todas as coisas e a privatização se impôs como modelo. A universidade pública foi entregue então ao seu próprio azar e empresas privadas de "ensino superior" conheceram uma expansão inédita na história educacional brasileira – mas sem qualquer resultado realmente digno de nota. Já o governo de Lula reverteu a relação de crescimento entre sistema privado e sistema público de ensino universitário, com o segmento público voltando a se expandir. Mas, lamentavelmente, foi uma aposta na proliferação pela proliferação de faculdades públicas, longe de qualquer preocupação com a qualidade do ensino e do nível de seus resultados. Ficamos mal, no governo tucano e no petista. E não vejo como discordar de Edgard e Darcy: não precisamos de um "país de doutores", mas de gente que saiba fazer.

Reservemos nossos institutos e laboratórios para quem seja capaz de se servir deles, independentemente de classe social e cor da pele. Para os pobres, criemos condições objetivas de desenvolvimento pleno de seus talentos. Mas, para a massa estudantil, ensinemos profissões (em sentido amplo, não no daquele adestramento técnico de extração germânica, aqui implantado por Roberto Simonsen), modos concretos de solucionar os problemas efetivos da sobrevivência. Darcy, aliás, distinguia entre três tipos de estudantes: um bem minoritário, o de perfil científico, senhor de talento superior, com relação ao qual a universidade deveria ter atenção e preocupação especiais; o universitário "consumidor", que procura a universidade para adquirir certo lustro intelectual

---

5 O Consenso de Washington tratou-se uma recomendação internacional elaborada em 1989, a intenção confessa era divulgar um solução econômica liberal a fim de combater as misérias e as demais crises socioeconômicas dos países tido como subdesenvolvidos, sobretudo os da América Latina. Sua elaboração formal ficou a encargo do economista John Williamson. (N. E.)

ou oportunidades de convivência social; e o "profissionalista", em busca de habilitação formal para exercer uma profissão. Devem existir outros tipos, acredito. Até porque o diploma não deixa de ser visto por muitos, em nossos dias, como uma espécie de nova carta de alforria – o que é uma bobagem até certo ponto compreensível. Se a velha carta de alforria produzia uma mutação social no estatuto do indivíduo, que passava de escravo a liberto, um diploma universitário no Brasil, atualmente, não significa praticamente nada, mas muita gente, com suas justificadas ânsias e desejos de ascensão social, ainda se ilude a esse respeito.

A essa altura, devo enfatizar que minhas discordâncias com Lula e o PT não caem no terreno do "narcisismo das pequenas diferenças", para lembrar a definição cara aos freudianos. No meu livro *Em Busca da Nação*[6], sublinhei que tais diferenças eram grandes e significativas. Acima de qualquer coisa, saliento que se trata da distância entre a militância democrática, de um lado, e o autoritarismo partidocrata em busca obsessiva de hegemonia (num pseudogramscianismo pervertido), de outro. E essa distância é a de um abismo. De um abismo fortemente escarpado. E isso para não falar do aliancismo lulopetista com políticos oligárquicos, da corrupção, do apoio a ditaduras como a venezuelana etc. etc. Do mesmo modo, também imensas são minhas diferenças com o identitarismo. E aqui faço minhas as palavras de Susan Neiman, ditas com referência a essa mesma esquerda identitarista:

> Num momento em que movimentos nacionalistas antidemocráticos se expandem em cada continente, não temos problemas mais imediatos do que ficar discutindo a teoria correta? Uma crítica de esquerda àqueles que parecem partilhar os mesmos valores pode sugerir um caso de narcisismo. Mas não são pequenas as diferenças que me separam daqueles que são *woke*. Não são apenas matéria

---

6 RISÉRIO, Antonio. *Em busca da nação*. Topbooks: Rio de Janeiro, 201. (N. E.)

de estilo e tom. Dizem respeito ao cerne mesmo do que significa ser de esquerda. A direita pode ser mais perigosa. Mas a esquerda identitarista atual se desfez das ideias de que necessitamos, se almejamos resistir à guinada à direita.

Concordo totalmente. E é também em nome da esquerda e do universalismo socialista que contesto e confronto o fascismo identitarista.

Nessa confrontação, aliás, muito me espantou e ainda me espanta a duradoura complacência da esquerda tradicional com relação ao identitarismo. Mas esta passividade agora é geral – e vai muito além do mundo da política e dos políticos. Veja-se, por exemplo, a falta de qualquer reação mais incisiva da população em geral diante da ditadura linguística que se vai implantando no país. Muitas vezes, em rodas de conversa com amigos, alguém diz uma palavra que os identitaristas condenam, como a palavra "índio", por exemplo, e logo surge a advertência: "não se pode mais dizer índio, não, tem de dizer indígena". E o que me surpreende é que ninguém parece achar nada de mais, como se isso fosse normal. Ninguém se pergunta: quem determinou a proibição? De quem partiu a ordem? Qual é a origem dessas novas obrigações e desses novos tabus verbais? Diante de tal quadro de conformismo, logo me vêm à mente umas palavras do velho e grandioso Nelson Rodrigues, em *A Menina sem Estrela*[7], seu livro de memórias:

> Se baixassem um decreto mandando a gente andar de quatro – qual seria a nossa reação? Nenhuma. E ninguém se lembraria de perguntar, simplesmente perguntar: "por que de quatro?". Muito pelo contrário. Cada um de nós trataria de espichar as orelhas, de alongar a cauda e aferrar o sapato.

No caso do processo de imposição de uma ditadura linguística, a coisa me espanta até porque, na sua quase total totalidade, as

---

7 RODRIGUES, Nelson. *A menina sem estrela*. Nova Fronteira: Rio de Janeiro, 2015. (N. E.)

interdições são simplesmente estúpidas, revelando ignorância exemplar sobre a língua que falamos. Como, por exemplo, achar que são "racistas" expressões latinas milenares, criadas quando ainda não havia um só escravo preto em nosso país, a exemplo de "denegrir" (de *denigresco*, no sentido de tingir de preto) e, pasmem, "doméstico" (de *domus*, casa, relativo a coisas caseiras). Não se espantem, portanto, se nossos ativistas do identitarismo começarem a entrar na justiça para proibir, nos aeroportos do país, o emprego de uma placa racista como "embarque doméstico". Nesse caso de vocábulos supostamente racistas, quem define as coisas é uma meia dúzia de gatos pingados, autorizados por eles mesmos (e não pela sociedade) para fazer isso. A propósito, num livrinho chinfrim intitulado *O que não te Contaram sobre o Movimento Antirracista*[8], duas jovens negromestiças, Geisiane Freitas e Patrícia Silva, fizeram ao menos uma ótima anotação, citando a ativista negra norte-americana Bell Hooks, que, aliás, já foi "cancelada":

> A elite da intelectualidade negra, além de assumir o papel de mediadora entre a comunidade negra e a cultura *mainstream*, aplica penalidades aos negros que manifestam publicamente posicionamentos divergentes. Esse grupo não é composto por indivíduos escolhidos pela comunidade negra. De acordo com Bell Hooks [*Outlaw Culture*[9]], ele tende a ser determinado de acordo com "o grau em que um indivíduo conquista a consideração e o reconhecimento de um poderoso público branco". Segundo Bell Hooks, essa elite é "a polícia secreta, que regula ideias, determina quem pode falar, onde e quando, o que precisa ser escrito e por quem e, claro, distribuindo recompensas e punições. Esse grupo não é todo-poderoso, mas busca censurar vozes que

8 SILVA, Patrícia; FREITAS, Geisiane. *O que não te contaram sobre o movimento antirracista*. Avis Rara: São Paulo, 2023. (N. E.)

9 HOOKS, Bell. *Outlaw Culture: Resisting Representations*. Routledg: Londres, 2006. (N. E.)

dizem o que não é considerado aceitável". Sobre os negros que fazem parte da vanguarda intelectual, a autora afirma o seguinte: "... [eles estão] confortáveis com a censura quando podem afirmar que é do interesse coletivo, eles não veem uma conexão entre essas ações e os esforços gerais para minar a liberdade de expressão nesta sociedade". O ativismo antirracista persegue toda pessoa que aponta proposições divergentes para o combate ao racismo como racistas (se forem brancos) ou traidores (se forem negros); daí nasce a urgência de cancelar todo indivíduo. Eis o que diz Jerônimo Teixeira ["A Cultura do Cancelamento, Cancelamento da Cultura"[10], revista *Cult*]: "... cancelar alguém implica a ambição de apagar sua existência, de converter uma pessoa em não pessoa. E isso evoca a imposição da desmemória que se vê no pesadelo distópico de George Orwell e nos regimes totalitários que inspiraram 1984".

Ainda assim – e ainda hoje –, há quem implique com o emprego do vocábulo "fascismo" com relação a manifestações (verbais e práticas) da movimentação identitarista. É academicismo. Pelo seguinte. A expressão "fascismo" ocupa dois níveis distintos na dimensão semântica da linguagem. Num desses níveis, é sintagma histórico, conceitual. Em outro, pertence ao *sermo vulgaris*[11]: é palavra comum do discurso cotidiano, devidamente dicionarizada, como se pode ver no *Aurélio* e no *Houaiss*. Nos meus escritos sobre identitarismo, só empreguei a expressão "fascismo", em sentido histórico-conceitual, uma única vez. Foi no ensaio "Diversidade em Alta, Democracia em

---

10 TEIXEIRA, Jerônimo. *A Cultura do Cancelamento, Cancelamento da Cultura*. Em: https://revistacult.uol.com.br/home/dossie-cultura-do-cancelamento-cancelamento-da-cultura/. (N. E.)

11 *Sermo Vulgaris*, ou "Latim Vulgar", culturalmente designa um emprego de linguagem genérica, popular e ampla. (N. E.)

Risco", estampado na coletânea *A Crise da Política Identitária*[12]. Nesse texto, falei do retorno do fantasma do Estado fascista, ainda que modificado, com o velho corporativismo mussolinista se desdobrando no corporativismo diversitário do identitarismo. Lembrei então que o corporativismo fascista foi pensado como um sistema de representação de classes e grupos de interesse, com o objetivo de transcender o individualismo e a luta interclassista. Sua finalidade: consolidar instituições permanentes, em função da harmonia social. O identitarismo prega uma retomada desse corporativismo em novas bases, com os antigos agrupamentos profissionais do projeto mussolinista substituídos por segmentos rácicos e sexuais, com o propósito de superar o individualismo da democracia liberal através do grupocentrismo. Com a diferença que o corporativismo identitarista não visa à criação de novas instituições, mas ao redimensionamento das atuais, através da partilha censitária dos organismos já existentes, com base em cotas rácico-sexuais. A estatística reinará acima de tudo. E assim ingressaremos na ditadura do demograficamente correto.

Acontece que, se a palavra "fascismo" nos ocorre quase automaticamente, diante do furor liberticida do identitarismo, raríssimas vezes fazemos as conexões entre pontos básicos dessa ideologia e o ideário nazista. Mas elas existem – e não são poucas. Posso dar, de imediato, três exemplos. Como no tópico do combate à mestiçagem. Ou, ainda, na "tese" tão solene quanto vazia de que só ariano entende coisa de ariano – só arianos são capazes de entender (e, por isso mesmo, de executar) a música alemã... Troque "ariano" por "negro" – e veja que você já perdeu a conta de quantas vezes topou com essa bobagem racista em panfletos e sermões do identitarismo: só negro entende coisa de negro. Outra conexão: nazistas e identitaristas irmanados na recusa à "verdade"

---

12 RISÉRIO, Antonio (Org.). *A crise da política identitária*. Topbooks: Rio de Janeiro, 2022. (N. E.)

("academicismo branco") e à "ciência" ("uma narrativa como outra qualquer"). A "verdade" e a "ciência" – enquanto entidades em si – simplesmente não existem. No ensaio "Looking Back on the Spanish War"[13], de 1942, George Orwell escreveu: "A teoria nazista nega, especificamente, que uma coisa como a 'verdade' exista. Não há, por falar nisso, nenhuma 'ciência'. Existem apenas a 'ciência germânica', a 'ciência judaica' etc" Bem. Substituam as palavras "germânica" e "judaica" por "branca" e "negra" e o discurso, no fundo, é o mesmo. Ainda nessa batida, em outro texto de Orwell, o arquifamoso *1984*[14], quando está torturando Winston Smith, o inquisidor O'Brien faz afirmações que parecem expelidas pela boca de algum ideólogo do multicultural-identitarismo: a realidade não é uma coisa objetiva, existindo em si mesma, mas uma "construção social"... Como se fosse pouco, sempre que ouço identitaristas neonegros falando de ancestralidade e raízes raciais, confesso que me vem à mente o identitarismo nazista, ou a política do *Blut und Boden*[15], "sangue e solo".

Um outro ponto, a que desejo referir-me, diz respeito ao "tom". Estamos cheios de clérigos "caritativos" hoje, no ambiente da pequena intelectualidade brasileira. Virou moda elogiar o modo "respeitoso" de debater, o tom "moderado" da fala ou do texto. Jornalistas brasileiros que resenharam *The Identity Trap*[16], de Yascha Mounk, empregaram, invariável e sintomaticamente, a expressão "respeitoso" no trato do assunto, como se isso fosse uma virtude

---

13 O texto pode ser lido no seguinte site: https://www.orwellfoundation.com/the-orwell--foundation/orwell/essays-and-other-works/looking-back-on-the-spanish-war/. (N. E.)

14 ORWELL, George. *1984*. Companhia das Letras: São Paulo, 2009. (N. E.)

15 O termo remonta ao final do século XIX, todavia, no sentido histórico-nazista, ganhou proeminência por se tornar uma espécie de chavão social dos militantes nazistas. "Sangue", referia-se à consanguinidade populacional, a "raça ariana" transmitida através da pureza relacional dos alemães; e a "terra", por sua vez, à etnografia alemã, transformada posteriormente, junto à hereditariedade, em mitos políticos do nazismo. (N. E.)

16 MOUNK, Yascha. *The Identity Trap*. Penguin Press: Nova York, 2023. (N. E.)

em si. Ou seja: querem polêmica com luva de pelica e "decoro parlamentar". Não fui criado nisso, mas por Maiakóvski, Pound, Trótski, Oswald de Andrade, os poetas concretistas, Glauber Rocha, a tropicália. O ataque pode ser pesado, desde que traga argumentos consistentes. E mais. Não se pode dar o mesmo tratamento ao que é denso e ao que é ralo. Quando examino as "epistemes" de *As Palavras e as Coisas*[17], discordo de Michel Foucault (como em meu ensaio "A Via Vico"[18], por exemplo), mas o trato com toda a admiração e o respeito que tenho por ele. Mas quando sub-sub-sub foucaldianos entram em cena reluzindo ignorância, gaguejando pseudoteorias e me agridem com extrema violência (acusando-me de racista, supremacista branco, desonesto, canalha), não deixo de chamar as coisas pelo nome. Ignorância é ignorância. Burrice é burrice. Gandhi: "Para ser verdadeiro, ao ladrão você tem de chamar de ladrão". E me lembro, ainda, do que diz o analista político norte-americano Norman Finkelstein, um dos mais brilhantes politicólogos que temos hoje no mundo (perdeu o emprego de professor universitário e foi banido da academia, sob o avanço implacável da fuzilaria de falanges fascistas do identitarismo), num comentário sobre o "tom" que adota em *I'll Burn That Bridge When I Get to It!*[19]: "Se este livro está atravessado de acidez, de causticidade, é porque muito da 'cultura identitarista' só merece desprezo". E não me inibo de tratá-la na base da porretada seca.

Na verdade, é o troco que identifascistas merecem. Porque o que encontramos à nossa volta, hoje, nada tem a ver com a sofisticação de um Foucault descrevendo/analisando, mesmo que equivocadamente, "As Meninas" de Velázquez, nem com os requintes da "gramatologia" de Jaques Derrida. Muito pelo

---

17 FOUCAULT, Michel. As Palavras e as Coisas. Martins Fontes: São Paulo, 2016. (N. E.)
18 O texto pode ser lido no seguinte site: https://revistas.usp.br/revusp/article/view/26973/28751. (N. E.)
19 FINKELSTEIN, Norman. *I'll Burn That Bridge When I Get to It!*. Sublation Media: Nova York, 2023. (N. E.)

contrário. É a rude, rasa, apressada e agressiva vulgata identitarista, com sua clicheria slogamática. São os lapantanas do identitarismo querendo dar aulas à humanidade. Se você discorda, a resposta é o mero xingamento. Xingar é o que faz o militante identitarista ter a ilusão de transcender a própria pequenez, como "o anão que se acha alto quando cospe longe", para lembrar a boa frase de Prosper Mérimée, em sua *Carmen*. Curiosamente, tenho um amigo useiro e vezeiro em se enganar com a cor da chita, que não se incomoda nem um pouco quando essa gente me ataca com extrema violência, mas sempre me censura, pedindo "moderação", quando ataco de volta. Que fazer? Não perder tempo com o caso... Apenas conto que, quando publiquei *As Sinhás Pretas da Bahia: Suas Escravas, Suas Joias*[20], esse meu amigo se dirigiu a mim com entusiasmo, dizendo que finalmente eu tinha achado o "tom" certo para contestar o identitarismo – e que, com a mudança de "tom", os identitaristas mudariam de atitude com relação a mim. E mudaram, sim, mas para pior. Foi aí que veio o "cancelamento", com jornalistas militantes da *Folha de S. Paulo* reivindicando também que os escritores Leandro Narloch e Demétrio Magnoli, que tinham elogiado o livro, fossem demitidos do jornal... Daí a minha conclusão, parodiando o título do famoso livro sobre a tortura sob a ditadura militar: "moderação, nunca mais". E o fato é que, assim como temos a mendicância agressiva, temos hoje também o vitimismo agressivo. Sinto muito, mas, para mim, o sofrimento não faz com que ninguém seja melhor do que ninguém – muitas vezes, é o contrário: produz ressentimento e rancor. A já citada Susan Neiman, por sinal, diz com todas as letras: sofrimento não é virtude. Assino embaixo.

A bem da verdade, não é nada desprezível a presença do anti-intelectualismo no mundo político-cultural brasileiro. E a

---

20 RISÉRIO, Antonio. *As sinhás pretas da Bahia: suas escravas, suas joias*. Topbooks: Rio de Janeiro, 2022. (N. E.)

coisa vem de mal a pior. Com a recente moda multicultural-i-dentitarista – "a peste de nossas universidades e de nossa mídia", no dizer do crítico literário Harold Bloom –, passamos do simples anti-intelectualismo ao domínio aberto da intelectofobia. Se a memória não me falha, acho que foi Richard Hofstadter, o autor de *Anti-Intelectualism in American Life*[21], quem disse que o maior adversário de uma pessoa culta é uma pessoa semiculta. Claro. Quem é mesmo inculto, simplório, desconhecedor de tudo que não diga respeito à sua rotina, às coisas elementares do seu dia a dia, não está preocupado com o assunto. Vida intelectual, para uma pessoa assim, é entidade bem mais distante do que seres extraterrestres. Não tem registro no seu radar, não o incomoda. A postura anti-intelectual é coisa de pessoas semi-intelectualizadas. De intelectuais falhados ou subintelectuais. Ou de intelectuais menores, de alcance provinciano, paroquial. Mas também de pessoas que, por isso ou por aquilo, embora tenham cursado alguma faculdade, ficaram completamente do lado de fora do círculo da chamada "cultura superior": sabem que existe uma coisa chamada música "clássica" ou "erudita", por exemplo, mas nunca ouviram sequer os concertos brandenburgueses de Bach, nem chegaram a curtir um piano mais íntimo soando nas canções de Schubert. Seu suposto desprezo pelos intelectuais brota de um motivo fácil de detectar: intelectuais revelam sem cessar, a essas pessoas, o quanto elas são despreparadas, desinformadas, estética ou filosoficamente toscas etc. A reação mais comum, então, é relativizar ou menosprezar o cultivo do intelecto. Atacar de algum modo a face contemplativa ou especulativa da mente, a inteligência desinteressada, o poder de generalização ou de crítica, a soma de informações consideradas supérfluas ou improdutivas. Afinal, que serventia tem saber distinguir entre impressionismo e expressionismo?

---

21 HOSTADTER, Richard. *Anti-Intelectualism in American Life*. Vintage: Nova York, 1966. (N. E.)

É estranho e até contraditório que o desdém pela atividade intelectual seja um traço marcante da esquerda brasileira. Contraditório porque Marx – o deus supremo dessa gente, antes que o relativismo pós-moderno decretasse a inexistência do mundo objetivo – era um sujeito extremamente culto e sofisticado, desde pelo menos os dias da "juventude hegeliana" na Universidade de Berlim. Verdade que uma de suas tiradas mais célebres, anotada nas também famosas "teses" contra Ludwig Feuerbach, criticando os filósofos de um modo geral e indiscriminado – uma categoria que se dá por satisfeita com meramente interpretar o mundo, em vez de tentar transformá-lo –, pode induzir a erro, levando os menos informados a vê-lo como adversário da teoria e dos empreendimentos teoréticos. Mas Marx era – obviamente – um teórico, além de leitor dos gregos, das "escrituras sagradas", de Shakespeare, de Kant e dos românticos alemães. Amante de Homero e de Goethe. E tinha não só rigor, mas cuidado extremo no trato com a língua e a escrita. Fez, por sinal, uma declaração que Gustave Flaubert não hesitaria em assinar, algo assim como "sou um escritor e, como escritor, a forma é a minha propriedade". Foi como uma peça literária que ele compôs a abertura do *Manifest der Kommunistichen Partei*[22], texto à maneira então em voga do chamado poema-em-prosa. Curiosamente, aliás, na luta pela abolição da escravidão nos Estados Unidos, Frederick Douglass se inspirava em Feuerbach, e não em Marx. Vale dizer, naquele momento histórico, era Feuerbach – e não Marx – quem de fato contribuía para mudar o mundo.

Mas nossos esquerdistas nunca deram muita bola para nenhuma dessas coisas. Do velho Partido Comunista Brasileiro, de inícios da década de 1920, à esquerda terrorista, no final da década de 1960, de Luiz Carlos Prestes a Carlos Marighella, a toada foi a mesma. Jacob Gorender, um erudito que foi dirigente do PCB e

---

22 *Manifesto do Partido Comunista*. (N. E.)

fundador do PCBR, ressaltou essa realidade. E só chegou a produzir seus livros – trabalhos de especial relevo como *O Escravismo Colonial*[23] e *Combate nas Trevas*[24] – depois que deixou a militância partidária. Marighella, por seu turno, desprezava qualquer esforço teórico. Era todo pela prática. Pela ação. Aliás, o próprio Gorender vai definir nesses termos o seu anarco-militarismo. Ou seja: a esquerda permanece avessa aos intelectuais, independentemente do passar dos anos. Permanece desconfiando da vida intelectual, mesmo que a trate como uma espécie de trabalho. A exceção, entre nós, esteve na Polop, um agrupamento mais intelectualizado e que cuidava da formação intelectual de seus quadros. Exceção, no entanto, é exceção.

Mas veja-se o lugar do intelectual no PT: entre o subordinado e o decorativo. Lembro-me sempre de um militante nomeado ministro do segundo governo lulopetista, num encontro público em São Paulo, garantindo à plateia que Antonio Cândido era "o maior intelectual brasileiro" e que, se alguém duvidasse disso, que fosse perguntar ao próprio Lula. Vale dizer: quem avalizaria Cândido como "o maior intelectual brasileiro" seria um sujeito semiletrado, ignorante em tudo que não diga respeito à política. O supramencionado Idelber Avelar também tocou de passagem no assunto, escrevendo:

> Quando Lula surgiu como líder dos metalúrgicos, em seus discursos não era incomum ouvir expressões de desdém por políticos e intelectuais. Lula em geral colocava ambos na mesma sacola e concluía com alguma variação da afirmativa de que "o que importa é comida na mesa do trabalhador". O surgimento do PT tem lugar em ambiente marcado por uma intensa suspeita contra a política institucional, incluindo as várias formas tradicionais de ativismo de esquerda. Tal

---

23 GORENDER, Jacob. *Escravismo colonial*. Ática: São Paulo, 1978. (N. E.)
24 GORENDER, Jacob. *Combate nas trevas*. Ática: São Paulo, 1987. (N. E.)

suspeita não estava livre de anti-intelectualismo, mesmo quando grandes intelectuais progressistas se uniram ao movimento pró-PT. Por causa da subserviência a Lula, os intelectuais do partido raramente protestavam contra o componente anti-intelectual que já compunha a origem mesma do discurso lulista.

Tudo isso bem mostra o desprezo esquerdista pela figura do intelectual. Por um lado, considera-se que a vida intelectual é supérflua, sem maior valor, nada prática, longe do real, da objetividade cotidiana das coisas comuns. Por outro lado, nota-se uma certa deferência, um certo respeito algo artificial. Mas essa atitude ambivalente, diante da figura do intelectual, foi por água abaixo com o multicultural-identitarismo. O misto de respeito e desdém foi arquivado. Em seu lugar, o ressentimento *lowbrow*[25] tornou-se agressivo e mesmo raivoso. Para o militante identitarista, o intelectual, além de um ser inútil, é essencialmente elitista. E o ódio da ignorância pelo conhecimento se apresenta então com toda a sua força. Bem. Não vou fazer aqui nenhum elogio ou defesa dos intelectuais. Limito-me a reproduzir uma observação do já mencionado Hofstadter:

> [...] a glória histórica da classe intelectual do Ocidente, nos tempos modernos, é que, de todas as classes que poderiam de algum modo ser consideradas privilegiadas, foi a que demonstrou maior e mais consistente preocupação com o bem-estar das classes situadas abaixo dela na escala social.

Mas vamos adiante. Ao contrário do que identitaristas racialistas querem nos obrigar a acreditar, o fato é que discordar dos movimentos negros não é, nunca foi, ser automaticamente

---

25 Termo anglo-americano que refere-se a pessoas, coisas ou ideias, tidas como "ignorantes", "supérfluas" – segundo o dicionário de Cambridge. Algo que não precisa de sofisticação para ser compreendida, ideia rasa, coisa simplória. (N. E.)

"a favor" do racismo. Longe disso. Sempre fui um militante antirracista, como se pode ver desde o meu primeiro livro, *Carnaval Ijexá*[26], publicado em 1981. Mas há meios e modos de lutar contra o racismo – e acho que a perspectiva identitarista é tosca, perversa, fraudulenta e socialmente doentia. Além disso, nunca aceitei ser tratado como "aliado". No meu romance *Que Você É Esse?*[27], publicado anos atrás, criei uma cena em que a personagem principal, um judeu ex-comunista, dirigindo-se a um militante negrista que o tratou como "aliado" na luta contra o racismo, diz com todas as letras:

> Aliado!?! De jeito nenhum, não aceito esse papel não. [...]. Não sou mero "aliado" porque vocês não monopolizam essa luta, nem são seus protagonistas solitários. A luta contra o racismo não é só dos pretos. É dos judeus, dos árabes discriminados nas cidades europeias, dos hispânicos, dos negros. Não é só de vocês. A luta contra o racismo é de toda a humanidade.

Vendo que já citei Susan Neiman duas vezes, vou citá-la uma terceira, já que ela amplia e aprofunda o argumento, também em seu livro mais recente, *Left Is Not Woke*[28]. Numa passagem do texto, Susan diz claramente que não é uma "aliada". E prossegue:

> Convicções desempenham um papel menor em alianças, razão pela qual elas com frequência duram pouco. Se, por um momento, acontece de meu interesse pessoal se alinhar com o seu, podemos fazer uma aliança. Os Estados Unidos e a União Soviética foram aliados até a derrota do regime nazista. Mas quando os Estados Unidos decidiram que era do seu interesse recrutar nazistas para derrotar o comunismo,

---

26 RISÉRIO, Antonio. *Carnaval Ijexá*. Corrupio: Bahia, 1981. (N. E.)

27 *Idem.*, *Que Você É Esse?*. Record: Rio de Janeiro, 2016. (N. E.)

28 Em edição nacional: NEIMAN, Susan. *A esquerda não é woke*. Âyiné: Belo Horizonte, 2024. (N. E.)

a União Soviética passou de aliada a inimiga. Que interesse levou milhões de pessoas brancas às ruas a gritar "Black Lives Matter"? Não foi nenhuma aliança, mas um compromisso com a justiça universal. Dividir membros de um movimento em aliados e outros solapa as bases da solidariedade profunda e destrói o que significa ser de esquerda.

O ponto de partida desses movimentos identitaristas é sempre justo: ninguém que se sinta chamado a construir um mundo melhor, menos imperfeito, aceita o racismo, a opressão da mulher pelo homem ou ofensas aos *gays*. Mas o desenvolvimento das coisas, em tais movimentos, tem sido totalmente equivocado, descambando, no extremo, para o fundamentalismo fascista. Enfim, o identitarismo é caso extremo e insuperável de uma espécie de explosão demográfica de boas intenções congestionando o caminho do inferno e superlotando-o. Minha viagem é outra, radicalmente outra. Yascha Mounk frisa o fato de que ninguém discutiu seriamente o identitarismo durante décadas. Não foi esse o meu caso. "Antonio Risério, em seu *A Utopia Brasileira e os Movimentos Negros*[29], coloca-se frontalmente contra as lutas identitárias", escreveu Francisco Bosco, em *A Vítima Tem Sempre Razão?*[30]. Seria talvez mais correto, na verdade, falar de contestação frontal das teses e formulações do identitarismo. De todo modo, o livro foi escrito em 2005 (publicado em 2007) e é uma discussão cerrada e densa sobre as realidades brasileiras em mais de 400 páginas. Mas sei que muita gente, quase todo mundo, não levava mesmo a sério o que estava acontecendo. Não acompanhava as movimentações. Não parava para ver que a natureza do identitarismo não é dialógica, como Wilson Gomes percebeu de imediato. E a praga se espalhou.

---

29 RISÉRIO, Antonio. *A utopia brasileira e os movimentos negros*. Editora 34: São Paulo, 2007. (N. E.)

30 BOSCO, Francisco. *A Vítima Tem Sempre Razão?*. Todavia: São Paulo, 2017. (N. E.)

Vamos a mais uma distinção, mesmo que óbvia. É necessário, em princípio, diferençar entre a *far-right* e o populismo autoritário de direita, de um lado – e, de outro, a direita e o centro democráticos. Mesmo que eventualmente eles venham a caminhar juntos. Na história política recente do Brasil, a direita e o centro democráticos nos deram personalidades como Juscelino Kubitschek, Ulysses Guimarães e Tancredo Neves. Penso que temos de nos aproximar tanto para derrotar o populismo autoritário de direita quanto o populismo autoritário de esquerda – e tentar superar o identitarismo, o que não vai ser rápido e muito menos fácil. Embora eu não tenha certeza de que um pacto dessa espécie será possível. Mas adianto que, para que uma combinação dessas aconteça, a esquerda terá de aprender a reconhecer que não é somente ela que sofre com o sofrimento alheio. Que não é somente ela que se preocupa com as desigualdades econômicas e o bem-estar social. Conservadores também se ocupam desses temas e se preocupam com isso. Para dar exemplos brasileiros, basta lembrar nomes como os de Gilberto Freyre, Alceu Amoroso Lima (Tristão de Athayde), Nelson Rodrigues e José Guilherme Merquior.

Um traço muito forte e característico do narcisismo esquerdista é que a esquerda costuma considerar como sentimentos tipicamente seus e emoções tipicamente suas coisas que se acham generalizadas, há tempos, muito além de seus círculos e de suas fronteiras, como a solidariedade social, a indignação diante da dor dos desfavorecidos, a determinação no combate a injustiças históricas e a opressões classistas, a tristeza diante da fome. A esquerda não deve se conduzir como se tudo que é bom, fraternal, humano, seja necessariamente de esquerda. Até porque não há nada mais longe da verdade. Basta pensar nos crimes de Stálin e Mao Zedong[31] para encerrar qualquer conversa nessa direção. E é preciso reconhecer o fato para tentar tornar possível e pragmati-

---

31 Mais popularmente conhecido como Mao Tsé-Tung. (N. E.)

camente real um acordo entre a esquerda e a direita genuinamente democráticas, no sentido da superação dos fascismos que nos ameaçam, vindo tanto da *far-right* (nacional-populista) quanto da *far-left* (tribal-identitarista). Embora, repito, eu também me incline a considerar tal aliança como algo crescentemente improvável.

Note-se outra coisa. Quando falamos de extrema direita ou de extrema esquerda, de esquerda e direita radicais, a impressão que se tem é que a referência são agrupamentos minoritários dentro de seus círculos políticos. Mas isso já não é bem assim. A direita radical vai se tornando maioritária, tanto nos Estados Unidos quanto na Europa. E a esquerda identitarista pode até não ser matematicamente maioritária, mas seu discurso se fez hegemônico (graças ao aparelho ideológico em que se transformou a universidade, onde professores se veem enquanto militantes e não sabem se reconhecer como os funcionários públicos que são) e não é contestado de forma séria e sistemática. Extrema direita e identitarismo que, de resto, se reforçam mutuamente – e é importante sublinhar que não é por acaso que o governo de Lula incorpora e exibe, na sua configuração prática, tanto bolsonaristas quanto identitaristas. Mas, assim como conservadores democráticos precisam jogar fora o "bolsonarismo", com tudo o que ele tem de caricato e truculento, *left-wingers* precisam se convencer de que existe vida mais saudável e saudavelmente inteligente longe do lulopetismo e de seus satélites.

Mas vamos tocando o barco – e a vida. O que está em jogo, em primeira e última análises, é o projeto de sociedade que aspiramos realizar, em busca do melhor para todos. E não acredito que alcançaremos nada de muito melhor do que temos hoje se, em vez de sublinharmos o que pode nos unir, enfatizarmos ao extremo, como fronteira insuperável, tudo o que nos separa. Passar da política da busca da igualdade para a política da afirmação fundamentalista da diferença não será coisa positivamente produtiva para a nossa navegação nas próximas décadas. Se é que o que desejamos construir são sociedades mais saudáveis e mais livres, menos cruelmente imperfeitas, reduzindo ou quem sabe transcendendo os constrangimentos e as desigualdades que rebaixam e aleijam a ordem social contemporânea.

Antonio Risério
Ilha de Itaparica, verão de 2024.

[CAPÍTULO 1]

A dupla desorientação

A ntes de tudo, duas observações. Primeira: a política identitarista e sua "cultura do cancelamento" são uma versão repaginada do "politicamente correto" de décadas atrás, mas de caráter infinitamente mais autoritário e agressivo do que o de seu antecessor. Finkelstein está certo: "*Woke politics is political correctness* 2.0 [A política *woke* é o politicamente correto 2.0]". Segunda: como não há quem ignore, o identitarismo – também tratado como ideologia *woke* (de *wake*, acordar), expressão que já vem ganhando conotação pejorativa, *wokism*, especialmente nas democracias mais avançadas do mundo europeu – não nasceu no Brasil. Muito pelo contrário. Trata-se de uma ideologia que se configurou na área das assim chamadas "ciências humanas" (etiqueta bastante inadequada, por sinal, como se a biologia, por exemplo, fosse inumana ou desumana) do sistema universitário norte-americano. Ideologia que foi importada daquela matriz, sem tirar nem pôr, pelo que se pode classificar como o imbróglio semi (ou pseudo) educacional brasileiro, já que nossas faculdades e universidades, embora inflacionadas, não merecem a denominação de "sistema". Como pedra de toque dessa alienação colonizada, tivemos a importação da fantasia racista (social e psicologica-mente patológica) da *one drop rule*, a "regra de descendência" norte-americana, que estabeleceu que uma só gota de sague negro faz de qualquer pessoa um "negro", recusa puritana brutal da mestiçagem, que inspirou a legislação racial nazista. Enfim, ideologia norte-americana importada *ipsis litteris*, como diriam os antigos latinos. Ou copiada tintim por tintim, como diziam os brasileiros, até bem pouco tempo atrás.

Para acompanhar as coisas historicamente, mais ou menos desde os seus começos, devemos lembrar – e sublinhar – que o identitarismo é fruto de uma dupla desorientação conjuntural/ contextual. De uma parte, desorientação que se instalou no espaço da democracia norte-americana, nos últimos anos da década de 1960. De outra parte, desorientação no campo do comunismo soviético, com poderosíssimas repercussões práticas nos mais variados cantos e recantos do planeta, a partir das revoluções que transformaram a vida política, econômica, social e cultural em diversos países do Leste Europeu, primeiramente – e, em seguida, com a desintegração final da antiga União Soviética e o colapso do próprio comunismo, em consequência das políticas reformistas promovidas por Mikhail Gorbachev e seus apoiadores, que ficaram conhecidas, principalmente, através de duas expressões russas: *glasnost* e *perestroika*. Na encruzilhada dessa dupla desorientação, como se verá, brotou uma nova vertente da esquerda no mundo, se é que de esquerda se trata: a esquerda identitarista, cuja ideologia se tornaria vitoriosa (e, em alguns casos, hegemônica) no horizonte político-cultural das principais sociedades do Ocidente, inaugurando entre nós a Era das Vítimas. E sua correspondente institucionalização da compaixão.

Além de preencher o vácuo ideológico deixado pela falência do socialismo clássico ou socialismo real, o identitarismo tem-se constituído em resposta supostamente "progressista" a dois processos que atingiram em cheio o mundo ocidental contemporâneo: a globalização e a crise das identidades tradicionais. Examinei mais detidamente o tema em meu livro *Mestiçagem, Identidade e Liberdade*[32], para o qual remeto eventuais leitores interessados em mergulhar nessa discussão. De qualquer sorte, com relação ao primeiro caso, o identitarismo/tribalismo como uma das expressões da "ressaca da globalização", o filósofo português Eduardo Lourenço, em seu livro *O Esplendor do Caos*[33], viu com clareza:

> A tribalização, real ou metafórica... não é mais que a lógica, e só aparentemente paradoxal, resposta à "mundialização" civilizacional, econômica, financeira, cultural, objetiva, das sociedades humanas após o fim da bipolarização. A realidade empírica da mundialização é inegável. O mesmo fluxo financeiro irriga e condiciona o mercado mundial desde Vancouver a Sidney, desde Pequim a Brasília. Pode dizer-se o mesmo do fluxo cultural que todos os *media*, com meros retoques locais, veiculam noite e dia através do planeta, desde as cidades-estúdios, como Los Angeles, Nova York, São Paulo, Londres, Tokio, Paris, Rio, até ao interior da própria Arábia Saudita ou do Uganda. Telenovelas, rock, jogos, filmes X, são a única cultura realmente universal, com sentido óbvio, que existe. Nestes dois domínios – ambos imateriais na sua expressão, o financeiro e o cultural, aliás intrinsecamente conexos –, a "aldeia global" não é a utopia, mas o simples cotidiano. [...]. Assim, paradoxalmente, aquilo que é potência de universalidade tornou-se o núcleo duro da diferença identitária. O que o consumo planetário unifica, dos jeans aos *macdonalds*, o cultural não-universal, o mais incomunicável, separa, para ser consumido, em sentido preciso, em família. O sangue desta comunicação não é outro senão a língua. E nela, e com ela, o tempo mais arcaico, quer dizer, original, de uma comunidade. À universalidade

---

32 RISÉRIO, Antonio. *Mestiçagem, Identidade e Liberda*de. Topbooks: Rio de Janeiro, 2023. (N. E.)

33 LOURENÇO, Eduardo. *O esplendor do caos*. Gradiva: Lisboa, 1998. (N. E.)

abstrata ou pouco integradora da *world culture* opõe-se, como refúgio, sinal distintivo, o espaço simbólico, imediatamente assumido, da cultura "tribal".

Assim como o tribalismo reemerge em resposta à rasura das fronteiras grupais ou nacionais, a identidade grupal, a vivência grupocêntrica, aparece como resposta à desintegração da identidade única de um sujeito igualmente unificado, que herdamos do pensamento iluminista europeu. À entrada da "alta modernidade", para lembrar a expressão do sociólogo Anthony Giddens, cada um de nós se descobre múltiplo e diverso. Em *O Pensamento Mestiço*[34], o historiador francês Serge Gruzinski resumiu: "Cada criatura é dotada de uma série de identidades, ou provida de referências mais ou menos estáveis, que ela ativa, sucessiva ou simultaneamente, dependendo dos contextos". Reagindo contra essas identidades múltiplas, ou contra a pulverização do "eu", o identitarismo recupera a noção antiga de identidade monolítica – só que não se trata mais da identidade de um indivíduo, de uma pessoa, mas da identidade de um grupo. De um "nós" distinto de todos os "eles". É o gueto grupocêntrico, apagando o indivíduo e a individualidade. Redução da multiplicidade a duas identidades apenas: a identidade étnica e a de gênero, como se apenas elas fossem possíveis – e, pior, determinassem rigorosamente o nosso destino.

As duas coisas, por sinal, são como as cobras: costumam andar juntas. Não eventual, mas sistematicamente. Somam-se o tribalismo e o grupocentrismo no âmbito do próprio mundo ocidental e das suas cidades imensas. É o tribalismo se agitando e se expandindo no interior do próprio motor da globalização. Como se os grupos "oprimidos" fossem inapelável e irrecorrivelmente marginalizados, ou exilados em sua própria terra – como

---

34 Gruzinski, Serge. *O Pensamento Mestiço*. Companhia das Letras: São Paulo, 2001. (N. E.)

se fossem os "muçulmanos" do Ocidente, os "oprimidos" naturais daqui mesmo, nascidos dentro das próprias cidades ocidentais (no caso extremo, com jovens mulheres ocidentais se convertendo ao islamismo, como aconteceu agora nos Estados Unidos, depois do ataque do Hamas a Israel, no 7 de outubro de 2023; e a razão da conversão: levar às últimas consequências a revolta contra o Ocidente – ver, a propósito, o texto "Why Western Women Are Converting to Islam"[35], de Francesca Block e Suzy Weiss). E então militantes pretos – e brancos cheios de culpa – lançam-se a celebrar irrestritamente os "negros", as supostas vítimas por excelência do mundo ocidental, branco, heterossexual, machista, que é necessário destruir. E assim passamos a ter negros e muçulmanos como sucedâneos, como *Ersatzen*[36], daquele "proletariado" que comandava a antiga fantasia marxista. São os novos "humilhados e ofendidos" do planeta, carregando pretensamente consigo o sentido da história e o destino da humanidade, já que alguém tem sempre de assumir esse papel ao mesmo tempo sacrificial e redentor, no *script* já milenar do amplo e redundante teatro salvacionista – ou da ampla e redundante ópera messiânica universal.

* * *

Vamos focalizar inicialmente o que aconteceu no chamado "mundo ocidental", em democracias ricas do Atlântico Norte – especialmente, nos Estados Unidos, com o florescimento con-tracultural, e na França, com as movimentações que passaram à história sob o rótulo geral de maio de 1968. Da convergência da contracultura e do contestacionismo francês do final da década de 1960, sob o signo de teóricos igualmente franceses como Michel

---

35 O artigo pode ser acessado no seguinte site: https://www.thefp.com/p/why-wes-tern-women-are-reverting. (N. E.)

36 Em tradução livre do alemão: "substituto", ou em alguns sentidos literários, uma "imitação mal feita". (N. E.)

Foucault e Jean-François Lyotard ou de um alemão residente nos Estados Unidos como Herbert Marcuse, é que o identitarismo vai se configurar em suas características distintivas centrais. Ou, na ótima definição de Madeleine Lacsko, em *Cancelando o Cancelamento*[37], "o identitarismo é o bebê de Rosemary das teorias críticas da Escola de Frankfurt com o pós-estruturalismo francês". E a própria nomeação desses fatores já nos adianta que, embora tais movimentos e pensamentos não fossem exclusivamente estudantis, o que se formou e se firmou, essencialmente, como esquerda identitarista, foi um produto do *campus*. Esquerda acadêmica ou universitária, portanto – entre Berkeley, na baía de São Francisco, Califórnia, e a dupla Nanterre-Sorbonne, do outro lado do Atlântico, em Paris. Ou, dito de um modo mais amplo, "esquerda cultural" (a expressão "marxismo cultural", de resto, acabou conhecendo algum sucesso em consequência disso).

Sabe-se que centros de ensino superior, bem ao contrário do que acontece hoje no ambiente universitário brasileiro, sempre foram núcleos da inteligência – centros de formação intelectual, mas também de inovação, papéis a que foram gradualmente renunciando nesses últimos anos, pelo menos na área das "humanidades". Já que vamos falar de esquerda e marxismo, não custa lembrar que foi na Universidade de Berlim que Karl Marx mergulhou na filosofia de G. W. F. Hegel e se tornou amigo de jovens hegelianos de esquerda, como os irmãos Bauer e um brilhante Max Stirner, contra os quais investirá sem pudor e sem escrúpulos em *A Ideologia Alemã*[38], livro escrito em parceria com o seu eterno cúmplice Friedrich Engels. E essa tradição de inquietude político-intelectual vai se acentuar à medida que passamos das escolas fisicamente isoladas de séculos passados

---

37 LACSKO, Madeleine. *Cancelando o cancelamento*. LVM: São Paulo, 2023. (N. E.)
38 MARX, Karl; ENGEL, Friedrich. *A Ideologia Alemã*. Boitempo: São Paulo, 2008. (N. E.)

para o desenho atual do *campus*, que é uma criação do século XX. Aqui, tudo se espalha mais rápido – e é mais alto o risco de faíscas produzirem incêndios. No caso que temos em tela – crise e inovação do pensamento contestador na Europa e nos Estados Unidos, com enfrentamento público de governos e regimes –, os *campi* ganharam visibilidade extrema como polos da subversão. Foi o que vimos na França e na Alemanha, com as movimentações de 1968, e com a contracultura a se espraiar mundialmente a partir do teatro norte-americano de operações.

Na França, a revolta estudantil pipocou inicialmente nas faculdades de Letras. Mas logo se generalizou e atravessou fronteiras. Entramos numa temporada de greves e assembleias, de panfletos e passeatas. De recusa tanto do conservadorismo de direita quanto do conservadorismo de esquerda, este corporificado principalmente em tradicionais partidos comunistas pró-soviéticos e em ramos da social-democracia. Na linha de frente da nova aventura contestatária, figuras jovens como Daniel Cohn-Bendit, Alain Krivine e Rudi Dutschke, o líder estudantil alemão morto em consequência de um atentado que sofreu em 1968. Mas também atraindo para o movimento (e sendo por eles influenciado) pensadores já consagrados, a exemplo de Edgar Morin (que definiria Cohn-Bendit como "meta-anarquista" e "metamarxista") e do filósofo Jean-Paul Sartre (Lévi-Strauss manteve com altivez sua neutralidade diante daquela confusão toda), até então a grande estrela intelectual da esquerda francesa e mesmo mundial. Sartre, aliás, chegou a entrevistar Daniel Cohn-Bendit, judeu alemão que logo seria expulso da França, para o *Nouvel Observateur*, declarando ao final da conversa entre ambos:

> A classe operária imaginou com frequência novos métodos de luta, mas sempre em função da situação concreta na qual se encontrava. Vocês têm uma imaginação muito mais rica e as frases que se lê nos muros da Sorbonne provam

isso. Existe algo que surgiu de vocês que assombra, que transtorna, que renega tudo o que fez de nossa sociedade o que ela é. Trata-se do que eu chamaria de *expansão do campo do possível*. Não renunciem a isso[39].

Já a contracultura, como disse, espraiou pelas cidades e mesmo por campos do mundo. Da Califórnia à Holanda, passando por Londres e Moscou, mas também por países periféricos como o Brasil. Apesar da ditadura militar aqui implantada, que justamente naquele momento entrou na sua fase mais violentamente repressiva, com os militares da chamada "linha dura" assumindo o controle da máquina estatal. Hoje, quando falamos da novidade do maio de 1968 e da contracultura, os mais jovens se surpreendem, porque muitos dos temas ali levantados, ou apenas retomados, acabaram se impondo ao mundo ocidental e se tornando banais: liberdade sexual, igualdade entre as raças e entre homens e mulheres, defesa dos direitos dos homossexuais, ecologismo, abertura para configurações culturais extraeuropeias e até esperanças de discos voadores. Mas é bom salientar que a contracultura teve uma face *flower power*, passivo-pacifista, mas também uma vertente significativa investindo mais agressivamente contra o então chamado "complexo industrial-militar", a Guerra do Vietnã, a discriminação racial, a sociedade de consumo ou *plastic society* – e, em ambas as linhas, assim como na agitação europeia, a recusa da "civilização ocidental" branca, judaico-cristã, berço dos discursos disparatados de hoje contra o "patriarcado" opressor do macho ocidental branco e seu racionalismo científico. Como na França, os mais jovens e alguns mais velhos se deram as mãos. A coisa foi de jovens *hippies* cabeludos e coloridos, tomando LSD e vestindo roupas "psicodélicas", a artistas como o poeta Allen

---

39 A entrevista pode ser integralmente lida, no original, no seguinte site: https://medium. com/@AM_HC/jean-paul-sartre-interviews-daniel-cohn-bendit-5cd9ef932514. (N. E.)

Ginsberg e o músico (ou antimúsico) John Cage e a pensadores mais idosos como Herbert Marcuse e Norman O. Brown.

Hoje, muitos afirmam que o movimento contracultural teria se irradiado por múltiplos caminhos em direção ao multicultural--identitarismo – o que é parcialmente verdadeiro, se excluirmos alguns esquematismos e perversões. E de novo aqui, na formação do multicultural-identitarismo, os *campi* foram um cenário fundamental e tiveram um papel decisivo, com uma mistura nem sempre feliz de *new left*, do legado contracultural, do anti-iluminismo pós-moderno e do trio Michel Foucault, Jean-François Lyotard (o crítico das "grandes narrativas", como a do marxismo clássico) e Jacques Derrida, principalmente Foucault, fazendo a cabeça da esquerda universitária norte-americana. Foi a hora e a vez da "French theory", como logo se passou a dizer. E assim se armou o contexto de afirmação das "minorias", da celebração da figura do "excluído" e da elevação da "vítima" ao pedestal, colocada no centro de todas as atenções, como se toda "vítima" fosse um ser eticamente superior e a "vitimização" representasse um título de nobreza a ser espalhafatosamente ostentado e mesmo exagerado por todo e qualquer "oprimido".

Mas, como foi dito, a assimilação da contracultura e do maio de 1968 deu-se de forma parcial, extremamente empobrecedora, com esquematismos e perversões. Muitos dos traços e das coisas da contracultura foram simplesmente desprezados e abandonados. A começar pelo próprio sentido de coletividade, cultivado, numa dimensão quase "cósmica", pelo contraculturalismo. Mas, também, pelo súbito desaparecimento da irreverência e do bom humor que caracterizaram tanto a contracultura quanto o maio de 1968: no palco identitarista, parece que quem quer mudar o mundo é obrigado a fazer cara feia e ser agressivo 24 horas por dia. A alegria foi expurgada do ambiente contestador. Junto com ela, desapareceu igualmente a disposição libertária essencialmente contrária a qualquer moralismo puritano, quando Wilhelm Reich viu-se trocado por discursos francamente repressivos. E o *freak*, o "curtidor" contraculturalista, foi substituído pelo juiz-algoz identitarista, sempre de dedo em riste, inimigo das brisas e dos sorrisos do mundo.

Em alguns momentos, bem-vistas as coisas, o identitarismo nada tem a ver com a contracultura. Basta pensar no conceito ou noção de "apropriação cultural", ponto alto no rol das chamadas "microagressões", que despontou no âmbito da ideologia multi-cultural-identitarista. Essa bobagem isolacionista – peça retórica na luta pela instauração de *apartheids simbólicos* – é totalmente alheia ao contraculturalismo. Na verdade, aponta num sentido que é exatamente o contrário do que aconteceu na viagem con-tracultural, com sua busca e seu cultivo de elementos, práticas e sistemas extraocidentais de cultura. Coisa que já vinha, de fato, desde a aventura pioneira dos *beatniks*, quando aquela moçada se abriu para o mundo mesoamericano, e se estendeu à preamar do movimento contracultural.

Dito em poucas palavras, a contracultura foi essencialmente sincrética, praticando, aberta e alegremente, o que hoje a ideologia identitarista anatematiza sob o rótulo acusatório de "apropriação cultural". Tome-se o caso do chamado "orientalismo". Hoje, sabe-se que aulas de ioga foram suspendidas na universidade norte-ameri-cana, porque os alunos não eram indianos. Isso jamais aconteceria na década de 1960. A contracultura voltou-se para coisas como o budismo, por exemplo. Em especial, para o zen, aprendido em ensinamentos de, entre outros, Daisetz Teitaro Suzuki, que tanto influenciou o pensamento e a criação poético-musical de John Cage. E isso avançava pelas atividades cotidianas da vida, com o uso de túnicas indianas, a prática da ioga, a adesão de muitos ao taoísmo e à filosofia dietética da macrobiótica, passando por imersões na poesia sagrada do *Bhagavad-Gîta*. E foi graças ao espraiar de uma sensibilidade antropológica contracultural que chegamos a passar do plano internacional ao plano local, brasileiro, com uma abertura da juventude urbana de classe média para a existência de culturas indígenas e culturas negroafricanas no país. Os adversários do sincretismo (a que dão o rótulo de "apropriação cultural"), ao contrário, fecham os olhos para a diversidade cultural do mundo. Em vez dessa diversidade real, encerram-se na ideologia do diversitarismo, recusando as incessantes mesclas e misturas que rolam pelo planeta, naquela que é a fase menos insular e mais conectada de toda a história humana.

Diferenças radicais e mesmo abismos podem ser facilmente detectados entre movimentos de fins da década de 1960 e outros do identitarismo atual. Basta comparar a frente ampla de Martin Luther King e o fechamento sectário e agressivo, racista mesmo, do Black Lives Matter. O pastor Luther King queria reformas que beneficiassem pretos e brancos pobres. Via na pobreza o grande inimigo a ser combatido. Lançou uma Campanha pelo Povo Pobre e começou mesmo a arregimentar um "exército multirracial dos pobres". Anos-luz distante disso é o discurso racista do Black Lives Matter, com uma das fundadoras do movimento defendendo a tese da inferioridade da "raça branca" (enfim, um "racismo científico" às avessas) e confessando seus ímpetos de assassinar todos os brancos. Ou do célebre texto do escritor negro LeRoi Jones, onde se lê: "Nossos irmãos estão se movimentando por toda parte, esmagando as frágeis faces brancas. Nós temos que fazer o nosso próprio Mundo, cara, e não podemos fazê-lo a menos que o homem branco esteja morto". Em outro capítulo, voltaremos a esse tema.

Abissal, ainda, é a distância entre o feminismo dos dias contraculturais e o neofeminismo, as ideologizações destrambelhadas das *radfems*[40], nos dias que correm. No primeiro caso, buscava-se a igualdade, defendia-se a visão da mulher não como submissa, mas como companheira do homem. Sobretudo, celebrava-se o

---

40 Expressão que significa "feministas radicais", de forma abreviada. (N. E.)

desejo. O sexo. Veja-se como o escritor Philip Roth trata o assunto em sua novela *The Dying Animal*[41], com personagens femininas (estudantes universitárias) bem características daquele momento:

> Janie e Carolyn, com mais umas três ou quatro rebeldes de classe alta, formavam um grupo que se intitulava As Escrachadas. Eu nunca vira nada igual a essas meninas, e não apenas porque elas se cobriam de andrajos como ciganas e andavam descalças. Elas detestavam a inocência. Não suportavam o controle. Não tinham medo de chamar a atenção e não tinham medo de ser clandestinas. Rebelar-se contra sua condição era tudo para elas. Essas garotas e suas seguidoras talvez tenham formado, em termos históricos, a primeira onda de moças norte-americanas totalmente comprometidas com seu próprio desejo.

Mais Roth:

> As Escrachadas não tinham nada contra a discussão social ou política, mas isso era o outro lado da década. Havia naquela turbulência duas tendências: de um lado, a ideologia da libertação individual, que garantia ao indivíduo os direitos orgiásticos em oposição aos interesses tradicionais da comunidade; por outro lado, havia também, muitas vezes associada à primeira, uma consciência comum a respeito dos direitos civis e contrária à guerra [do Vietnã], a desobediência cujo prestígio moral vinha de Thoreau. E, como essas duas correntes se interligavam, era difícil desacreditar a orgia. Porém a célula de Janie tinha a ver com prazer, não com política. E essas células de prazer existiam não apenas no nosso *campus*, mas também em todo o país; eram milhares de rapazes e moças que nem sempre cheiravam muito bem, com camisetas coloridas *tie-dye,* entregando-se juntos a

---

41 Em edição nacional: ROTH, Philip. *O animal agonizante*. Companhia das Letras: São Paulo, 2006. (N. E.)

atividades imprudentes. "*Twist and shout, work it on out*" – era esse, e não a "*Internacional*", o hino desses jovens. Uma música lasciva, direta, fundo musical para trepadas. Fundo musical para felações, o *bebop* do povo.

Hoje, estamos muito longe disso. As neofeministas parecem querer salvar as mulheres do sexo, como sempre fez o puritanismo mais careta e reacionário. Não só. Para as atuais neofeministas puritanas, o homem jamais será um companheiro, mas sempre o inimigo a ser combatido. Está inscrito no código genético masculino o destino do macho como estuprador das fêmeas. Mas com uma ressalva: o macho só se define como estuprador de fêmeas se for branco. Nesse caso, o pênis é visto, pelas neofeministas, como uma espécie de monumento à agressão. Ou, na expressão irônica do filósofo Paul Bruckner, como "uma arma de destruição em massa". Se o homem não for branco, mesmo o estupro é desculpável. E pode até ser encarado em termos de "reparação histórica", mais um clichê do jargão identitarista cujo destino deveria ser a lata de lixo. Exemplos? Árabes currando alemãs em Berlim. Ou o caso famoso do criminoso sexual (militante *black panther* que depois foi parar na extrema direita do Partido Republicano) Eldridge Cleaver, contado por ele mesmo em *Soul on Ice*[42], sua autobiografia: ele se via fazendo justiça aos "antepassados escravizados", quando estuprava brancas (antes de estuprá-las, todavia, treinou bastante currando pretinhas no gueto). E, como ele é preto – logo, "oprimido" –, feminista nenhuma (a celebrada Angela Davis, por exemplo) ousa emitir comentário crítico à sua conduta.

Além disso, temos hoje absurdos "teóricos" para todos os gostos. Neofeministas chegaram mesmo a afirmar que as mulheres são menores do que os homens porque, desde tempos "pré-históricos", elas foram privadas de proteínas necessárias ao

---

42 CLEAVER, Eldridge. *Soul on Ice*. Delta: Illinois, 1999. (N. E.)

crescimento. Os homens monopolizaram o consumo de carne, das proteínas fundamentais. É o que diz categoricamente a antropóloga francesa Priscille Touraille. Para ela, a diferença de tamanho entre homens e mulheres não tem a ver com biologia: é uma "construção social"; um produto da opressão das mulheres pelos homens. Enfim, o inimigo é o homem (branco). Não existe sexo "consentido" entre um homem e uma mulher. Toda relação heterossexual se dá sob o signo da violência. Da violação. Vale dizer, o neofeminismo condena o desejo heterossexual. E isso nada tem a ver com o feminismo da época contracultural – o feminismo de Betty Friedan, Germaine Greer e Gloria Steinem. Veja-se o que diz a neofeminista francesa Valérie Rey-Robert: "Em nossa cultura, violação e sexo consentido se misturam". Sexo sem violência? Só entre mulheres. O amor heterossexual não existe. É uma ficção criada pelo machismo opressor para que os homens continuem montando nas mulheres. Daí, evidentemente, a reação de mulheres francesas, como a bela atriz Catherine Deneuve, fazendo circular um manifesto contra o puritanismo e a favor do desejo. A favor da liberdade sexual. Assim como a reação de uma brilhante Camille Paglia contra as aberrações ideológicas da atual liderança neofeminista.

> Meu feminismo libertário, que toma o seu melhor tanto do liberalismo quanto do conservadorismo, mas não é decididamente nenhum dos dois, coloca a liberdade de pensamento e expressão acima de toda e qualquer ideologia. Sou primeiramente uma intelectual – e só secundariamente uma feminista,

escreveu ela, num dos textos do seu livro *Free Women, Free Men: Sex, Gender, Feminism*[43].

---

43 Há um edição portuguesa da referida obra: PAGLIA, Camille. *Mulheres livres, homens livres*. Quetzal Editores: Lisboa, 2018. (N. E.)

Mas talvez a diferença mais visível, entre os movimentos do final do decênio de 1960 e as movimentações que se seguiram entre as décadas de 1970-1980, avançando em direção aos dias de hoje, esteja na postura diante do sistema social em vigor. No ambiente contraculturalista, como na maré agitada do maio de 1968, era nítida e eloquente uma espécie de recusa global do sistema. A juventude dava as costas ao modelo estabelecido para o seu futuro. Não estava interessada em diplomas, em brilho nas carreiras profissionais disponíveis, em ganhar dinheiro. Aqueles jovens simplesmente se negavam a percorrer o mesmo caminho de seus pais. Empregava-se, então, a expressão *drop out*, no sentido de cair fora do sistema, postura de automarginalização da moçada bem situada na hierarquia social que permitia que ela se aproximasse, de fato, dos verdadeiramente marginalizados ou excluídos. Hoje, ao contrário, os identitaristas lutam, com unhas e dentes, não para destruir o sistema, mas para garantir seus lugares ao sol.

Quando reclamam da pouca representatividade de negros em cátedras universitárias, por exemplo, não estão acionando nenhuma jogada ou disposição realmente subversiva, transformadora. Mas apenas reivindicando mais empregos, mais espaço no aparelho estatal, na burocracia do ensino superior. Em vez de *recusa*, o que se vê é uma disputa por crachás de maior acesso ao clube dos bem-sucedidos profissionalmente. E isso é uma espécie de *integracionismo*, jamais de contestação frontal da ordem estabelecida. O que se reivindica é: também quero ter direito a casa própria e automóvel novo. Só. O historiador e crítico social Russell Jacoby percebeu claramente essa grande diferença, em *O Fim da Utopia – Política e Cultura na Era da Apatia*[44], ao escrever: "Poucos negarão que os anos 1960 constituem um período de incansáveis

---

44 JACOBY, Russell. *O Fim da utopia: Política e cultura na era da apatia*. Record: Rio de Janeiro, 2001. (N. E.)

questionamentos. Não se discutia apenas uma revolução política, mas uma revolução na vida, na moral e na sexualidade, e às vezes se promovia esta revolução". Muito diverso é o panorama que temos hoje.

> O objetivo de integrar maior número de pessoas à sociedade estabelecida pode ser louvável, mas dificilmente poderia ser considerado radical. A ascensão do multiculturalismo [identitarismo] está relacionada ao declínio da utopia, um indicador do esgotamento do pensamento político.

Ainda Jacoby, em plano geral:

> Os socialistas e esquerdistas de hoje não sonham com um futuro qualitativamente diferente do presente. Em outras palavras, o radicalismo já não acredita em si próprio. Em outros tempos, os esquerdistas agiam como se pudessem reorganizar fundamentalmente a sociedade. [...]. Hoje a visão se apagou, a autoconfiança esvaiu-se e as possibilidades desapareceram. Por quase toda parte a esquerda recua, não apenas politicamente, mas também – o que pode ser mais decisivo ainda – intelectualmente. Para evitar encarar a derrota [do comunismo] e suas consequências, a esquerda passou a falar livremente a linguagem do liberalismo – o idioma do pluralismo e dos direitos. Ao mesmo tempo, os liberais, privados de uma ala esquerda, veem cada vez mais enfraquecidas sua determinação e sua imaginação. Na melhor das hipóteses, os radicais e os esquerdistas descortinam uma sociedade modificada, com pedaços maiores do bolo para um número maior de clientes.

Foi-se embora a "expansão do campo do possível", descortinada com irreprimida esperança pelo velho guru da filosofia existencialista francesa...

Mas, em outros planos, foi total o influxo do contraculturalismo e do maio de 1968 sobre o atual identitarismo. Aqueles movimentos significaram um gigantesco e rotundo *não* na cara do *establishment* mundial.

> O ano de 1968 foi o marco da Grande Recusa: recusa dos partidos oficiais, do marxismo burocratizado e do mundo venal, recusa e exigência de transformação de valores – quando a revolta acontece em sociedades "prósperas" e "democráticas", ela significa uma recusa moral: a obscenidade não é mais a mulher nua que exibe o púbis, mas o general que exibe a medalha ganha no Vietnã

escreve Olgária C. F. Matos, em *Paris 1968: As Barricadas do Desejo*[45]. Aprofundando a leitura e focalizando especificamente o maio de 1968, mas numa visão perfeitamente aplicável ao contraculturalismo estadunidense, o Alain Besançon de "Souvenirs et Réflexions sur Mai 1968"[46], por sua vez, escreve:

> O fato determinante é a queda da autoridade. Principalmente, a autoridade exercida de pessoa a pessoa. A do professor sobre o aluno, a do patrão sobre o empregado, a do médico sobre o paciente, a do bispo sobre o padre, a do marido sobre a mulher, a do pai sobre o filho. [...]. A democracia até então mantida dentro dos limites da ordem política transborda e se estende a todas as relações que estruturavam a sociedade pelo princípio de autoridade.

E o parentesco das contestações da década de 1960 com o multicultural-identitarismo manifesta-se, acima de tudo, na guerra aberta ao mundo ocidental e na recusa da racionalidade e da ciência. Lembre-se de que a fórmula *Western Civilization is*

---

45 MATOS, Olgária C. F. *As Barricadas do Desejo*. Brasiliense: São Paulo, 2005. (N. E.)
46 BESANÇON, Alain. "Souvenirs et réfl exions sur mai 68" *in* Commentaire, 31, no. 122 (2008): 507–520. (N. E.)

Over[47] foi dita e repetida *ad nauseam*[48] ao longo de toda a maré contraculturalista. Para ecoar, décadas depois, com o reverendo Jesse Jackson regendo coro identitarista estudantil na Universidade Stanford: "Hey hey, ho ho/ Western culture got to go...". Fala Mathieu Bock-Côté, em *O Multiculturalismo como Religião Política*[49]:

> Tratar-se-á de examinar as novas formas da exclusão social. Passa-se do operário ao excluído, e esta última categoria servirá para acolher todos os que se situam em posição de exterioridade com relação aos sistemas normativos dominantes no Ocidente. [...]. Em breves palavras, passa-se da crítica ao capitalismo à crítica à civilização ocidental e às grandes instituições consideradas suas guardiãs – quer se trate do Estado, da nação, da família ou da escola.

Condenava-se então a "cultura judaico-cristã", a civilização ocidental branca, sua ciência e sua técnica, que destruíam o planeta e alienavam a humanidade. Procurava-se um novo ponto de partida, um novo marco inaugural, um novo marco zero – a construção de uma forma social inédita, livre dos pecados e dos crimes do Ocidente. Daí uma outra observação de Mathieu Bock-Côté: "Somos aqui as vítimas da utopia de 1968, que deverá um dia ser considerada pelo que realmente foi: uma terrível fantasia regressiva, que busca devolver à humanidade sua pureza virginal, a pureza de uma infância não corrompida pela lógica do mundo adulto e das instituições". Diversos analistas, a exemplo de Edgar Morin, tocaram nessa tecla. Na base da radicalização jovem estava, fundamente inscrita, a recusa da passagem para o universo adulto. "Não confie em ninguém com mais de 30 anos" foi uma frase corrente à época, repetida à exaustão. E o já citado Philip Roth: aquela revolução "em

---

47 Em tradução livre: "A civilização Ocidental acabou". (N. E.)
48 Argumentação "até as náuseas" [tradução livre]. (N. E.)
49 BOCK-CÔTÉ, Mathieu. *O multiculturalismo como religião política*. É Realizações: São Paulo, 2019. (N. E.)

muitos casos não era nada mais do que uma afirmação de poder adolescente, a maior e mais poderosa geração do país a entrar na adolescência". E essa maré contra o Ocidente, um produto típico do mundo ocidental (o único que se dedica a exercícios profundos e radicais de autocrítica, coisa que ninguém vê na China ou entre os países árabes, por exemplo, que jamais apontam suas próprias culpas e seus próprios crimes), avançou no tempo. O identitarismo, sempre com dois pesos e duas medidas (um *standard* para o mundo ocidental, outro para o mundo extraocidental), entrou em campo para desmantelar o Ocidente a partir da politização extrema das linhas de sexo, sexualidade e raça.

Mas vamos voltar um pouco atrás, para sempre situar as coisas. Durante a Guerra Fria, a política internacional dos Estados Unidos se assentou, institucionalmente, num tripé, reunindo o Departamento de Estado (vale dizer, a Casa Branca), a CIA e a Fundação Ford. Em sua tese *O Brasil e a Recriação da Questão Racial no Pós-Guerra*[50], o historiador Wanderson da Silva Chaves provou e comprovou a perfeita integração existente nesse tripé, os vínculos orgânicos da Fundação Ford com a política externa do governo dos Estados Unidos, e sua parceria em ações conjuntas com a CIA, inclusive no financiamento de uma esquerda democrática internacional, indispensável à promoção/consolidação de uma fratura no monopólio soviético do pensamento esquerdista no mundo. Naqueles inícios da década de 1950, os executivos e ideólogos da Fundação Ford temiam duas coisas: uma guerra nuclear e o rebentamento de uma série de guerras "raciais", incluindo-se, entre as possibilidades destas, um forte confronto interno entre brancos e pretos nos Estados Unidos. Adiante, falaremos disso com mais vagar. De momento, aviso apenas que, de lá para cá, a

---

50 CHAVES, Wanderson da Silva. O Brasil e a recriação da questão racial no pós-guerra: um percurso através da história da Fundação Ford. 2011. Tese (Doutorado em História Social) - Faculdade de Filosofia, Letras e Ciências Humanas, Universidade de São Paulo, São Paulo, 2012. doi:10.11606/T.8.2012.tde-22082012-111507. (N. E.)

Fundação Ford não parou de financiar ONGs e outras entidades, sempre com o propósito de influenciar e, se possível, dirigir os rumos políticos do mundo. Acontece que o maio de 1968 e a contracultura levaram os intelectuais vinculados à Fundação Ford a se voltar para novas realidades ocidentais e, assim, a descobrir um novo continente ideológico. Na França, tudo estava em questão. Nos Estados Unidos, também. Mas com uma diferença gigantesca: a Guerra do Vietnã. Esta guerra acabou produzindo o que se pôde então definir como uma ruptura na credibilidade interna do país. Pela primeira vez na história conhecida da humanidade, grande parte da população de um país em guerra se voltou contra este mesmo país. "O Vietnã explodiu o consenso da guerra fria", na frase de Christopher Lasch, que, em 1965, lançava o seu livro *The New Radicalism in America*[51].

O movimento contra a Guerra do Vietnã era a prova de que a democracia norte-americana já não estaria funcionando bem, na conclusão dos estrategistas da Fundação Ford. E eles então se voltaram para os diversos movimentos "de minorias" que tinham florescido e se enramado na contracultura, a sentir suas queixas, necessidades e desejos. Seria esse o caminho para empreender uma revitalização democrática do país. Não acredito que houvesse motivo para tanto alarme. Afinal, como alguém já lembrou, a maior mobilização popular de 1968, na França, deu-se a favor do general Charles De Gaulle e da restauração da ordem – ao tempo em que, na disputa eleitoral daquele mesmo ano de 1968, o direitista Richard Nixon levou a melhor sobre os democratas. De qualquer sorte, aí se desenhou o grande conflito político interno norte-americano. E, contra a direita republicana, estavam os intelectuais democratas da poderosa Fundação Ford, a maior entidade "filantrópica" do planeta, praticamente falando em nome da esquerda da costa

---

51 LASCH, Christopher. *The New Radicalism in America*. W. W. Norton & Company: Nova York, 1997. (N. E.)

leste dos Estados Unidos. E essa fundação, com seus milhões de dólares, encarregou-se da formulação teórica e da imposição prática do multiculturalismo (e, logo, de suas expressões políticas identitaristas) no sistema educacional norte-americano, fazendo com que tal ideologia se enraizasse na juventude rica dos Estados Unidos e tomasse conta de seus meios de comunicação de massa. Em sua *História do Pensamento Racial*[52], Demétrio Magnoli nos fornece dados sobre o assunto, do nexo Casa Branca-Fundação Ford ao redirecionamento da instituição no sentido do encontro com as "minorias". E depois de fazer isso nos Estados Unidos, a Ford veio fazê-lo no Brasil, financiando universidades e ONGs. Como veremos, com dados e fatos, no quarto capítulo deste livro.

* * *

De outra parte, já o dissemos, houve desorientação, desintegração e colapso no campo comunista. Nesse horizonte, duas datas são os marcos fundamentais: 1989 e 1991. No primeiro caso, uma série de revoluções mudou inteiramente a realidade da vida em países da Europa do Leste. Revoluções essencialmente pacíficas se desenrolando, para a surpresa e o fascínio do planeta, na Polônia, na Hungria, na Bulgária, na então Alemanha Oriental e na então Tchecoslováquia. A exceção, aqui, correu por conta da Romênia, onde a violência se fez presente – e em alto grau de intensidade, com o palácio do governo em chamas, tanques nas ruas e o ditador Ceausescu fuzilado. No segundo caso, em 1991, assistimos ao fim do comunismo no mundo, num processo que, de resto, acabou se expandindo para extensões asiáticas. Hoje, já não se pode falar de comunismo a propósito da China de Xi Jinping. E nem mesmo a propósito da Coreia do Norte. Mas vamos olhar as coisas um pouco mais de perto.

---

52 MAGNOLI, Demétrio. *Uma gota de sangue: história do pensamento racial*. Contexto: São Paulo, 2009. (N. E.)

Sobre os acontecimentos revolucionários na Europa do Leste, veja-se o livro *Nós, o Povo: A Revolução de 1989 em Varsóvia, Budapeste, Berlim e Praga*[53], escrito pelo historiador inglês Timothy Garton Ash, que foi testemunha presencial dos fatos e escreveu quando a poeira das grandes transformações ainda não tinha assentado naquela parte do continente europeu. E o que foi mesmo que ele viu? Mudanças espetaculares. Mas que, ainda assim, o fizeram inicialmente hesitar em tratá-las como "revoluções". Diz ele:

> Mesmo na Polônia e na Hungria, o que estava acontecendo dificilmente poderia ser descrito como uma revolução [faltavam as cenas sanguinárias da Revolução Francesa, que no imaginário de Garton Ash e de muita gente caracterizam "revoluções"]. Era na verdade uma mistura de reforma e revolução. Na época, chamei-a de "refolução".

Mas a natureza revolucionária dos acontecimentos, provocando alterações que foram do regime político ao sistema econômico, logo se impôs a todos, inclusive ao nosso historiador. Na Polônia, tudo girou inicialmente, ou a partir de 1980, em torno do sindicato Solidariedade, nascido no Estaleiro Lênin, em Gdansk, cujas movimentações projetaram internacionalmente a figura autoritária de Lech Walesa (um sindicalista que empalmou o Nobel da Paz, deixando mordido e remordido de inveja o nosso Lula da Silva, sindicalista até hoje desnobelizado). E os poloneses conseguiram de fato emparedar os comunistas no poder, antecipando e vencendo eleições, quando então foi nomeado um primeiro chefe de governo não comunista no Leste Europeu. Mas nem assim deixaram de ficar aflitos: no mesmo dia da vitória do povo polonês contra o comunismo, dia 4 de junho, um domingo, a ditadura chinesa

---

53 GARTON. Timothy. *Nós, o povo: a revolução de 1989 em Varsóvia, Budapeste, Berlim e Praga*. Companhia das letras: São Paulo, 1992. (N. E.)

massacrou a massa estudantil democrática em Tiananmen, a Praça da Paz Celestial. Avançava-se, de todo modo, no caminho para a reconfiguração da Polônia como nação ocidental. Garton Ash:

> Em um dia de outubro, uma atriz belíssima chamada Joanna Szczepkowska foi convidada a aparecer no noticiário da televisão polonesa. Ela tinha um comunicado a fazer. "Senhoras e senhores", disse ela, "no dia 4 de junho de 1989, acabou o comunismo na Polônia".

Junto com a revolução polonesa, tivemos a revolução húngara. A Hungria foi um dos países que já tinha tentado se libertar do sistema soviético (e de seus títeres locais) com a revolta popular de 23 de outubro de 1956. Mas a revolução, que começou como manifestação estudantil e caminhava para implantar a democracia no país, foi esmagada pelo exército soviético, ensanguentando a vida social húngara. Ingressava-se na fase do faroeste europeu. Finalmente, mais de trinta anos depois, a vitória contra a ditadura soviética seria alcançada. Em princípios de 1989, havia pelo menos meia dúzia de agrupamentos políticos pressionando por mudanças no país. Assistindo a um encontro deles, em Budapeste, Garton Ash registrou:

> O porta-voz dos Democratas Livres, um sociólogo chamado Bálint Magyar, disse: "O nosso programa é mudar o sistema, não reformá-lo". Os Democratas Livres queriam transformar a ditadura neostalinista em uma democracia multipartidária, e a economia planificada em uma economia de mercado baseada na propriedade privada. Os maiores aplausos do dia vieram quando Viktor Orbán, o veemente líder de barbas negras da Aliança dos Jovens Democratas, declarou que a Hungria deveria abandonar o Pacto de Varsóvia.

Tudo isso foi alcançado alguns (não muitos) meses depois. Ainda Garton Ash: "Ao meio-dia de 23 de outubro, no aniversário do início da revolução de 1956, Mátyás Szürös proclamou formalmente a nova República Húngara, dos balcões do magnífico edifício do Parlamento, às margens do Danúbio". Infelizmente, Viktor Orbán, que despertava então tantas simpatias no mundo democrático ocidental, acabaria por se revelar um inimigo interno sistemático da própria democracia. Como primeiro-ministro, à frente do partido nacional-conservador Fidesz, conduziu a Hungria ao que ele mesmo batizou como *democracia iliberal*, citando a Rússia de Vladimir Putin, a China de Xi Jinping e a Turquia de Recep Tayyip Erdogan como modelos – e Donald Trump, sim: Trump, como inspiração e exemplo.

Na Alemanha, aconteceu a emocionante/comovente queda ou abertura do Muro de Berlim, com milhares e milhares de pessoas chorando e se abraçando nas ruas, em novembro do mesmo ano mágico: 1989. Enterrava-se a opressão, o stalinismo, a polícia política encarnada na temida Stasi. Enterrava-se o Muro, com tudo o que ele significava de amargo e dilacerante na vida das pessoas. Mais uma vez, era a culminação vitoriosa de uma série de manifestações pacíficas, mesmo quando estas foram brutalmente reprimidas. "Jovens eram arrastados pelos cabelos pelas ruas de paralelepípedos. Mulheres e crianças foram presas. Transeuntes inocentes foram espancados". Mas, apesar de toda a violência repressiva, as manifestações acabaram por tomar conta de toda a Alemanha Oriental. O desejo de liberdade triunfou. Com uma característica totalmente própria. Diversamente dos outros países que iam deixando de ser comunistas, o que se viu, na Alemanha Oriental, não disse respeito à criação de um novo Estado ou de um novo regime: as pessoas quiseram, simplesmente, apagar o "oriental" do nome da Alemanha, destruindo aquele produto monstruoso do totalitarismo soviético. Multidões cantavam então, pelas ruas do país: "Deutschland, einig Vaterland!" – "Alemanha, pátria unida!".

Na Tchecoslováquia, ao contrário, o que se conheceu, no fim do túnel, foi a divisão do país entre uma República Tcheca e a Eslováquia – de fato, dois povos e duas culturas distintas, que haviam formado um só Estado em 1918. Como a Hungria, a antiga Tchecoslováquia também tinha sofrido uma invasão das tropas do Pacto de Varsóvia, comandadas por Moscou, em agosto de 1968. Foi consequência da hoje célebre Primavera de Praga, projeto e processo de reforma e democratização do socialismo, no sentido de torná-lo "mais humano", sob a liderança de Alexander Dubcek. Mas o sonho acabou sob as botas soviéticas, aplaudidas então (e com entusiasmo) pelo ditador cubano Fidel Castro e pelo Partido Comunista Brasileiro. Não sem alguma resistência pacífica.

> Dizia-se que os heróis da resistência tinham sido os policiais e os *hippies*: os primeiros transportavam em seus automóveis pacotes de jornais impressos clandestinamente, para passá-los sob as tropas soviéticas. Os *hippies* lapidavam os tanques (muitos apareceram com a cruz gamada nazista pintada em suas carcaças), comiam diante dos soldados soviéticos, que nos primeiros dias estavam sempre com fome, e enlaçavam as moças diante deles

escreveu Sonia Goldfeder, em *A Primavera de Praga*[54].

Em 1989, porém, a revolução – também uma revolução pacífica, que chegou mesmo a ser tratada como "a revolução de veludo" – triunfaria. E com um cardápio mais radical: em vez de uma tímida reforma do socialismo, feita de dentro do regime com o propósito de tentar reciclá-lo, o que se queria agora era democracia parlamentar, império-da-lei e economia de mercado. Dubcek retornaria ao palco, aclamado por seus conterrâneos, embora o líder incontestável da nova e vitoriosa maré revolucionária tenha sido o artista e intelectual Vacláv Havel, dramaturgo e poeta experimental

---

54 GOLDFEDER, Sonia. *A Primavera de Praga*. Brasiliense: São Paulo, 1981. (N. E.)

(seu nome, de resto, era conhecido já nos meios da vanguarda estética mundial, aparecendo sempre nas melhores antologias internacionais da poesia concreta, ao lado dos poetas brasileiros do "grupo noigandres", como na *Anthology of Concrete Poetry*[55] organizada por Emmet Williams). E o nosso já citado historiador Timothy Garton Ash a considerou "a mais encantadora de todas as revoluções do ano na Europa Central: a rapidez, a improvisação, a alegria e o papel absolutamente central de Václav Havel, que foi ao mesmo tempo o diretor, o roteirista, o contrarregra e o ator principal daquela que foi sua maior peça". E mais: "é difícil imaginar uma personalidade menos autoritária que Havel (o contraste com Lech Walesa era notável)". Um Havel que, de resto, enquanto durou a revolução, bateu ponto todos os dias, à noite e mesmo entrando pela madrugada, no seu bar favorito. E que, logo depois de assumir a presidência do país, convidou o rockeiro experimentalista Frank Zappa a ir a Praga. Vale a pena, por sinal, ler o retrato que Ash faz de Havel, em meio à "revolução de veludo":

> Madrugada. O rei da Boêmia chega a seu bar favorito. "Ah, Pane Havel!", exclama uma moça em uma mesa vizinha, e envia o namorado para pegar um autógrafo em um maço de cigarros. Havel é um boêmio nos dois sentidos da palavra. É um intelectual tcheco da Boêmia, com um sentimento profundo pela sua terra natal. Mas também é um artista, que nunca está mais feliz do que em uma taverna, com um copo de cerveja e a companhia de amigos bonitos e divertidos. Baixo, de cabelo e bigode claros e um corpo atarracado plantado em pés pequenos, ele não aparenta seus 53 anos. Mesmo em épocas mais tranquilas, ele é um feixe de energia nervosa, com mãos que se movem como hélices duplas e um passo bem característico, quase chaplinesco: passos curtos, ligeiramente encurvado, uma espécie de

---

55 WILLIAMS, Emmet. *Anthology of Concrete Poetry*. Primary Information: Nova York, 2014. (N. E.)

apressado arrastar dos pés. Veste-se com jeans, camisa aberta, talvez um paletó de veludo, pondo terno e gravata apenas sob extrema coação: por exemplo, para ir receber um daqueles prêmios internacionais. As negociações com o governo [durante a revolução popular], em comparação, não requerem terno e gravata. Seu rosto enrugado mas infantil abre-se constantemente num sorriso cativante, ao mesmo tempo em que, do interior dessa pequena estrutura, uma voz surpreendentemente grave retumba uma resposta atravessada. Apesar das aparências, ele tem um enorme vigor. Poucos homens teriam feito metade do que ele fez em duas semanas e continuado em pé, para não dizer falando. No entanto, aqui está ele, à uma da manhã, em seu bar favorito, rindo como se fizesse uma revolução por semana.'

Nesse passo, um aspecto fundamental deve ser ressaltado: a atenção extrema que as forças democráticas renovadoras, nesses países da chamada Europa Oriental, deram aos meios eletrônicos de comunicação de massa. Na Polônia, ao longo da campanha eleitoral, defendia-se que a televisão deveria ser *pública,* e não *governamental*. Na Hungria, a revolução foi televisionada. E foi fundamental o papel da televisão na subversão da ordem até então reinante na Tchecoslováquia. Superava-se aqui o *approach* ideológico "artesanal" de Daniel Cohn-Bendit e companheiros no maio de 1968 francês, todos panfletariamente anticonsumistas e antimidiáticos, que decidiram ocupar um teatro tradicional de Paris em vez de ocupar a emissora estatal de televisão... Mas não lembro agora quem disse que as revoluções na Europa do Leste foram, todas elas, "telerrevoluções". Hoje, as movimentações mundiais, como na recente Primavera Árabe, vão passando da televisão às chamadas "redes sociais".

Outro aspecto que merece ressalte é que essas revoluções pacíficas do Leste Europeu foram, em medida bastante significativa, revoluções de intelectuais. Revoluções com forte presença/

ascendência de intelectuais. Não nos esqueçamos de que era formada por intelectuais a maioria dos conselheiros de Lech Walesa. E que, da Primavera de Praga em 1967 à transformação radical da Tchecoslováquia em 1989, a força dos intelectuais foi sempre muito visível. A propósito, escreve Garton Ash:

> Esta também pode ser chamada, como a de 1848, "uma revolução dos intelectuais". É verdade que foram as renovadas demonstrações de força dos operários, em duas ondas de greves em 1988, que acabaram levando os comunistas da Polônia à primeira Mesa Redonda [encontro em busca de acordos entre subversivos e autoridades] em 1989. É verdade que foram as manifestações de rua em todos os demais países europeus orientais que derrubaram os velhos dirigentes. Mas a política da revolução não foi feita pelos operários ou pelos camponeses, e sim pelos intelectuais: o dramaturgo Vacláv Havel, o medievalista Bronislaw Geremek, o editor católico Tadeusz Mazowiecki, o pintor Bärbel Bohley em Berlim, o regente Kurt Masur em Leipzig, os filósofos János Kis e Gaspár Miklós Támás em Budapeste, o professor de engenharia Petre Roman e o poeta Mircea Dinescu em Bucareste. A história superou Shelley, pois os poetas foram os legisladores reconhecidos deste mundo.

Por fim, tudo isso pôde realmente acontecer graças ao papel libertador de Mikhail Gorbatchov (o Arcanjo Mikhail, como a ele se referia o poeta brasileiro Haroldo de Campos) nas revoluções da Europa Oriental e em todo o processo que conduziu ao fim da União Soviética. A Alemanha Oriental sabe que foi ela que conquistou a abertura do Muro. Mas sabe, também, que, para fazer isso, contou com o apoio fundamental e decisivo de Gorbatchov. Lembre-se, aliás, do que se lia na Constituição do país: "A República Democrática Alemã está para sempre e irrevogavelmente aliada à União das Repúblicas Socialistas Soviéticas". E aqueles alemães, ironicamente, passaram a criticar sua classe dirigente comunista contrastando-a com o exemplo de Gorbatchov, que, de fato, conspirou contra a *nomenklatura* local. E garantiu que tropas soviéticas não participariam de repressão alguma que visasse a sempre crescente dissidência interna na então chamada República Democrática Alemã – RDA. As coisas só andaram rapidamente na Alemanha graças ao aval de Gorbatchov. No caso da Tchecoslováquia, Gorbatchov esteve presente em tudo, milimetricamente, inclusive afastando o líder do partido comunista e o primeiro-ministro do país, numa reunião do Pacto de Varsóvia. Sem esquecer que, por ordem sua, a televisão soviética passou um documentário sobre a Primavera de Praga (no qual os cinco Estados do Pacto de Varsóvia fizeram seu *mea culpa* com relação à invasão de 1968, tratando-a como ingerência indevida em assuntos internos tchecoslovacos), veiculando uma entrevista com Dubcek. E assim por diante, com a revogação do socialismo nos outros países.

Cito, uma vez mais, Timothy Garton Ash:

> A nova política soviética, batizada por Gennadi Gerasimov, no dia 25 de outubro, de Doutrina Sinatra – "*I had it my way*", citou ele, erroneamente – em vez da Doutrina Brejnev, foi evidentemente crucial. Na Alemanha Oriental, Moscou não só deixou claro que as tropas soviéticas não estavam disponíveis para questões de repressão interna, como também, aparentemente, fez o que pôde para que todos ficassem sabendo – no Ocidente, mas também no país em questão – que esta era a sua posição. Na Tchecoslováquia, a União Soviética ajudou a revolução, escolhendo o momento certo para a condenação retrospectiva da invasão pelo Pacto de Varsóvia em 1968. Por toda a Europa Central do Leste, as pessoas finalmente se beneficiaram da crônica dependência das suas elites dirigentes em relação à União Soviética, pois, sem a muleta das kalashnikovs soviéticas, essas elites ficaram sem nenhuma perna sobre a qual se apoiar.

Como se fosse pouco, Mikhail Gorbatchov comandou o processo que resultou na desintegração ou pulverização da própria União Soviética (deixemos de lado, aqui, a performance de um oportunista inescrupuloso como Boris Yeltsin), que hoje um ditador de direita, Vladimir Putin, faz tudo para reconstruir. E esse foi o golpe final numa esquerda que, sabe-se lá com que energias e somatório de autoenganos, sobreviveu à onda da "desestalinização" de Nikita Khruschov. De sua parte, Gorbatchov, que vivera o processo deflagrado por Khruschov, tratou de reduzir a predominância da máquina estatal na vida econômica soviética e, de um modo geral, na vida de toda aquela sociedade. Tudo principiou a se desconfigurar e a se reconfigurar. O nacionalismo reprojetou-se com vigor em meio à decadência do internacionalismo proletário. O primeiro grito/gesto independentista veio à luz na Lituânia. Seguiram-se protestos na Estônia e na Letônia. E na Geórgia, no Azerbaijão, na Moldávia e na Ucrânia. Enfim, no dia 8 de novembro de 1991, tivemos um marco incontornável na história contemporânea da humanidade: a falência total do comunismo.

E aqui, para melhor entender as coisas, podemos fazer uma breve comparação entre a chamada "desestalinização" da segunda metade da década de 1950 e o que aconteceu em 1991. Foram processos de dimensões bem diferentes. De certo modo, é possível dizer que as denúncias dos grandes crimes de Stálin e do totalitarismo soviético poderiam muito bem ter destruído a esquerda marxista no mundo ocidental. De fato, a rachadura não foi nada insignificante. Do filósofo francês Maurice Merleau-Ponty ao romancista brasileiro Jorge Amado, para citar apenas dois nomes, artistas e intelectuais, em pontos vários e variados do globo terrestre, romperam com os (ou pelo menos se afastaram dos) partidos comunistas que seguiam cegamente os ditames de Moscou. Mas penso que a fauna militante comunista sobreviveu, em grande parte, porque a fé na utopia comunista não fora então totalmente abalada. Afinal, o próprio reformismo de Nikita Khruschov, vindo de dentro do sistema comunista, sinalizava, para os fiéis mais crédulos e mesmo renitentes, que o comunismo de extração "marxista-leninista" estava a se regenerar a partir de si mesmo. O ideal comunista não poderia ser responsabilizado por nenhum crime cometido em seu nome. E não foram poucos os que acreditaram nisso.

O que aconteceu em 1991 pertence, definitivamente, a uma outra ordem de grandeza. Não se tratava mais de uma "crise interna", por maior que esta fosse. Agora, era o comunismo mesmo que saía globalmente de cena. E daí a esquerda partiu pelo mundo à cata de novos princípios, novas leituras interpretativas, novas questões, novas estratégias e novas táticas. "A queda do comunismo favoreceu um realinhamento ideológico em torno de novos desafios, porque a esquerda perdeu de uma vez por toda a esperança de um outro mundo realizado no universo do comunismo real, que se havia inserido na história graças à brecha de 1917", como bem viu o supracitado sociólogo canadense Mathieu Bock-Côté. Perplexa, a esquerda ocidental assistia ao desmoronamento do comunismo (ou do "socialismo real", como ainda hoje alguns preferem dizer) e, ainda, à desintegração de um dogma central do marxismo, apresentado como lei científica do chamado "materialismo histórico". Era a tese de que o próprio desenvolvimento sociotécnico da humanidade, chocando-se frontalmente com a estrutura de classes do capitalismo, conduziria o mundo – inevitavelmente – ao comunismo. E isso, repito, era sentido não como credo, mas defendido como "verdade científica". Mas o que se via agora, na textura concreta do real histórico do mundo, era a exata inversão do dogma: em vez de países capitalistas fazendo a passagem para o socialismo, tínhamos países socialistas fazendo a passagem para o capitalismo.

* * *

A desorientação esquerdista foi completa. E o identitarismo surgiu como uma tábua de salvação, expandindo-se com a velocidade proverbial de todas as pragas. Marx foi jogado no lixo. Não sem reações, obviamente. Pelo mundo inteiro, foram proliferando leituras críticas do movimento como negação do marxismo e da esquerda. E personalidades tão distintas entre si como o já mencionado historiador norte-americano Russell Jacoby, o filósofo francês Pascal Bruckner (autor de obras fundamentais sobre o identitarismo, a exemplo de *La Tyrannie de la Pénitence – Essai sur le Masochisme Occidental*[56] e *Un Coupable Presque Parfait – La Construction du Bouc Émissaire Blanc*[57]) e o jornalista argentino Alejo Schapire, com seu *La Traición Progresista*[58], concordaram justamente nesse ponto.

Jacoby bateu na mesa para denunciar que o identitarismo tinha atirado longe o marxismo para se associar, surpreendentemente, tanto ao totalitarismo terceiro-mundista quanto ao puritanismo, ao obscurantismo religioso dos aiatolás da morte, ao antissemitismo e ao neorracismo de um modo geral. Do seu ponto de vista, a esquerda não experimentara simplesmente uma derrota formidável, como ia se travestindo no seu oposto. Pascal Bruckner, por sua vez, deu uma bela entrevista ao *Figaro*, "Um Antirracismo Enlouquecido que Reproduz o que Pensa Combater", onde, negritando mais uma vez a total desorientação da esquerda pós-Muro de Berlim e pós-pulverização da União Soviética, observava: "A raça, o gênero, a identidade se tornaram as bases de uma ideologia nascida nos Estados Unidos, que pretende substituir o socialismo em crise". No mesmo número em que entrevistou Bruckner, o *Figaro* trouxe uma matéria sobre o racha entre as esquerdas: "O Novo Racialismo

---

56 Em português, encontramos a seguinte edição traduzida: BRUCKNER, Pascal. *A tirania da penitência*. Bertrand: Rio de Janeiro, 2008. (N. E.)

57 *Idem*, *Un Coupable Presque parfait: La construction du Bouc émissaire blanc*. Grasset: Paris, 2020. (N. E.)

58 Schapire, Alejo. *La Traición Progresista*. Ediciones Península: Barcelona, 2021. (N. E.)

Fratura a Esquerda". E é a propósito dessa fratura que Alejo Schapire denuncia a *traição progressista*, arquivando a realidade das classes sociais, apostando na absolutização sem limites do relativismo permissivo do epistemologismo "pós-moderno", fazendo vista grossa a opressões étnicas e sociais em sociedades não ocidentais, aplaudindo ditaduras assassinas como a dos talibãs e mesmo atentados terroristas como o que atingiu o jornal francês *Charlie Hebdo* (mais recentemente, o atentado terrorista do Hamas contra Israel, em outubro do ano passado, incluindo estupro de mulheres e decapitação de pessoas).

Pior: diante do "tsunami" identitarista, a esquerda universalista, emancipatória e antiautoritária viu-se reduzida ao mínimo, quase à insignificância, pelo menos nos meios acadêmicos e midiáticos – e, por isso mesmo, em matéria de visibilidade social. Um novo esquerdismo, gerado pela crise do comunismo, elege o muçulmano ou o negro como arquétipo do "oprimido" e sucedâneo do "proletariado". Só há um inimigo no planeta: a entidade formada por Ocidente Branco-Homem Branco. A ditadura iraniana pode prender e matar mulheres, o fanatismo muçulmano pode incendiar homossexuais vivos na Nigéria, os ex-comunistas chineses podem promover campanhas genocidas contra os uigures. E tudo bem: não existe pecado fora dos limites geográficos tradicionais do Ocidente. Nenhum militante negro se manifesta contra o racismo antinegro vigente na China ou contra o racismo antinegro existente na Arábia Saudita. Nem abre a boca contra a escravidão atual em lugares como a Mauritânia, Ghana, a Índia ou o Sudão, por exemplo. Estima-se, de fato, que cerca de 40 milhões de pessoas vivam hoje no mundo em regime de escravidão. Ou, como alguém já lembrou, existe mais gente escravizada hoje do que no século XIX. Mas o identitarismo, em seu tribalismo antiuniversalista, conduz-se como se não tivesse absolutamente nada a ver com isso. A única escravidão que conta é a que vigorou nas colônias que os europeus implantaram nas Américas. Essa escravidão é criminosa. Quanto aos crimes cometidos pela escravidão africana, pela escravidão árabe etc., o identitarismo promove a sua absolvição. Quando o criminoso não é branco, o crime não existe. E o paradoxal é que essa gente ataca o Ocidente em nome de "direitos humanos". Mas sabemos muito bem que os "direitos humanos" não são uma norma planetária milenar, mas uma criação do Ocidente – datada, inclusive. No máximo, pode-se admitir a existência de uma aspiração difusa da humanidade nessa direção, mas foi o Ocidente que a formalizou, consolidando-a. E, nesse caminho, as democracias ocidentais certamente avançaram como nunca os demais regimes contemporâneos sonharam.

Mas vamos retomar o passo. Sentindo-se totalmente desnorteada, tendo perdido a razão e o pé, grande parte da esquerda ocidental retirou seus olhos da Rússia para fixá-los nos Estados Unidos. E acabou adotando de corpo e alma a ideologia identitarista e a fragmentação dos movimentos sociais das então chamadas "minorias". Em outros termos, deu as costas ao marxismo e a leituras sociológicas da realidade. Aboliu do seu caderninho as classes sociais e passou a se concentrar em sexo e raça, nos novos princípios sectários e maniqueístas do discurso *woke*, como se o mundo e a vida praticamente se resumissem à melanina e à vagina, como ouvimos nas pregações panfletárias de movimentos negros e neofeministas. Além do determinismo biológico (para não falar da "metafísica somática" subjacente a afirmações do tipo só-negro-entende-coisa-de-negro), abraçava-se agora uma visão racial, sexual, religiosa e mesmo etária das relações sociais, que deveriam ser reconstruídas com base na nova ideologia extraída dos "direitos humanos", matriz da fabricação dos mais recentes dogmas absolutos lançados no mercado. Daí a definição do já citado Alejo Schapire: trata-se de uma esquerda "obcecada por raça e sexualidade e disposta a atacar a liberdade de expressão de democratas e universalistas".

Por outro lado, como indicamos, não são poucos os que dizem que a "esquerda identitarista" não é de fato uma esquerda. Entende-se. Historicamente, o discurso identitário foi emitido, sistemática e invariavelmente, pela direita – e tomava como referência maior a coletividade, a raça, a nação. Já sob o patrocínio da esquerda, que não se ocupara teoricamente desses temas, perdeu-se definitivamente a perspectiva de conjunto. Tudo se fragmentou. Não se trata mais de sublinhar coisas maiores, grandes conjuntos, como no caso da identidade nacional ou da identidade de um povo. Com o novo esquerdismo maniqueísta, as leituras se desarticulam, o grupocentrismo impõe-se com força total, fracionando a sociedade em grupos e subgrupos, grupelhos e subgrupelhos, todos fechados em seus guetos e cubículos, todos nutrindo seus desejos, seus ressentimentos e seus ódios no ensimesmamento. Se o pensamento tradicional da esquerda fora sempre universalista e classista, mesmo em suas correntes antagônicas, a exemplo do stalinismo e do trotskismo, como considerar realmente de esquerda uma ideologia que despreza a opressão de classe e cultua o mais estreito e inflexível tribalismo, renunciando à visão e ao projeto universais, totalizantes, nascidos nos campos mais férteis do iluminismo europeu?

Um pensador de esquerda, autor, aliás, de um livro intitulado justamente *O que a Esquerda Deve Propor*[59], o brasileiro Roberto Mangabeira Unger, em texto que escreveu para a apresentação de meu livro *Mestiçagem, Identidade e Liberdade*, foi direto ao ponto:

> Separar injustiça social de opressão de classe no Brasil jamais fará sentido e só pode resultar em políticas que acrescentam, à realidade da subjugação, o veneno das fantasias raciais. Nos Estados Unidos, com sua recusa da mestiçagem, essa separação entre raça e classe gerou políticas que beneficiam menos os negros que mais precisam de ajuda: os milhões de jovens

---

59 UNGER, Roberto Mangabeira. *O que a esquerda deve propor*. Leya: São Paulo, 2023. (N. E.)

negros pobres que estão no emprego precário e que enchem as cadeias norte-americanas. A adoção dessas políticas no Brasil, numa situação completamente diversa, acrescenta o disparate e o absurdo à injustiça. [...]. Tal qual carneiros acretinados, muitos de nossos "progressistas" entraram na onda da política identitária que generalizou essa maneira de pensar a toda nossa vida nacional e procura impô-la, aos inconformados, por meio da cultura do cancelamento. A política identitária dessa pseudoesquerda abriu espaço para as guerras culturais da direita: duas maneiras simétricas de evadir os problemas reais do país e de lhe sonegar o debate a respeito de suas alternativas de instituições e de consciência.

Diversos analistas político-sociais, em trabalhos bem recentes, como o iraniano Sohrab Ahmari, em *Tyranny, Inc. – How Private Power Crushed American Liberty – And What To Do About It*[60], também sublinham que a ideologia identitarista está longe de enfrentar o que realmente interessa, do ponto de vista da esquerda, que são as terríveis desigualdades sociais que ferem a humanidade em todo o planeta, da África aos Estados Unidos, passando pela Índia, a Rússia, a França ou o Brasil. Em breves palavras, Ahmari diz o seguinte: Vivemos hoje, em grande parte do mundo, sob uma forma de tirania que nos subjuga não como cidadãos, mas como trabalhadores e consumidores, membros da vastíssima maioria da população que não tem qualquer controle sobre os mecanismos produtivos e financeiros da sociedade, estando por isso mesmo excluída de decisões nessa área. É uma tirania que envolve a coerção privada no local de trabalho e no mercado, demitindo funcionários que pensam por conta própria e se opõem ao discurso do patrão, expelindo do mercado e condenando à penúria trabalhadores que não aceitam as regras

---

60 AHMARI, Sohrab. *Tyranny, Inc.: How private power crushed American liberty – and what to do about it.* Forum books: Nova York, 2023. (N. E.)

estabelecidas, impondo preços e produtos de consumo, praticando a obsolescência planejada de suas mercadorias e por aí vai. E não costumamos denunciá-la como tal porque nos habituamos a ver a tirania como algo vinculado exclusivamente ao aparelho de Estado, com seus presidentes, primeiros-ministros, legisladores, oficiais militares etc. Ou seja: tirania como coisa pública, governamental.

No entanto, prossegue Ahmari, as grandes empresas e os grandes empresários – especialmente, as megacorporações – exercem sobre nós uma forma de tirania econômica e não simplesmente política. Uma tirania que, em vez de público-estatal, é uma *tirania privada*, com meios de coerção altamente poderosos, que é expressão do triunfo do neoliberalismo e da estrutura de classes imperante em praticamente todo o planeta. É o domínio dos que têm pouco (quando têm) pelos que têm demais. É evidente que é preciso denunciar e enfrentar esta *private tyranny*, se de fato queremos construir uma sociedade menos desequilibrada ou menos pervertida. E isso passaria pela formação de um consenso que envolvesse a esquerda e a direita "civilizadas", em favor do combate à coerção econômica inerente aos mercados. Mas a esquerda identitarista, sob o comando de "profissionais" rácico-sexuais e militantes de ONGs, passa ao largo disso, como se vivêssemos numa *classless society*. Seria então necessário, para usar a expressão de uma líder da esquerda alemã, Sahra Wagenknecht, superar o atual "estilo de vida esquerdista", ou *life-style leftism*, na tradução de Ahmari, que resume:

> Em vez de priorizar tópicos de classe e economia política, lamenta Wagenknecht, o progressismo identitarista está obcecado por "questões relativas a estilo de vida, hábitos de consumo e atitudes morais". Neste sentido, deve ser descrito como uma espécie de ideologia neovitoriana, com gerentes progressistas de "recursos humanos" no papel de missionários e trabalhadores sociais enviados para inculcar maneiras e hábitos melhores em meio aos pobres.

Por sua vez, a filósofa judia norte-americana Susan Neiman, em *Left Is Not Woke* (título traduzível por "A esquerda não é identitarista", embora ela não goste da expressão *identity politics*, cunhada por Barbara Smith, do célebre Combahee River Collective[61]), pega as coisas historicamente, no plano das ideias. Mostra-nos que o identitarismo se descola da esquerda a partir do instante em que significa rejeição das bases epistemológicas e dos ideais político-sociais que herdamos do iluminismo setecentista europeu. Podemos ver isso em qualquer artigo, panfleto ou livro identitarista. Leia-se, por exemplo, o que dizem os ativistas acadêmicos Richard Delgado e Jean Stefancic, em *Critical Race Theory; an Introduction*[62]. "Diferentemente do movimento tradicional dos *civil rights*, que abraça o incrementalismo e o avanço gradual, a teoria racial crítica questiona as bases mesmas da ordem liberal, incluindo a teoria da equidade, o raciocínio legal, o racionalismo iluminista e os princípios neutros do ordenamento constitucional". Sobretudo, a movimentação *woke* é um ataque frontal ao universalismo iluminista, em defesa do tribalismo, da fragmentação particularista do mundo. Susan Neiman começa por aqui. Pela recusa do iluminismo. Mais precisamente, recusa da herança do universalismo iluminista. Claro, sua visão é mais abrangente. Ela assenta o pensamento de esquerda num tripé: universalismo; distinção clara entre justiça e poder; crença no "progresso" (vale dizer, no avanço social da humanidade, mas não no sentido de que tal "progresso" é inevitável – como o próprio Karl Marx julgou ter comprovado "cientificamente", com seu materialismo histórico – e sim no sentido de que ele é possível). Para o nosso propósito neste

---

61 O "Coletivo Combahee River" foi uma organização negra feminista atuante em Boston de 1974 a 1980, sua fundadora foi Barbara Smith. Segundo o Wikipídia, "seu nome é um reconhecimento simbólico pelo heroico ato de Harriet Tubman, que em 1863 libertou 750 escravos perto do Rio Combahee, na Carolina do Sul". (N. E.)
62 DELGADO, Richard; STEFANCI, Jean. *Critical Race Theory: an Introduction*. 3ª Ed., NYU Press: Nova York, 2017. (N. E.)

ensaio, no entanto, vamos nos concentrar, mesmo que a voo de pássaro, no tópico do *universalismo*, base mesma de qualquer solidariedade planetária.

Susan lembra vivamente que o que distingue a visão da esquerda da visão liberal é que a esquerda, além de defender direitos políticos (liberdade de expressão, de crença religiosa, de voto etc.), luta igualmente por direitos sociais, inscritos já na "Declaração Universal dos Direitos Humanos", em 1948. Mas essa "Declaração" é um texto que, embora assinado e supostamente assumido pela maioria dos países-membros da Organização das Nações Unidas (com ressalvas, é bom não esquecer, como a da Arábia Saudita rejeitando o princípio da igualdade entre homens e mulheres), permanece ainda em nossos dias um discurso aspiracional, um discurso desejante, no sentido de que, até aqui, não chegou a se materializar de fato no corpo de nenhuma sociedade realmente existente. Para Susan, realizar concretamente a formulação geral dos *human rights* seria alcançar o socialismo. E aqui ela recorre à argumentação do economista Thomas Piketty, em *Time for Socialism: Dispatches from a World on Fire*[63]. De acordo com Piketty, é perfeitamente possível caminhar gradualmente para um "socialismo participativo" através de mudanças no sistema legal, fiscal e social deste ou daquele país, sem ter de esperar pela unanimidade de uma transformação em escala mundial. Isso pode ser feito, diz ele, com aumentos de impostos inferiores à média dos que os Estados Unidos e a Inglaterra fizeram durante o período de maior crescimento no pós-Guerra.

Aceitando a argumentação de Piketty (que ficou famoso entre nós com o sucesso de seu livro *Capital in the Twenty-First Century*), Susan lamenta que a suposta esquerda de nossos dias pareça não ter olhos para a economia, obcecada ou hipnotizada por outras

---

63 PIKETTY, Thomas. *Time for socialism: dispatches from a world on fire.* Yale University Press: Connecticut, 2021. (N. E.)

coisas. De fato, uma esquerda mais preocupada com discussões pronominais do que com questões econômicas, só pode estar vivendo em algum planeta paradisíaco... Mas Susan acrescenta que o que mais a preocupa é ver como as vozes contemporâneas consideradas "de esquerda" simplesmente abandonaram as ideias filosóficas centrais que definem o ponto de vista *left-wing*. Principalmente, o compromisso de sempre colocar o universalismo acima das estreitezas do tribalismo. E ela está certa. A nova "esquerda" identitarista perdeu a visão de conjunto da realidade social e substituiu a dimensão internacionalista pelo reducionismo "clânico". É o que faz com que a democrata Hilary Clinton elogie a eleição de uma primeira-ministra na Itália somente por ela ser mulher, sem se importar com o fato de Giorgia Meloni cultivar posições políticas excessivamente próximas das do velho fascismo mussolinista – de fato, as posições de Giorgia estão no polo oposto às de Hilary: ela é contra o aborto voluntário e a união civil de pessoas do mesmo sexo (acha que a família cristã deve ser formada por um homem e uma mulher) e até já defendeu a ideia de um bloqueio naval para conter a migração muçulmana para a Europa. Mas não vamos desviar nosso curso. Susan tem razão quando diz que foi a ideia do universalismo que sempre definiu a esquerda – "solidariedade internacional era a sua senha". Ou ainda: o que unia não era o sangue ou a anatomia, mas a convicção de que os seres humanos, com suas inúmeras diferenças, se acham todos entrelaçados em funda profundidade e de múltiplos modos. Foi isso que o identitarismo deletou. Em vez da humanidade do humano, em toda a sua complexidade, só o que conta agora é o que faz com que os iguais sejam sempre iguais apenas a si mesmos, aprisionados em grupos apartados entre si. Só o que conta é raça e sexo. O ser humano foi abolido em favor do ser racial.

Yascha Mounk vai pelo mesmo caminho. Mas é claro que não é só. Apesar de suas críticas ferozes ao "capitalismo branco" (mas nunca a um *black capitalism*, ao capitalismo estatal chinês ou mesmo ao sistema de castas a vigorar em países árabes supostamente "progressistas" do Golfo), que não o impedem de se aliar ou se deixar instrumentalizar por grandes corporações, o identitarismo não é de esquerda, ainda, por sua adesão sem pudor não simplesmente à *economia*, mas à *sociedade de mercado*, para lembrar a distinção do filósofo Michael Sandel. Uma coisa é aceitar a economia de mercado, isto é, recusar pendores intervencionistas e regulatórios, excessos estatizantes bloqueando o jogo. Outra coisa é entrar na viagem de uma "sociedade de mercado", onde tudo é número, tudo é dinheiro. Onde, digamos assim, o *homo sapiens* sai de cena, substituído pelo *homo economicus*. Vale dizer, uma sociedade pensada e construída à imagem e semelhança do deus-mercado. Da competição. Do lucro. Este é o problema. Retórica inflamada – e mesmo histérica – à parte, o identitarismo, na prática, é neoliberal. Não temos contestação, mas adesão prática à economia liberal e às solicitações e exigências da globalização, como, por exemplo, a da negação das fronteiras e das identidades nacionais. Adesão à sociedade de mercado. Como na *pop art* norte-americana da década de 1960. Com a diferença de que eventuais novos *andy-warhols* deveriam, sistematicamente, incluir "negros" e outros "oprimidos" em suas telas, fotos, filmes e colagens. Infundir a "diversidade" em suas produções. Estatisticamente.

De um modo geral, no entanto, a esquerda – e a esquerda brasileira, em particular – não só não hesitou em abrigar o identitarismo, como foi de uma complacência total diante da expansão dessa ideologia, que entrava em cena com o intuito explícito de trucidá-la ou, ao menos, de reduzir até onde fosse possível a sua significância. No espaço político-partidário, enquanto a direita trumpista fechava a cara e vociferava contra a "ideologia de gênero", as agremiações esquerdistas abriam portas, braços e pernas para receber o "identitarismo". Mesmo quando via que a nova onda se chocava frontalmente contra os seus princípios, relevava, julgando que seria possível neutralizá-la, assimilá-la e mesmo instrumentalizá-la (como faz Lula da Silva, em sua já longa trajetória de instrumentalização de movimentos sociais em benefício dele mesmo e de sua permanência no poder). Enfim, a esquerda tradicional não estava nem um pouco interessada em discutir seriamente o identitarismo. Preocupava-se apenas em engrossar seus próprios quadros, ampliar suas bases, aumentar seus votos.

Recentemente, numa pequena nota, César Benjamim, que na adolescência militou na esfera da esquerda armada, registrou: "Pouca gente na esquerda afrontou o movimento identitário nos últimos vinte anos. Ele cresceu, com farto financiamento, e se tornou uma praga. Desapareceram o povo, as classes, os cidadãos, a nação, em nome de um fatiamento patológico da sociedade". E César pode dizer isso porque foi um dos primeiros a contestar o novo credo, em textos publicados em 2002 em *Caros Amigos*, uma revista de esquerda. Mas César foi também, além de uns poucos pioneiros, uma das raras exceções. Sempre que procurei discutir o assunto, em rodas da esquerda, o que mais encontrei foi ignorância a respeito dos fatos ou uma calculada indiferença. Quando puxava o tema, as pessoas, regra quase geral, faziam, como hoje se diz, "cara de paisagem". Um integrante do primeiro escalão do Partido Socialista Brasileiro, pelo menos, foi sincero, ao me dizer que um intelectual independente podia criticar o identitarismo, mas que ele, como político, não... Confesso, em todo caso, que não entendi, desde que mesmo os democratas Barack Obama e Edward Kennedy criticaram o identitarismo – e de perspectivas que considero corretas. De sorte que, em resumo, não estará errado quem colocar as coisas mais ou menos nos termos seguintes – uma boa parte da esquerda, em sua desorientação pós-comunista, adotou o *wokismo* como pretensa nova bússola, ainda que sem saber precisar ao certo para que norte ela apontava; outra boa parte da esquerda acreditou que o melhor era tirar proveito da nova maré contestadora, atraindo-a e submetendo-a a seus próprios desígnios; e ainda uma outra boa parte realmente não levou a sério o que via – achou (ou fingiu achar) que nada estava acontecendo. O resultado é o que se vê.

De outra parte, sempre existiu e é sempre crescente um grupo de pessoas que não só não considera que o identitarismo seja "de esquerda", como acha que o movimento leva água – caudalosamente – para o moinho da extrema direita populista, ao confrontar, com extremismo quase sempre delirioso, uma população maioritariamente conservadora, como a que vemos em sociedades como a norte-americana e a brasileira. De fato, essa militância escandaliza até mesmo grande parte do próprio eleitorado lulopetista, composta de massas atrasadas e espoliadas dos sertões nordestinos. *By the way*, acredito que todos se lembram das duras críticas do analista social Mark Lilla ao movimento, responsabilizando-o pela derrota de Hilary Clinton na disputa presidencial com Donald Trump. Representantes do identitarismo ficaram furiosos, mas nenhum foi capaz de rebater sua argumentação. E assim como críticos norte-americanos viram a contribuição decisiva do identitarismo para a vitória de Trump (e para sua força política atual, inclusive na perspectiva de um eventual retorno seu à Casa Branca, derrotando Biden numa revanche que muitos temem, dentro e fora dos Estados Unidos), também no Brasil houve analistas que chamaram de imediato a atenção para o fato de o identitarismo provocar a mobilização de grupos e segmentos sociais no apoio à direita em geral e ao ex-presidente Jair Bolsonaro, em particular (veja-se mais recentemente, entre tantos outros, o artigo "Conservadorismo e Intoxicações Identitárias"[64], do jornalista Hudson Carvalho). E me parecem incontestáveis essas leituras e esses dados mostrando em que medida o identitarismo tem sido, nesse aspecto como em outros, um tremendo tiro pela

---

64 O artigo pode ser encontrado no seguinte site: https://agendadopoder.com.br/conservadorismo-e-intoxicacoes-identitarias/. (N. E.)

culatra. A esse propósito, alguém recordou outro dia uma famosa frase do ex-governador Leonel Brizola, observando a sua perfeita e integral aplicação aos arroubos panfletários e dogmáticos dos identitaristas: "esta é a esquerda de que a direita gosta".

A propósito, muitas coisas irmanam a esquerda identitarista e a extrema direita populista, a começar pelo horror de ambas às mestiçagens e aos sincretismos culturais. Mas, também no terreno estrito da práxis política, elas muitas vezes se dão as mãos, siamesas. Apenas para exemplificar, recorro a uma entrevista do cientista político alemão Yascha Mounk, estampada na *BBC News Brasil* ("Esquerda Identitária e Extrema Direita Populista São Responsáveis por Polarizar a Sociedade"[65]). Repetindo o que mais e mais gente vem dizendo de uns tempos para cá, Mounk argumenta que o identitarismo e o populismo direitista "são talvez opostos um ao outro ideologicamente, mas, em termos práticos e políticos, cada um ajuda a polarizar a sociedade e acaba por reforçar a posição do outro. Nos Estados Unidos, uma das razões pelas quais essas ideias se tornaram tão influentes depois de 2016 foi que, quando Donald Trump foi eleito, tornou-se muito difícil criticá-las pela esquerda sem ser acusado de querer ajudá-lo secretamente [ocorreu o mesmo no Brasil sob Bolsonaro: qualquer crítico de esquerda do identitarismo passou a ser "queimado" como "de direita", velho expediente stalinista, compondo sistematicamente o jogo sujo do PT e de seus satélites]. Mas uma das razões pelas quais Donald Trump está agora competindo cabeça a cabeça com Joe Biden na eleição presidencial de 2024 é que uma enorme quantidade de norte-americanos está desanimada com a influência que essas ideias passaram a ter sobre as instituições convencionais. Portanto, em termos práticos e políticos, um é a outra face do outro; para se opor a um de forma eficaz, é necessário

---

65 A entrevista pode ser encontrada no seguinte suíte: https://www.bbc.com/portuguese/articles/cjk7kyg6ryyo. (N. E.)

se opor a ambos". Ainda mais, nesse terreno da convergência: se a estratégia do venezuelano Hugo Chavez era chegar a um regime autoritário através dos mecanismos da própria democracia, não foi outra a estratégia que o bolsonarismo deflagrou no Brasil.

Por fim, numa conversa como a que estamos a ter, não podemos passar ao largo de Michel Foucault, ou de a ele nos referirmos apenas *en passant*. Sob o signo de Foucault e seus rebentos, a ideologia multicultural-identitarista se configurou como uma mescla de ceticismo radical, na teoria, e de delírio persecutório, na prática – *délire paranoïaque* foi, aliás, expressão usada recentemente por Eugénie Bastié, em artigo no *Figaro* sobre as "frutas venenosas" do identitarismo –, descambando para o fundamentalismo e o fascismo. De uma parte, fantasia-se a emergência de um poder asfixiante em cada milímetro da vida e do mundo: tudo é conspiração contra os "oprimidos". De outra parte, o relativismo pós-moderno, base filosófica do multicultural-identitarismo, tudo reduz ao estatuto de mera "construção social". Ou seja: o poder está em todo lugar – a verdade, em nenhum. Já me manifestei diversas vezes sobre o assunto, de modo que vou me resumir aqui. De uma parte, a teoria do poder de Foucault não é nova. De outra parte, o que traz de novo é simplesmente cego. Foucault fala de uma onipresença do poder, atravessando todas as relações sociais e interpessoais. Mas isso era o que já nos ensinava Max Weber, no que foi seguido por muitos sociólogos e analistas políticos contemporâneos. E a novidade foucaldiana é cega no sentido de que não consegue enxergar nada, a não ser em termos de relação de dominação. Trata-se de uma obsessão total pela dominação, que se manifestaria em todos os tipos de relacionamento, em cada centímetro do mundo humano. Por esse caminho, Foucault chega à fantasia paranoide total da "sociedade carcerária", do mundo-presídio em que vivemos, agora com panópticos digitais. Para ele, não há avanço algum na história milenar da humanidade, apenas trocamos de sistemas de dominação: dos mais "bárbaros" aos mais sofisticados (e mais eficientes). Não haveria diferença essencial alguma entre fogueiras inquisitoriais queimando pessoas vivas e meras excomunhões papais. Uma tolice que, na minha opinião, dispensa comentários.

Lembro-me do que Richard Sennett escreveu, em *Flesh and Stone*[66]:

> Numa de suas obras mais conhecidas – *Vigiar e Punir* – Foucault imaginou o corpo humano asfixiado pelo nó do poder. À medida que seu próprio corpo enfraquecia, ele procurou desfazer esse nó; no terceiro volume da sua *História da Sexualidade*, e ainda mais em notas elaboradas para os tomos que não viveu para completar, Michel Foucault explorou os prazeres corporais que não se deixam aprisionar pela sociedade. Sua paranoia sobre controles, tão marcante em toda a sua vida, abandonou-o quando começou a morrer.

Não chegamos a ver a mudança, portanto. Mas há mais. Ao divisar relações de poder/dominação em tudo quanto era canto, Foucault acabou menosprezando a distinção entre sociedades livres e sociedades autoritárias ou totalitárias (além de nunca ter dito uma sílaba sobre a dominação colonial e a guerra da França na Argélia), como na célebre entrevista que deu a K. S. Karol. Desse ponto de vista, não haveria maior diferença entre a Rússia stalinista e a social-democracia sueca... E não me esqueço de uma observação de José Guilherme Merquior, acho que em *Foucault - Ou o Niilismo de Cátedra*[67]: esses novos filósofos franceses, como Foucault e Deleuze, perderam o que os velhos anarquistas tinham de melhor: a alegria da ação. Só não me perguntem como Michel Foucault se tornou *grand-père* da esquerda identitarista. Como

---

66 SENNETT, Richard. *Flesh and Stone*. W. W. Norton & Company: Nova York, 1996. (N. E.)
67 MERQUIOR, José Guilherme. *Foucault: Ou o niilismo de cátedra*. É realizações: São Paulo, 2021. (N. E.)

diz Susan Neiman, "seu estilo era certamente radical, mas sua mensagem era tão reacionária quanto qualquer coisa que Edmund Burke ou Joseph de Maistre tenha escrito".

Em todo caso, de maior relevância não é concluir se a esquerda dita identitarista é ou não é uma esquerda. Desde um ponto de vista crítico independente, pouco importa se a esquerda identitarista, enquanto "esquerda", é falsa ou genuína. Se o que temos pela frente é o discurso de um novo contestacionismo de cariz neomarxista, ou se a coisa não passa de pseudomarxismo ou de mais um tremendo delírio esquerdofrênico do contestacionismo crônico. A questão principal, na minha opinião, é ver o mal que isso vem fazendo ao bom andamento das mais diversas coisas no mundo, do plano das relações entre as pessoas ao campo do conhecimento, seja estético, histórico, jurídico, filosófico ou científico de um modo geral. Basta lembrar o escândalo cultural dos "cancelamentos", atingindo de clássicos gregos a latinos – Homero, Aristóteles, Ovídio –, para chegar a Shakespeare, ao filósofo David Hume, ao pintor Gauguin, ao romancista Scott Fitzgerald, ao poeta Pablo Neruda e ao linguista Noam Chomsky, entre dezenas e dezenas de outros, num atestado irrefutável da imensa (e imperdoável) ignorância identitarista, em campanha aberta contra a arte e o conhecimento, para destruir, varrer do mapa as maiores criações culturais da humanidade (ninguém é obrigado a ser culto; o que é inaceitável é conferir, à ignorância, a função de desenhar e definir rumos de uma cultura). E instaurando, hoje, um clima e uma prática inquisitoriais em nossas sociedades, a fim de calar quem pensa diferente dos dogmas da seita.

> Nesses dias de hoje, a liberdade de expressão precisa de defensores, pois quando olho em volta, vejo-a sob ataque em todo lugar. Listas negras, cultura do cancelamento, bibliotecas fechadas ou extintas, obras clássicas da literatura sendo banidas ou expurgadas ou removidas das salas de aula, uma sempre crescente lista de palavras "tóxicas" cuja

> simples emissão é agora proibida (não importa o contexto ou o intento), a erosão da civilidade no discurso. Tanto a Direita Raivosa quanto a Esquerda Identitarista parecem mais direcionadas para silenciar os que discordam delas do que em melhorá-los pelo debate. E as consequências para aqueles que ousam dizer coisas julgadas ofensivas são sempre mais terríveis: empregos perdidos, carreiras encerradas, livros cancelados, *deplatforming* [...],

escreve, a respeito, George R. R. Martin, descrevendo uma atmosfera e uma paisagem bem mais pesadas e cruéis do que as que foram vistas com o macarthismo, em meados do século que passou. O identitarismo é intrínseca e radicalmente monológico – e os identitaristas são, como alguém já disse, intrínseca e radicalmente *conversation killers*.

Não vou fazer aqui nenhuma listagem exaustiva desses males, mas apenas apontar em certas direções, até porque muitos deles já foram e ainda serão indigitados neste livro, como o alheamento com relação à configuração econômica da sociedade e à existência de classes sociais e o ataque "pós-moderno" à ciência e à racionalidade de um modo geral. De qualquer modo, o próprio grupocentrismo, que é essencial à manutenção do identitarismo, cria guetos culturais e promove, na boa definição de César Benjamim, "um fatiamento patológico da sociedade". Ficamos soterrados, ainda, pela montanha dos grandes e criminosos disparates culturais. Pelo moralismo repressivo, que faz com que os bobocas da geração de bebês chorões dos *safe spaces* se encham de horror diante da mitologia grega (que é sexista, *lookista*, cheia de exuberância erótica, como, aliás, a mitologia dos negros nagôs). Pela imposição de *apartheids* na dimensão simbólica da existência social. Pelo agrilhoamento da pessoa à sua situação biológica, fazendo de todos nós eternos prisioneiros da raça e/ou do sexo. Pela imposição de falácias subfilosóficas e pseudossociológicas como dogmas inquestionáveis, como no caso dessa balela ou baboseira que é o chamado "racismo estrutural". Pela sabotagem da credibilidade institucional necessária ao bom desempenho da sociedade, ponto sobre o qual, aliás, Bock-Côté já se perguntava: "Não seria preciso reconhecer, por trás da sacralização da diversidade, o esfacelamento da cidadania e a incapacidade de agir coletivamente? Será que as liberdades podem sobreviver ao enfraquecimento das instituições?" E, mais recentemente, Yascha Mounk insistiu na mesma tecla:

> Minha preocupação mais imediata não é o que acontecerá se essas ideias acabarem chegando ao poder, mas sim que, se essas ideias tomarem conta das instituições convencionais, as pessoas perderão a confiança nos jornais, nas universidades e em outras instituições das quais precisamos para que a sociedade funcione bem.

E tudo isso para não falar das interdições, dos verdadeiros tabus temáticos, que prejudicam a caminhada cultural e o desenvolvimento científico da espécie humana.

Do filósofo holandês Gijs van Oenen falando da universidade sob ataque predatório identitarista, corrompendo a educação, à francesa Nathalie Heinich – diretora do Centro Nacional de Pesquisa Científica e autora do recente "Ce que le Militantisme Fait à la Recherche"[68] –, a postura é de crítica e combate, diante da *razzia* geral e das *blitzkriegen* particulares do *wokismo* contra a inteligência e o pensamento. Nathalie não se cansa de investir incisivamente contra os *académo-militants*, para usar a expressão que ela mesma cunhou. E denuncia que esse militantismo acadêmico tem antecedentes funestos. Remonta ao período stalinista da "ciência proletária" (lembre-se da "biologia" soviética de Lysenko), no pós-guerra mundial, e aos "delírios maoístas" que invadiram as universidades na década de 1970, chegando ao sociologismo

---

68 HEINICH, Nathalie. "Ce que le militantisme fait à la recherche et Défendre l'autonomie du savoir". In: Questions de communication, 42, 2022, 615-619.

também militante de Pierre Bourdieu. Em todos os casos, o que se afirma e se exige é que o pensamento e a reflexão das universidades sejam colocados a serviço de objetivos político-ideológicos imediatos, como se a busca-da-verdade fosse um crime contra a humanidade. E a produção de conhecimento que se dane.

Antes que empilhar fatos que mostram e demonstram isso, basta um exemplo. No campo da biologia, é justamente esse o alerta de Jerry A. Coyne, professor emérito do Departamento de Ecologia e Evolução da Universidade de Chicago, e da bióloga Luana S. Maroja, especialista em genética populacional e filogeografia. No texto "The Ideological Subversion of Biology"[69], publicado em agosto de 2023 no *Skeptical Inquirer*, eles sumarizam:

> A biologia enfrenta uma grave ameaça das políticas "progressistas" que estão mudando o modo como o nosso trabalho é feito, delimitando áreas da biologia como tabus – que, por isso mesmo, não serão financiadas pelo governo nem publicadas em veículos científicos, estabelecendo as palavras que os biólogos têm de evitar em seus escritos e determinando como a biologia deve ser ensinada aos estudantes e comunicada a outros cientistas e ao público através da imprensa técnica e popular. Escrevemos este artigo não para argumentar que a biologia está morta, mas para mostrar como a ideologia a está envenenando. A ciência que nos trouxe tanto progresso, da estrutura do DNA à revolução verde e à concepção das vacinas contra a COVID-19, está ameaçada pelo dogma político que estrangula a nossa tradição essencial de investigação aberta e comunicação científica.

Mesmo a *Scientific American*, a mais antiga revista científica norte-americana em circulação, antes respeitadíssima no mundo da ciência e da medicina, resolveu atirar sua reputação no lixo,

---

69 O artigo pode ser acessado através do seguinte site: https://skepticalinquirer. org/2023/06/the-ideological-subversion-of-biology/. (N. E.)

aderindo ao identitarismo. Nas palavras de um ex-colunista, Michael Shermer, seu foco foi deslocado do terreno científico-tecnológico para o terreno da "justiça social" *woke*. E ela passou a publicar artigos que afirmam, por exemplo, que a pequena presença de mulheres e pretos, no campo da matemática acadêmica, é decorrência de misoginia e racismo (veja-se "Modern Mathematics Confronts Its White Patriarchal Past"[70] [Matemática moderna confronta seu passado branco patriarcal]). Ou, mais hilário ainda, com o texto "Denial of Evolution Is a Form of White Supremacy"[71] [Negar a evolução é uma forma de supremacia branca], assinado por um tal de Allison Hopper, defendendo que, como o ser humano nasceu na África e todos então descendemos do "continente negro", discordar da teoria da evolução só pode ser coisa de supremacistas brancos... Quanto a este último ponto, por sinal, é importante salientar a rapidez e a facilidade com que ideólogos identitaristas criam mistificações a partir de derivações distorcidas do conhecimento científico. O fato de a ciência afirmar que o ser humano veio à luz na África, gerou automaticamente a fantasia de que descendemos todos de uma Eva Negra. Acontece que a ciência não diz isso. Apenas aponta para um espaço geográfico como lugar de origem da humanidade, mas sem estabelecer qualquer ascendência "étnica" precisa ou linear para esta. De modo algum. A antropologia e a biologia genética indicam, ao contrário, que a paisagem física da humanidade, naquela época, era muitíssimo mais variada do que a que vemos no mundo de hoje. Leia-se, a propósito, *The Dawn of Everything*[72], do antropólogo David Graeber – autor de *Debt:*

---

70 O ensaio pode ser acessado no seguinte site: https://www.scientificamerican.com/article/modern-mathematics-confronts-its-white-patriarchal-past/. (N. E.)

71 O ensaio pode ser acessado no seguinte site: https://www.scientificamerican.com/article/denial-of-evolution-is-a-form-of-white-supremacy/. (N. E.)

72 Encontramos a seguinte edição nacional: GRAEBER, David; WENGROW, David. *O despertar de tudo: Uma nova história da humanidade*. Companhia das letras: São Paulo, 2022. (N. E.)

The First 5.000 Years[73] – e então professor da London School of Economics, e do arqueólogo David Wengrow, autor de *What Makes Civilization?*[74] e condutor de pesquisas arqueológicas na África e no Oriente Médio.

Sintetizando o conhecimento que se tem hoje da matéria, Graeber e Wengrow registram que nossos ancestrais biológicos não se concentravam num só ponto da África, distribuindo-se, antes, de uma ponta a outra do continente, por faixas litorâneas, florestas tropicais, savanas, montanhas. Algumas dessas populações viveram isoladas umas das outras durante dezenas e mesmo centenas de milhares de anos. E eram grupos extremamente variados entre si (infinitamente mais do que hoje: a relativa uniformidade biológica da espécie humana não é coisa de épocas remotas, mas de tempos recentes), do ponto de vista físico. Conhecemos vestígios cranianos desses grupos, mas, como dizem Graeber e Wengrow, do pescoço para baixo, nada se sabe. A ciência não faz a mínima ideia da cor (ou das cores) de suas peles. "O que de fato sabemos é que somos produtos compósitos desse mosaico original das populações humanas, que interagiam entre si, mestiçavam-se, mantinham-se separadas ou se juntavam de modos que podemos apenas imaginar". Mais: "Talvez a única coisa que realmente saibamos com certeza é que, em termos de ancestralidade, somos todos africanos". O que – de maneira nenhuma – quer dizer "negros"... Defender a existência de uma Eva Negra faz tanto sentido, de uma perspectiva científica, quanto sustentar aquela teoria de que a consciência humana emergiu acidentalmente no planeta, em consequência da ingestão de certos cogumelos alucinógenos.

Mas vamos concluir: o lance do multicultural-identitarismo é submeter a ciência às crendices de uma seita. No caso específico da biologia, o identitarismo "progressista" (digamos

---

73 Há também a seguinte edição nacional da obra citada: GRAEBER, David. *Dívida: Os primeiros 5 mil anos*. Zahar: São Paulo, 2023. (N. E.)

74 WENGROW, David. *What Makes Civilization?*. OUP Oxford: Oxford, 2010. (N. E.)

assim, para diferenciá-lo do identitarismo de direita) pretende (e está conseguindo), entre outras coisas, proibir esse campo do conhecimento científico de sustentar a verdade básica de que o sexo é binário (nos humanos, nas plantas, em todos os animais) e de que a genética tenha qualquer papel no terreno das diferenças comportamentais e psicológicas entre homens e mulheres. Num lance extremo (e estúpido), as próprias diferenças genéticas são negadas. E o terrível – para a humanidade, em última análise – são as repercussões práticas desse furor ideológico. Coyne e Luana:

> Ao diluir a nossa capacidade de investigar o que consideramos intrigante ou importante, ao recusar o apoio à investigação, ao controlar o tom político dos manuscritos e ao demonizar as áreas de investigação e os próprios investigadores, os ideólogos cortaram linhas inteiras de investigação.

São os herdeiros da estupidez prepotente que perseguiu e prendeu Galileu Galilei – e que hoje reina em tantos departamentos universitários, em tantas redações jornalísticas e em tantas secretarias e inumeráveis escaninhos do aparelho estatal, a promover, na base do atropelo e da truculência (nem sempre apenas verbal), a destruição da liberdade da pesquisa científica.

E isso para não falar da relativização epistêmica absoluta e absolutizante, nesse meio multicultural-identitarista, onde a ciência é vista apenas como mais uma narrativa entre muitas outras, como se não houvesse diferença entre terapias xamânicas e a biologia molecular, ou entre um mito *kamaiurá* e a física quântica. Mas a ameaça é ainda mais geral. A proibição do uso de certas palavras, a interdição da abordagem de certos temas e problemas – vale dizer: a censura ideológica –, atinge em cheio também a criação artística, desfigurando-a inteiramente como forma de conhecimento do indivíduo e do mundo social. Não nos esqueçamos de que o sociobiólogo Edward O. Wilson situou o romance no campo da "etologia humana", citando especificamente, a propósito, o *Portrait of the Artist as a Young Man*[75], de James Joyce. Mas agora tudo vai no caminho da execução (em andamento já adiantado) do projeto de imposição de uma determinada instrumentalização ideológica da língua que redunda em ditadura linguística. Em pensamento vigiado, reprimido, monitorado, banido. Por tudo isso, devemos ver o identitarismo como um movimento ideológico essencialmente inimigo não só do convívio e das trocas de experiências entre pessoas e comunidades. Mas, igualmente, como inimigo extremo e radical do conhecimento, da liberdade e da democracia.

O mal maior, no entanto, parece-me o que é causado à infância. Veja-se um relato de Douglas Murray, no livro *The War on the West*[76]. Na década de 2010, durante a presidência de Barack Obama, alguns importantes editores norte-americanos principiaram a publicar livros com o intuito de criar ativistas desde o berço. Murray exemplifica com o livro *A de Ativista*, de Innosanto Nagara, um alfabeto ilustrado para crianças, com o propósito de produzir a próxima geração de militantes. Um alfabeto contra o capitalismo branco e todo pelo multicultural-identitarismo. Nesse léxico ideologizado, a letra L, por exemplo, era de LGBT; T falava de Trans; I, de índios e imigrantes; X, de Malcolm X; etc. O livro pretendia convencer as crianças de que elas tinham de crescer lutando contra a "cis-heteronormatividade" e a favor da "diversidade". Elas deveriam aprender que o melhor modo de levar suas vidas era como "revolucionários", ativistas antirracistas. Nessa linha, um extremista delirante como Ibram X. Kendi publicou um livro intitulado *Antiracist Baby*[77], saudado com fanfarra e foguetório nas principais *networks* norte-americanas. Seu intuito era explicar a ideologia identitarista a crianças de três anos de idade, com um programa ensinando-as a discursar sobre raça, atacar a polícia e, se fosse o caso, confessar que era racista.

---

75 Em edição nacional: JOYCE, James. *Um retrato do artista quando jovem*. Companhia das letras: São Paulo, 2016. (N. E.)

76 Em edição nacional: MURRAY, Douglas. *A guerra contra o Ocidente*. Avis Rara: São Paulo, 202. (N. E.)

77 KENDI, Ibram X. *Antiracist Baby*. Kokila: Nova York, 2020. (N. E.)

Sim: mesmo autoridades educacionais chegaram a afirmar que crianças (brancas) podiam se tornar racistas aos três anos de idade. Bem, lavagem cerebral é pouco. O antigo jardim de infância da criançada saudável e deliciosamente irresponsável é convertido, aqui, em estranho quartel ideológico para a fabricação em série de soldadinhos mecânicos do identitarismo.

Murray para seu relato aí, na década de 2010. Mas o absurdo prosseguiu. No decênio seguinte, a mesma linha continuava em vigor. E, como antes, sublinhando que as crianças brancas é que eram o problema. Mesmo antes de serem capazes de andar ou falar! Por esses caminhos, encontramos, não faz tempo, a iniciativa de uma escola pública em Nova York, enviando aos pais de seus alunos um mostruário com oito tipos de "identidade branca", pedindo que vissem com qual branquitude (racista, evidentemente, que, para essa gente racista, todo branco é racista... e desde o berço) eles se identificavam. Vai-se criando assim um ambiente racista antibranco na escola pública, com "pedagogos" praticantes do "moderno antirracismo racista", como diria o mesmo Murray, colocando crianças para definirem as suas próprias cores, de modo que eles pudessem dividir os pequenos colegas de sala entre "oprimidos" e "opressores". É de um segregacionismo insano: uma criança é obrigada a arcar com o que representantes de sua raça teriam supostamente feito no século XVII, por exemplo. O contrário mesmo da postura e do pensamento do revolucionário negro Frantz Fanon – sujeito universalista e não tribalista –, expresso com clareza em seu livro *Pele Preta, Máscaras Brancas*[78]:

> Não tenho melhores coisas a fazer neste mundo do que vingar os pretos do século XVII? Eu não sou escravo da escravidão que desumanizou meus ancestrais. Vejo-me no mundo e reconheço que tenho somente um direito: exigir um comportamento humano do outro.

---

78 FANON, Frantz. *Pele preta, máscaras branca*. Ubu editora: São Paulo, 2020. (N. E.)

Mas essa turma já não dá bola alguma para Fanon. O escândalo educacional antipedagógico e antissocial se encorpa e se expande. É o segregacionismo reinando de forma apavorante, agora como *apartheid de esquerda*, em mais um capítulo do império do racismo que se diz antirracista. Veja-se o que nos conta Yascha Mounk, logo na abertura de *The Identity Trap*: "Em um número crescente de escolas através dos Estados Unidos, educadores que acreditam lutar por justiça racial estão separando as crianças umas das outras com base na cor de sua pele". De Boston a Los Angeles, passando por Nova York, professores dividem rotineiramente os estudantes em grupos diferentes, segundo a raça ou etnia. Escolas explicam, como se fosse a coisa mais normal do mundo, as metas que animam tais práticas. No *website* de uma prestigiosa escola de Nova York, a Dalton, lê-se que instituições "antirracistas" de ensino devem ajudar seus alunos a definir sua "identidade racial correta". Especialistas norte-americanos em pedagogia, observando que estudantes jovens podem hesitar ("não me vejo como um ser racial, mas como ser humano"), asseveram que a tarefa da boa educação é cortar a dúvida pela raiz. Ensinar às crianças e aos jovens que eles são, acima de tudo, seres raciais. E o primeiro passo nesse caminho é enfiar na cabeça de todos que as diferenças entre as pessoas são muito mais importantes do que eventuais semelhanças. As escolas devem, ainda, estimular os jovens a só fazer amizades dentro de seu próprio grupo racial. Enfim, o que vemos hoje é que um grande número de escolas norte-americanas – públicas e privadas – se transformou em centros missionários identitaristas. E suas aulas, em sessões de doutrinação racista, onde o *apartheid* é a norma, e estudantes brancos são demonizados como "opressores", encarnações do sadismo social. Em outras palavras, se, na década de 1960, "progressistas" lutaram contra a segregação escolar, hoje, "progressistas" lutam a favor.

A propósito, não posso deixar de recordar palavras do líder abolicionista negro Frederick Douglass, dirigindo-se a seus "irmãos de cor", no final do século XIX, em "The Blessings of Liberty and Education"[79]:

> Minha posição é que é melhor nos encararmos como uma parte de um todo do que como um todo de uma parte. É melhor ser membro da grande família humana do que membro de qualquer variedade particular desta família.

E Douglass me leva a mais uma brevíssima excursão crítica. Lembro aqui que Norman Finkelstein, como qualquer pessoa humanitariamente sensata, considera que os direitos humanos de um "grupo vitimizado" devem ser defendidos com firmeza. O problema, com a política identitarista, é que ela vai além, muito além disso. Ela confere à "diferença herdada" (racial, étnica ou sexual) um "conteúdo positivo": a pessoa deve ter orgulho do que ela é, em consequência da circunstância do seu nascimento. Tudo bem: ninguém tem de se envergonhar pelo fato de ter nascido preto, judeu ou mulher. Mas é pelo menos estranho o inverso – vale dizer, que alguém se orgulhe disso. A pessoa deve se orgulhar, frisa Finkelstein, de algo que alcançou por sua disciplina, sua determinação etc. Mas não por uma coisa inata, sobre a qual não teve nenhuma iniciativa ou influência, nenhum controle. Como se orgulhar do que ocorreu à sua revelia? Do que você não escolheu? A pessoa pode se orgulhar do que conseguiu fazer por sua vontade, do que realmente criou. Mas não faz sentido se orgulhar de uma fatalidade zoológica, como o sexo ou a cor da pele. Ninguém merece crédito pelo que não fez. Ninguém pode se orgulhar do dado factual do que ela é, mas só daquilo que ela gera, produz, acrescenta ao mundo. Na base dessa bobagem irracional do orgulho "de raiz", está o princípio identitarista de que o fato zoológico é a essência do ser. E isso tem gerado distorções e perseguições tremendas.

---

79 O texto pode ser encontrado no seguinte site: https://teachingamericanhistory. org/document/blessings-of-liberty-and-education/. (N. E.)

Mas há mais, com a ideologia norte-americana do "racismo estrutural", prontamente importada para o Brasil. De fato, o tal do "racismo estrutural" não é tese e nem sequer conceito, mas esperteza jurídico-ideológica. Ninguém que conheça rudimentos de sociologia leva isso a sério, mas o clichê passou a funcionar como uma fórmula mágica. Mesmo um intelectual mulato como Muniz Sodré, com suas conhecidas ligações com os movimentos negros, sabe disto: "racismo estrutural" não é algo que exista na realidade, mas é retórica eficaz do ponto de vista político – diz ele. Uma malandragem ideológica, portanto. No texto "O Racismo não é Estrutural"[80], o historiador Mário Maestri observou, corretamente, que o racismo não foi necessário ao nascimento (nem o é à permanência) da sociedade de classes – e, por isso mesmo, nada tem de "estrutural", mas de instrumento ideológico acionado para justificar a dominação classista neste ou naquele sistema de produção. A cor da pele não está na base da história da escravidão no mundo. Gregos escravizaram gregos na Grécia, assim como negros escravizaram negros na África e índios escravizaram índios nas terras atualmente brasileiras. Tanto o negro não tinha de ser escravo no Brasil, pelo simples fato de ser negro, que muitos e muitos negros se tornaram senhores de escravos em nosso país. Achar que existe hoje, no Brasil, uma população negra explorada por uma população branca é asneira que não resiste ao menor exame dos fatos. No Brasil, o número de trabalhadores brancos que ganha o dito "salário-mínimo" (medida precisa da exploração econômica não de uma raça, mas da "força de trabalho", de um modo geral) é maior do que o número de trabalhadores pretos que ganham a mesma merreca. O que há de estrutural, sociologicamente, é a exploração da força de trabalho num determinado sistema produtivo. "Racismo estrutural" mais não é do que mera

---

80 O texto pode ser acessado no seguinte site: https://aterraeredonda.com.br/o-racismo-nao-e-estrutural/. (N. E.)

fantasia ideológica. Mas os identitaristas vêm tratando de impô-la ao conjunto da sociedade.

Além de pretender impor uma ditadura do pensamento único, vai-se impondo também uma ditadura linguística. É curioso. Os identitaristas, *haters* de esquerda, juram desejar instaurar um mundo menos opressivo, fazendo *tabula rasa* de tudo o que veio antes, da lírica grega a Ludwig Wittgenstein, passando pelos trovadores occitânicos e os escritos de Voltaire, Lessing e Rousseau. Na prática, no entanto, onde quer que tenham poder, na universidade como na mídia, eles são a encarnação mesma do que pode haver de mais repressivo e opressivo. No caso do projeto ditatorial da linguagem, todavia, é mais uma vez importante negritar o casamento do capitalismo internacional e do radicalismo *woke*. Porque há um duplo objetivo nisso. De uma parte, a "novilíngua" (como se convencionou dizer, à lembrança de Orwell) trata de mascarar as desigualdades sociais e *edulcorar* a realidade, como nos casos de patrões arquivando a palavra "empregados", para tratar seus empregados como "colaboradores", ou de políticos e governantes chamando "mendigos" de "pessoas em situação de rua", como se a troca linguística desse um fim à mendicância real que vemos diariamente ao nosso redor. Aliás, o Brasil político-midiático vem maneirando tanto o seu discurso e o seu vocabulário que, entre nós, de umas poucas décadas para cá, "latifundiário" virou "ruralista".

De outra parte, a "novilíngua" é uma ofensiva para monitorar e mesmo cercear o pensamento. De um modo e de outro, são coisas que vêm do mundo empresarial, de correntes político-ideológicas, de laboratórios do ativismo acadêmico. E que vêm para configurar, via mídia, o grande *marketing* empresarial-identitarista. Às vezes, a argumentação para promover a troca de vocábulos é de uma ignorância atroz (de que a ministra Marina Silva e tantos juízes e advogados são exemplos imbatíveis – aliás, alguém precisa dizer a Marina que "caixa preta" é um conceito cibernético que nada tem a ver com raça – e não é sinônimo de "caixa de Pandora", como ela sugeriu em debate no Congresso), a exemplo de *gays* que defendem o uso de "homossexualidade", condenando o emprego de "homossexualismo", pelo que o sufixo "ismo" sugere doença. Não sei de onde tiraram essa ideia. Talvez, quem sabe, observando que é de doença que fala toda e qualquer expressão linguística terminada em "ismo", a exemplo de cristianismo, darwinismo, atletismo, hegelianismo, modernismo, turismo etc. Em breves palavras, esse pessoal que quer consertar a língua só tem revelado a sua profunda ignorância sobre o assunto. Mais: me fizeram acreditar que a ignorância inacreditável existe.

Não surpreende, por isso mesmo, depois do que se disse até aqui, que a ideologia identitarista tenha perdido a parada no campo do debate intelectual de nível mais elevado. Mas a vitória em horizonte intelectual não implica, de modo algum, vitória nos terrenos acidentados da vida político-social. Longe disso. Do stalinismo ao trumpismo, o que não faltam são exemplos de que o primarismo e a mediocridade podem se projetar triunfantes e duradouros. E é assim que, perdida a disputa no debate cultural mais sofisticado, o identitarismo mantém-se poderoso e avassa-lador pelo fato de ser sustentado pelo que Wilson Gomes designa com a sigla SIM ("setores intelectuais médios", que reinam em cátedras universitárias, núcleos midiáticos, aparelho cultural de Estado etc.), de ter sido encampado por agremiações e vertentes políticas corpulentas, do Partido Democrata nos Estados Unidos ao governo petista no Brasil, e pela força da grana, incluindo-se aqui boa parte da classe dominante e sua elite midiática. Este último aspecto, de resto, já tem sido devidamente examinado por diversos autores em livros recentes, a exemplo de Stephen R. Soukup, em *The Dictatorship of Woke Capital: How Political Correctness Captured Big Business*[81].

---

81 SOUKUP, Stephen R. *The dictatorship of woke capital: How political correctness captured big business.* Encounter Books: Nova York, 2021. (N. E.)

O já mencionado Sohrab Ahmari, por sinal – depois de lembrar a Shell obrigando empregados seus a comparecer a um *speech* de Donald Trump, sob pena de não receberem pagamento da diária –, comenta que os dois lados do espectro político, a direita e a esquerda, adotam esse esquema de atividade política compulsória para os trabalhadores.

> Muitas das mais tipicamente progressistas ideologias da diversidade e da inclusão, promovidas por departamentos de "recursos humanos", obrigam trabalhadores a tomar partido em debates acerca de tópicos candentes sobre os quais norte-americanos sensatos discordam. American Express, Disney e CVS Health Corporation, por exemplo, são apenas algumas das megacorporações que "treinam" trabalhadores para aceitar preceitos progressistas controversos acerca de raça e gênero,

escreve o estudioso. Douglas Murray, por sua vez, entre os muitos exemplos que dá, cita o da Coca-Cola enfiando seus empregados, compulsoriamente, em treinamentos "antirracistas", destinados a torná-los "menos brancos". E também a Coca-Cola entrou na viagem de que crianças brancas de três anos já podem ser racistas, manifestando então sua preocupação (como nos diz ironicamente Murray) em fazer com que os pequenos vivam vidas mais saudáveis, mas consumindo, é claro, o veneno produzido pela empresa. Pelo mesmo caminho, segue a Disney, produzindo programas para ensinar empregados brancos a assumirem suas culpas e privilégios, a jamais questionarem seus colegas negros e a cuidar de seus bebês racistas.

Para Susan Neiman, o identitarismo é divisivo. Gera uma alienação que a direita explora rapidamente. Mas os piores abusos, diz ela, são os do capitalismo *woke*,

> que sequestra demandas por diversidade a fim de incremen-
> tar lucros. O historiador Touré Reed [*Toward Freedom: The*

Case Against Racial Reductionism] sustenta que o processo é calculado: corporações acreditam que a contratação de um *black staff* permitirá que elas penetrem nos mercados negros. O ataque é direto e despudorado. O relatório McKinsey sobre a indústria cinematográfica informa que, "ao abordar persistentes injustiças raciais, a indústria pode faturar um adicional de 10 bilhões de dólares em proventos anuais...". Mas, mesmo sem a exploração rude do que começou como metas progressistas, o *woke* se tornou uma política de símbolos, em vez de uma política social. O capitalismo *woke* foi visto como o motivo dominante de Davos 2020, mas o orador que abriu o encontro, Donald Trump, foi ovacionado de pé.

A propósito, Madeleine Lacsko registrou:

> A primeira vez que eu ouvi alguém falar para uma plateia de liberais que diversidade é necessária porque dá lucro veio da boca de Cristina Junqueira, fundadora do Nubank. Foi a primeira grande empresa brasileira a demonstrar na prática por que um quadro diverso é necessário. Não se trata de caridade, justiça social ou bondade, mas de eficiência e lucro.

Com respeito a bancos, de resto, Madeleine anota: "O caso dos bancos brasileiros é lapidar. Temos um dos sistemas bancários mais exploradores e excludentes do mundo, senão o mais". Mas eles fazem o teatro perfeito, convertendo-se de vilões em mocinhos. Ao adotar o fetiche da "diversidade" e discursar em defesa de causas identitaristas, não só aliviam a culpa burguesa, como passam do lugar de opressores/exploradores ao lugar de aliados na luta por justiça social. Ou, como diz a autora, deixam de fazer parte do problema e se tornam parte da "solução". Sem precisar abrir mão de qualquer privilégio e, ainda por cima, aumentando seus lucros. No Brasil, o Itaú e o Bradesco entraram totalmente nessa viagem. E fazem o seu *marketing* em cima disso. Madeleine: "Os poucos bancos tradicionais confiam sua imagem e sua propaganda a defensores cegos do identitarismo". Vale dizer: a agências de publicidade que, achando-se (ou posando de) justiceiras sociais, lucram o mais que podem vendendo "o negócio do identitarismo". É o que vemos à nossa volta. E confesso que, sempre que o assunto são bancos e sistemas bancários, sempre me vem à memória uma observação do poeta e dramaturgo alemão Bertolt Brecht, que dizia que assaltar um banco é um crime insignificante, se comparado ao ato de fundar um banco. Mas fiquemos, de momento, por aqui. Voltaremos ao tema do capitalismo *woke* em outro capítulo, com relação precisamente ao ambiente brasileiro.

* * *

Para finalizar, retornemos ao nosso ponto de partida, quando lembrei que todos sabem que o identitarismo, no Brasil, é coisa de "copistas", como gostava de dizer o velho Euclydes da Cunha. Vale dizer, é mera cópia, transplantação mecânica e acrítica, do ideologismo *woke* forjado nos Estados Unidos, sob o poderoso patrocínio da Fundação Ford. É de alta intensidade, coisa sufocante mesmo, o influxo metrópole/colônia nesse particular. Até no aspecto lexical, a coisa ficou na base da importação rasteira. E é interessante salientar o seguinte. Os pretos norte-americanos se apresentam sempre como segmento social "oprimido", dominado, no conjunto geral da sociedade em que vivem. Mas, a partir do momento em que passam a atuar fora do seu país, também eles logo se revelam imperialistas, dominadores. Tratam de caprichar no desempenho de agentes eficazes do imperialismo cultural. E é com um misto indisfarçável de orgulho e prazer que se veem dando as cartas do jogo. Ditando regras. Dizendo, por exemplo, como os pretos brasileiros devem pensar e o que têm de fazer. Quanto a estes, aceitam tranquilamente o domínio de seus amos de cor. Decoram a cartilha que recebem. E se acham o máximo com seus diplomas de submissão.

Em síntese, de uns tempos para cá, o Brasil não para de importar o que os Estados Unidos têm de pior. Com a direita bolsonarista copiando Donald Trump e o trumpismo. E a esquerda identitarista copiando todo e qualquer discurso e modismo relativos a supostas "minorias oprimidas". Nossos identitaristas são tão colonizados e analfabetos que falam entre nós de "estudos decoloniais", sem ver que esta última expressão é inglesa, língua onde o prefixo "de" significa "o oposto de". A partícula "de", em português, nem é prefixo, mas preposição: o *decolonial*, aqui, traduz-se como anticolonial ou descolonizador. Mas é assim mesmo: embora essa turma se diga anticolonialista e anti-imperialista, atua como um grupo de bons alunos cooptados pelo imperialismo, repetindo o discurso da matriz, agindo em função da dominação simbólico-ideológica dos Estados Unidos sobre o Brasil. Nada mais colonizado do que um "decolonial". Como bem disse Demétrio Magnoli, nossa esquerda identitarista vive a história dos outros e já nem sabe falar português. Esqueceu-se da verdade elementar, que talvez nem tenha chegado a aprender, de que não podemos querer pensar o Brasil com categorias nativas dos Estados Unidos, a começar pela "regra da gota de sangue". A leitura daí decorrente será sempre artificiosa e fraudulenta, na medida mesma em que a experiência histórica e social de um povo não pode ser substituída pela experiência histórica e social de outro povo. Por isso mesmo, só seremos capazes de entender o Brasil – e de, assim, corrigir nossos erros e superar nossos desequilíbrios sociais – a partir do momento em que nos libertarmos do colonialismo mental.

[CAPÍTULO 2]

Desembarque nos trópicos

Quando falo do identitarismo tomando de assalto, de forma agressiva e opressiva, absolutamente autoritária, fascista mesmo, o chamado sistema universitário brasileiro, e pergunto quando e como isso começou, as pessoas não se mostram imediatamente prontas para responder com precisão. Todas parecem ter sido tomadas de surpresa, como se tudo tivesse acontecido da noite para o dia, ou, mais rapidamente ainda, de uma hora para a outra. É claro que ninguém deixou de perceber que ventos sopravam forte em algumas estranhas direções. O que não se imaginou foi que logo esses ventos seriam elevados à enésima potência de uma tempestade ou de um furacão político-ideológico. Quando atinaram, o *campus* já estava dominado. E de forma asfixiante. Foi o que constatei via depoimentos de pessoas que se viram então envolvidas por aqueles acontecimentos nefastos para a vida da inteligência no mundo universitário brasileiro.

Veja-se o caso do antropólogo inglês Peter Fry. Ele deixou o Brasil em 1989, em decorrência de um dever profissional. Fora encarregado de abrir um escritório da Fundação Ford na cidade de Harare, antiga Salisbury, no Zimbabwe. Feliz por voltar ao lugar onde fizera a pesquisa de campo para o seu doutorado, Fry acabou se responsabilizando não só pelo escritório do Zimbabwe, como pelo programa da Ford para Moçambique. Passou quatro anos por lá, voltando ao Brasil em 1993, agora como professor visitante do Instituto de Filosofia e Ciências Sociais da Universidade Federal do Rio de Janeiro (UFRJ). Naquela época, o *wokismo*, embora já antigo nos Estados Unidos, mal chegara à primeira dentição aqui. O ambiente acadêmico era controlado ainda pelo velho esquerdismo *soi disant* marxista. Tanto que o projeto de pesquisa de Fry – focalizando a transição de um regime marxista-leninista para a democracia, em Moçambique – foi visto como atestado de sua "inaceitabilidade política" no meio universitário. E, nas provas exitosas que fez para se tornar "professor titular" na UFRJ, alunos circularam com cartazes que o "xingavam" de anglo-americano, fazendo-lhe a gentil recomendação de *gringo go home*. O que Peter Fry não imaginava, então, era que breve ele estaria saindo da universidade controlada pelo marxismo para ingressar na universidade controlada pelo identitarismo. No entanto, a passagem do autoritarismo marxista para o fascismo identitarista já estava em andamento – e a passos cada vez mais largos. Na sua observação, "o assunto assumiu proporções mais amplas em 2001, com a Conferência de Durban [ver adiante]". E, por volta de 2004, o *wokismo* local (ninguém empregava ainda a expressão "identitarismo") achava-se já em plena e irreversível fase de crescimento. Foi naquele ano, de resto, que o antropólogo escreveu um texto extremamente lúcido, que seria publicado somente em 2007 – *Undoing Brazil: Hybridity versus Multiculturalism*, estampado no livro *Cultures of the Lusophone Black Atlantic*[82], editado por Nancy P. Naro, R. Sansi-Roca e D. H. Treece. No sentido do avanço identitarista que estamos perquirindo, de resto, Fry nos lembra que o presidente Fernando Henrique Cardoso, com sua irresistível vocação para posar em vitrines *up to date*, aproveitou a publicação de seu Programa de Direitos Humanos, de 1995,

---

82 NARO, Nancy P.; SANSI-ROCA, R.; TREECE, D. H. *Cultures of the Lusophone Black Atlanti*. Palgrave Macmillan: Londres, 2007. (N. E.)

para falar do "grande orgulho" da nossa condição de "sociedade multirracial", com o privilégio de contar com "duas raças" (!) e "duas tradições culturais" distintas no país. E o presidente Lula, como em política econômica e política social, levou bem adiante o absurdo, dando forma mais institucional aos enunciados ideológicos do copista FHC.

Para a também antropóloga Yvonne Maggie, autora de livros como *Medo do Feitiço*[83] e *Guerra de Orixá*[84], as coisas aconteceram numa velocidade igualmente estonteante no *campus*. Aquela falange de acadêmicos que, de modo praticamente unânime, sentava em praça de marxista, examinava tudo em termos de classes sociais e até criticava quem se dedicasse ao estudo de "relações raciais", virou a casaca numa fração de segundo. Renegou sem pestanejar (e sem se dar ao trabalho de pensar) o velho marxismo – e abriu as pernas, o mais largamente possível, para a penetração de posturas, discursos e "sintagmas cristalizados" da *new wave* universitária importada dos Estados Unidos. Palavras como "operário" e "campesinato", repetidas *ad nauseam* por todos, viram-se sumariamente banidas do léxico acadêmico. Reitores oportunistas, que inicialmente não engoliam o identitarismo, mas depois perceberam o peso da maré para suas pretensões eleitorais, foram aderindo. Primeiro, fazendo vista grossa. Em seguida, caprichando na conivência. E, por fim, primando pela cumplicidade, inclusive para expelir professores recalcitrantes. Yvonne Maggie foi praticamente trucidada nesse meio universitário – principalmente, por seus "colegas de departamento" –, quando se opôs à política de "cotas" ou preferências raciais. Ficou perplexa. Imaginava que seus colegas reagiriam à transposição mecânica de políticas norte-americanas para a nossa realidade histórico-social. Mas o fato é que foi xingada e massacrada pelos cristãos-novos do identitarismo.

---

83 ALVES, Yvonne Maggie. *Medo do Feitiço*. Arquivo Naciuonal: Brasília, 1992. (N. E.)
84 *Ibidem. Guerra de Orixá*. Zahar: São Paulo, 2001. (N. E.)

Do mesmo modo, o filósofo e intelectual público Wilson Gomes, também em depoimento concedido a mim, confessa não ter uma visão nítida de como as coisas aconteceram. De como e quando a mesa virou. Acha que o marco primeiro da visibilidade político-social desses grupos está nas manifestações de junho de 2013, no que provavelmente está certo. Lembra ele que, naquela conjuntura, os tais "coletivos" botaram decididamente as manguinhas de fora, dando as caras como instituições e "cercadinhos" identitaristas, com feministas, negros, mulheres-negras e LGBTs demarcando suas terras. Esses grupos foram se assenhoreando dos *campi* universitários, alimentados, ano após ano, com a introdução de cotas na seleção de alunos de graduação e, posteriormente, na de alunos de pós-graduação e professores. Cada militante que encontrava o seu lugar ao sol, pisando no *campus* ou na cátedra pela via da política de preferência racial, considerava que devia tudo "à causa", ao seu mundinho grupocêntrico. Mas, mesmo sugerindo uma datação, Wilson diz que não se deu conta de imediato de que o identitarismo estava inundando de cabo a rabo o *campus*. Nas suas palavras, "um dia a gente acorda e o monstro já está lá, gordo e espraiado". Sabemos bem como é isso. Em todo caso, Wilson tem clareza de que foi no presente mais recente, no pós-pandemia do coronavírus, que a universidade brasileira ingressou no "período mais venenoso" do processo. Depois de quase dois anos de aulas *on-line*, professores depararam-se com uma nova geração de estudantes, absolutamente grosseira, feroz, desrespeitosa – e "sem a menor compreensão da hierarquia pedagógica e do significado da instituição universitária como espaço de liberdade".

No prefácio ao livro *Cancelando o Cancelamento* (Madeleine Lacsko), Raphael Tsavkko Garcia faz um longo comentário que coincide com a datação de Wilson Gomes, apontando o papel da esquerda tradicional na projeção pública da esquerda identitarista:

No Brasil, [os identitaristas] eram quase desconhecidos, irrelevantes, até começarem a ser usados pelo PT após 2013 como forma de controlar a militância de esquerda e impedir críticas ao governo – ao Lula tudo era permitido [ainda é], tudo estava perdoado. Aos demais? O cancelamento, o ostracismo. O que era ainda um movimento nascente, *fringe*, restrito a certos espaços *on-line*, acabou sendo instrumentalizado pelo maior partido de esquerda do país como forma de submeter e neutralizar a esquerda que havia ocupado as ruas e que começava a escapar ao controle ferrenho que o PT (ou seus satélites como o PCdoB) exercia sobre movimentos sociais e sindicais. Movimentos autônomos eram inaceitáveis, ainda mais os que ousavam protestar (também) contra governos do PT. A solução foi criar uma cortina de fumaça em que os direitos dos oprimidos não eram conquistados mais com base na luta de classes, mas na luta fratricida entre identidades. A capacidade de conviver com as diferenças e os diferentes tornou-se maldita – brancos contra negros, mulheres contra homens, LGBTs contra héteros e, mais ainda, membros de cada um desses grupos contra outros membros do mesmo grupo, cada um buscando ser mais oprimido que o outro [...]. Não deixa de ser irônico que esse "movimento" tenha origem liberal (nos EUA), adotando o pior da moral punitivista cristã e que, no Brasil, tenta conviver ao lado do marxismo de uma militância cada vez mais confusa que francamente acredita que todo homem é machista, todo branco é racista, todo hétero é homofóbico e daí em diante. Ao menos os velhos marxistas acreditavam que a revolução solucionaria todos os problemas, mas com os identitários, o "mal" é eterno e insuperável porque não se dá por suas condições materiais, mas sim pela sua identidade, pelo que você é ou quem é. Um branco sempre será branco e não importa o quanto ele seja antirracista, ele sempre será racista. Um hétero pode até militar no movimento LGBT, mas ele sempre será homofóbico porque nasceu de uma determinada forma. Não existe caminho para mudança, apenas para a eterna expiação dos pecados originais.

Em todo caso, podemos situar o avanço inicial da tempestade fascidentitarista ou identifascista na primeira metade da década de 2010, embora seu caráter avassalador tenha se imposto mesmo na primeira metade do decênio seguinte. Em depoimento para este livro, a escritora Barbara Maidel conta como as coisas aconteceram para ela. No centro da cena, as redes sociais, como já estamos cansados de saber.

Percebi o identitarismo como avalanche em 2014, participando de fóruns na internet. Em comunidades de discussão sobre direitos animais e ateísmo irromperam assuntos alienígenas aos seus propósitos, e fomos todos inundados por *slogans*: "quando o oprimido fala, o opressor cala", "é preciso se desconstruir", "meça suas palavras, parça", "para que tá feio", "falsa simetria", "pautas interseccionais", "a ciência é só mais uma narrativa". Discordar com veemência de um negro era "tentar silenciá-lo". Rebater com dados quem transformava dramas particulares em teses gerais sobre a sociedade era "diminuir vivências" usando "academicismo". Homens que demonstravam domínio numa área perante uma mulher eram acusados de *mansplaining*. Dopados pelo método apelavam a esses bordões para disfarçar a pobreza de argumentos e angariar hegemonia discursiva. Também agiam em rebanho. Estavam empoderadas a burrice, a preguiça e, paradoxalmente, a fragilidade.

E Barbara não resiste a uma comparação entre aquele momento e o atual, do seu ponto de vista:

O delírio dispunha das vias azeitadas das redes sociais para invadir a casa de gente lúcida visando cooptá-la com táticas de terrorismo psicológico. [...]. De 2014 para cá quase tudo piorou nesse motor histórico que é a luta de identidades. Quem pensa que não é assim só porque os *slogans* citados anteriormente esfriaram e alguns ideólogos marcantes estão menos intensos na tribuna, talvez não tenha percebido que isso se dá justamente porque instituições, formadores de opinião e consciências foram capturados com segurança: juízes interpretam as leis, e legislam, em sintonia identitária; o dito Congresso Conservador aprova projetos dessa pauta que não esbarrem em dogmas religiosos, deixando dificuldades apenas para defensores do aborto e direitos LGBT; a imprensa tomou a causa como missão.

Ressaltando, mais uma vez, as redes sociais:

> A eleição da internet como nova praça pública e a democratização do seu acesso derrubaram a plausibilidade de manifestos *blasés* do tipo "essas questões só existem no Twitter" [o atual X de Elon Musk]. Quem está fora dela será impactado por ideologias que são gestadas, reformuladas ou avolumadas nela. Em 2014, quando alertei pessoas comuns sobre o que estava acontecendo nessa ágora, muitas minimizaram o que foi descrito como causos catados numa marginália intelectual impotente no "mundo real". Hoje aquele cimento que borbulhava já está praticamente seco nos âmbitos do poder. A internet é realista até demais – a ilusão começa quando você desliga sua tela.

Bem. Vamos então tentar aclarar alguns momentos decisivos do processo... Como isso chegou ao Brasil? Para tentar responder à pergunta, voltemos à década de 1970, já com o país ingressando no processo de "distensão lenta e gradual", colocado em prática pelo governo do general Ernesto Geisel. Era a volta do chamado "grupo castelista" ao poder, sobrepujando os militares da chamada "linha dura", que tinham radicalizado a ditadura brasileira, abrindo uma temporada de caça à liberdade, com censura, prisões, gente exilada, torturada e morta. Foi o momento mais pesado e cruel do regime militar iniciado em 1964. E agora Geisel e seu grupo (especialmente, o general Golbery do Couto e Silva, o autor de *Geopolítica do Brasil*[85]) entravam em cena, com o propósito de dar início ao processo de recondução do país aos trilhos da vida democrática. E sabiam que a tarefa não seria nada fácil, num processo a ser contestado pela extrema esquerda e sabotado pela extrema direita.

É interessante lembrar que, destoando da incredulidade reinante em meio aos opositores do regime, justamente o ex-presidente João Goulart, expelido do poder e do país pelo golpe militar, levou a sério o projeto de Geisel. E tentou fazer com que os democratas (e a esquerda brasileira em geral) tratassem de apoiá-lo. Há um relato muito interessante sobre a iniciativa de Goulart no livro *Vida de Cinema*[86], autobiografia do cineasta Cacá Diegues. Conta Diegues que, num encontro em Paris, Jango disse a ele e a Glauber Rocha que estava convencido de que Geisel iria dar início à democratização do país. "Dizia conhecê-lo bem – era um homem de caráter, um democrata de formação que participara do golpe por reação à ameaça comunista que diziam ser o seu governo". Jango pediu-lhe ainda que transmitisse sua mensagem a outros brasileiros que se encontravam no exílio. Ninguém embarcou na conversa. O próprio Cacá achou que tudo não passava de *wishful thinking*. A exceção foi Glauber. Ele se entusiasmou com o que ouviu na voz do próprio Jango – e retornou ao Brasil dando apoio incisivo a Geisel, numa entrevista ao jornalista Zuenir Ventura. Retrospectivamente, Cacá comenta:

> Aquele era o primeiro gesto público de apoio à distensão e abertura democrática proposta pelo general Ernesto Geisel, como presidente da República e chefe do regime [...] era o

---

85 SILVA, Golbery do Couto. *Geopolítica do Brasil*. José Olympio: São Paulo, 1955. (N. E.)
86 DIEGUES, Cacá. *Vida de cinema*. Objetiva: São Paulo, 2014. (N. E.)

primeiro ato de coragem cívica feito por alguém de sua [de Glauber] importância, para nos fazer entender o que estava se passando no Brasil naquele momento.

Glauber passou então a ser execrado pela mesma esquerda que o endeusara. Mas ele estava certo. E o processo de distensão lenta e gradual, de liberalização do regime, começou mesmo a andar.

O ambiente brasileiro assumiu cores mais vivas, a opinião pública recuperou (e até ampliou) o seu grau de informação sobre a vida nacional, e a discussão sobre a natureza do regime e dos programas governamentais ganhou muito em amplitude e clareza. Foi "o despertar da sociedade civil", como então se dizia. Nessa conjuntura, emergiram ou reemergiram com nitidez e força crescentes, no horizonte político e social do país, as questões femininas, ambientais, negras, *gays* (expressão então usada indistintamente para homossexuais masculinos e femininos) e indígenas (posso estar errado, mas acho que o tópico dos deficientes demorou um pouco mais a se manifestar com vigor). Este é o trecho ou a faixa da paisagem que aqui nos interessa. O que até então vinha se articulando e se movendo na sombra, ganhou súbita visibilidade no conjunto maior da sociedade. Ganhou, inclusive, estatuto de "movimento social", não raro com mídia própria, do jornal *Lampião* à revista *Atualidade Indígena*. A onda feminista ocupou boa parte da cena. A luta indígena, empurrada por antropólogos e pela Igreja Católica, afirmou-se. Os *gays* deram o ar de sua graça, publicamente, como nunca antes. E ainda tivemos o ruidoso retorno de Abdias do Nascimento e a formação do Movimento Negro Unificado (MNU), ambos com suas pregações igualmente norte-americêntricas, esforçando-se para transplantar, para o ambiente brasileiro, a classificação racial binária estadunidense, em combate direto e sistemático à vasta e vistosa mestiçagem nacional. Mas ninguém empregava ainda expressões como *woke* (coisa que se popularizaria muito mais tarde, com o Black Lives

Matter) e "identitarismo". Falava-se, algo inadequadamente, se levarmos em conta as mulheres, de "lutas de minorias".

Com o tempo – mais precisamente, só à chegada do século XXI – aquelas "minorias" experimentariam a mutação identitarista. Mas um aspecto não demorou a se impor. Não foi por acaso que, no quadro das assim chamadas "questões minoritárias", quase toda a ênfase recaiu sobre a raça e seus temas e problemas, com mulheres, índios, deficientes e *gays* vindo depois. A já citada Barbara Maidel considera, a propósito, que os *gays* acabaram muito prejudicados por razões religiosas: "ninguém quer ser racista, mas para muita gente ser homofóbico tinha amparo bíblico". A esta explicação, acrescentemos uma outra razão: os pretos foram de longe (muito longe) os mais privilegiados pelo financiamento de instituições norte-americanas. Mas o que importa é que os discursos de tais "minorias" foram então sacralizados no ambiente "progressista" brasileiro. Ficaram como coisas indiscutidas e indiscutíveis. Ou, por outra, firmou-se uma atitude "religiosa" com relação à matéria. Mulheres, pretos, índios, veados, lésbicas etc., etc., teriam sempre razão. Eram os humilhados e ofendidos, vítimas da opressão e do preconceito, que falavam de suas dores, desejos, anseios, projetos, reivindicações e, acima de tudo, de seus ressentimentos. Caberia aos demais, à "maioria", uma única atitude decente: ouvir silenciosa e contritamente as suas palavras e apoiar incondicionalmente as suas lutas. Como se os componentes dessa "maioria" fossem todos invariavelmente culpados e estivessem agora no mundo para se redimir de um passado machista e racista.

A grande fonte inspiradora/alimentadora desses discursos, deixando provisoriamente de parte os pacotes político-ideológicos comprados nos Estados Unidos, foi providenciada em pauta historiográfica. Porque também nessa década de 1970 teve início a grande falsificação do passado histórico nacional, elaborada aos trancos e barrancos, na base de muitas simplificações e falcatruas, por jornalistas e professores que militavam na esquerda – e cuja preocupação maior não era a fidelidade aos fatos históricos, mas o fornecimento de munição ideológica contra os "opressores". Era a construção de uma nova memória ideológica da trajetória do Brasil em seu primeiro meio milênio de existência, a fim de substituir a velha história oficial de Varnhagen e companheiros, celebratória da colonização lusitana. Mas uma "nova" memória ideológica totalmente presa à antiga matriz: tratava-se apenas de inverter os sinais da velha história oficial, execrando tudo que esta elogiara. Um sub-historiografismo jornalístico que se apresentava como a voz dos que não tinham voz, a "voz dos vencidos", história populista. E marcada pelo ressentimento e pelo revanchismo, sem qualquer pretensão de realizar de fato uma releitura crítica em profundidade da experiência social brasileira. E ainda: uma história dos derrotados mais antigos, elaborada pelos derrotados mais recentes: isto é, pelos militantes do esquerdismo que fora desbancado pela ditadura civil-militar instalada entre nós em março de 1964. Narrativa histórica que logo adiante se tornaria a nova história oficial do Brasil. E o fato é que a "narrativa dos vencidos" se fez vencedora. Com um inimigo nitidamente definido: o colonizador branco heterossexual, de quem agora, em nome de uma memória "histórica" artificial e fantasiosa, os "vencidos" exigem arrependimentos, reparações e desculpas.

Adiante, com o avanço do identitarismo, esta nova história oficial do Brasil (já entronizada nos parâmetros curriculares do ensino público nacional durante o governo de Fernando Henrique Cardoso) se encaixaria perfeitamente na espécie de "história penitencial" de que fala o filósofo-romancista Pascal Bruckner, em seu brilhante ensaio sobre o masoquismo ocidental. Mathieu Bock-Côté dedicou-lhe algumas frases, à guisa de definições, ao longo de *O Multiculturalismo como Religião Política*:

> Seria preciso desconstruir a narrativa nacional para propiciar a liberação das memórias minoritárias enterradas... O arrependimento, com seu ritual da comemoração negativa,

torna-se na nova narrativa fundadora... é a paixão mórbida da comemoração negativa... A narrativa histórica é indispensável à construção da legitimidade política... Quanto mais o presente for herdeiro de um passado culpado, mais ele deverá ser transformado. A ideologia penitencial pertence a uma função estratégica no dispositivo ideológico do multiculturalismo... a nova história existe em primeiro lugar para fundamentar o direito das vítimas... legitimar as reivindicações mais radicais dos grupos minoritários na linguagem das ciências sociais... dinâmica vitimária na relação com o passado... Escrever a história de um povo ou de uma nação tornar-se-á praticamente impossível no espaço acadêmico – de fato, a história nacional será praticamente banida, exceto quando se tratar de acusá-la... A história já não ensina a continuidade nem poderia incitar a cultivar um senso de enraizamento ou de pertencimento a uma nação... a historiografia vitimária acaba sempre por designar à vendeta pública o homem branco heterossexual, que assume o antigo lugar do burguês, com sua pança e sua cartola... o verdadeiro alvo dessa historiografia vitimária é a nação... A identidade nacional seria racista.

Perfeito. Mas vamos retomar o passo. O Movimento Negro Unificado (MNU), nascido em 1978, foi, basicamente, uma criação de jovens lideranças negromestiças de formação universitária, com a influência e participação de Abdias do Nascimento, então vivendo nos Estados Unidos. O historiador negro Joel Rufino, também ele egresso da esquerda marxista, sublinhava este aspecto (em *Atrás do Muro da Noite*[87], se não me falha a memória): na linha de frente do MNU o que encontramos é a figura do jovem universitário de esquerda (que, por sinal, em muitos casos, não hesitava em ver o candomblé como "ópio do povo"). No entender de Rufino, os

---

87 BARBOSA, Wilson do Nascimento; SANTOS, Joel Rufino. *Atrás do muro da noite*. Fundação Cultural Palmares: Rio de Janeiro, 1994. (N. E.)

movimentos negros do final da década de 1970 foram "filhos do *boom* educacional" universitário, ocorrido ao longo do período da ditadura militar. Filhos do então chamado "milagre brasileiro", regido por Delfim Netto, e da escolarização, inclusive com a primeira onda de proliferação de faculdades particulares no país. Vem da formação esquerdista desse segmento da juventude negromestiça, aliás, a nova leitura a que a figura de Zumbi foi então submetida. Porque as interpretações de Zumbi variam conjunturalmente no ambiente das lideranças negras. Na época da ascensão do nazismo e da ditadura do Estado Novo, Zumbi dos Palmares foi retratado como um "*führer* de ébano". Já com a virada democratizante de 1945, passou a ser visto como a própria encarnação da democracia. E agora, com a jovem militância esquerdista do final da década de 1970, Zumbi reaparecia em roupagem de líder socialista revolucionário. Ou seja: o Zumbi da elite política negra brasileira não é uma personagem da história, mas, muito exatamente, um mito, variável segundo os propósitos ideológicos de cada momento.

Além dos estudantes, havia também, como se sabe, a militância de professores universitários. Lembre-se de que a socióloga Lélia Gonzalez costumava dizer que o movimento negro, no Rio de Janeiro, teve duas fontes de origem: o influxo das agitações negras nos Estados Unidos e iniciativas oficiais acadêmicas (eles nunca falam da fonte principal: a grana da Fundação Ford). Esquerda e universidade, portanto. Ou, como eu costumava dizer então, "quilombismo de cátedra". Quanto a Abdias, ele foi o verdadeiro guru do movimento, com o seu *O Genocídio do Negro Brasileiro*[88] convertido em "bíblia" da juventude militante da "causa racial". Sua trajetória, desde a militância integralista, é muito bem conhecida. No que aqui nos importa, ele se mudou para os Estados Unidos em 1968 e lá ficou até 1981, com rápidas

---

88 NASCIMENTO, Abadias. *O Genocídio do Negro Brasileiro*. Perspectiva: São Paulo, 2016. (N. E.)

passagens pelo Brasil, como a de 1978, quando participou da fundação do MNU. Em cerca de 13 anos vivendo na matriz, teve a cabeça completamente feita e refeita segundo os dogmas e as estratégias de luta dos negros locais. Foi quando considerou que a dicotomia racial dividindo o país em negros e brancos era indispensável à formação da solidariedade negra. E concluiu que o caminho para mobilizar as massas negras, no Brasil, passava pela cópia do *pattern* racista binário criado nos Estados Unidos. Era preciso pensar o Brasil em termos dicotômicos, implantando aqui a *one drop rule* estadunidense. Completou-se assim o tripé do discurso neonegrista em nossos trópicos: esquerda + academia + a regra da "gota de sangue", da *one drop rule*, que promove o apagamento ideológico da existência do mestiço.

Ao promover a bipartição do país fundada na "raça", o propósito último era (como ainda é) definir o Brasil como um espaço geográfico partilhado por duas nações: a nação negra "oprimida" e a nação branca "opressora". O inimigo último era o "capitalismo branco". Esta, em suma, a formulação da esquerda racialista. E esse panorama permaneceu praticamente intocado até à chegada do novo século. Porque tudo mudou no ano 2001 – o *ano crítico*, para lembrar a fórmula de Peter Fry. O que aconteceu, no caminho, foi que os grupos, facções ou vertentes de esquerda foram perdendo terreno – gradual, mas inapelavelmente – para ONGs menos extremistas e mais integracionistas, financiadas, em grande parte, pelo escritório brasileiro da Fundação Ford e escritórios de outras fundações norte-americanas em nosso país.

Numa palestra realizada naquele ano de 2001 na Fiocruz, "Questões de Raça", Peter Fry examinou esse tópico da ação de fundações daquele país no ambiente negro (tanto acadêmico quanto ongueiro) do Brasil. Conta ele que, quando o estudioso Marcos Chor Maio o convidou para fazer a palestra, aceitou – movido pelo desafio de pensar um tema que martelava há anos dentro da sua cabeça: "que fazem as organizações filantrópicas no campo das relações raciais no Brasil, quais são as bases cognitivas e ideológicas dessas ações e qual o efeito delas sobre o Brasil?". Ao verificar os dados disponíveis sobre o assunto, nosso antropólogo se surpreendeu com o montante de dinheiro gasto nisso. Entre 1999 e 2001 – ou seja: em apenas três anos –, somente uma dessas fundações, a Ford (da qual Fry saíra em 1993), investiu mais de 7 milhões de dólares (não sei o quanto isso daria hoje) no terreno da "questão racial" em nosso país. As áreas que receberam maiores investimentos foram educação e *human rights* (33.7% e 32.7%, respectivamente), seguidas por saúde (13.8%) e cultura (7.6%). Fry compôs então uma tabela mostrando como tais doações da Fundação Ford foram distribuídas entre universidades (públicas e privadas) e organizações não governamentais. E o que fica evidente, aí, é que as queridinhas da Ford, tanto em número quanto em volume de doações, a certa altura deixaram de ser as universidades – e passaram a ser as ONGs (Afro-Reggae, Geledés, Fala Preta etc., etc.), que receberam cerca de 1 milhão e 200 mil dólares a mais que as primeiras.

"Quando fui vendo a quantidade de doações, a quantidade de dinheiro e o alcance social das doações da Fundação Ford, no campo da questão racial no Brasil, tive emoções que imagino as de um jornalista investigativo ou de um detetive", confessa o antropólogo. Era o imperialismo cultural norte-americano em ação, financiando a disseminação de seus princípios ideológicos e de sua política racial, como, por exemplo, numa doação para a Universidade Federal da Bahia treinar quadros para "o debate público sobre ação afirmativa", como informa a planilha de gastos da própria Ford. E muitas ONGs receberam dinheiro para disseminar propostas e informações sobre a Conferência de Durban, da qual falaremos em seguida. Importante negritar, ainda, que a grana das fundações não foi investida somente em "ativismo", como também para moldar a agenda de pesquisas raciais de algumas instituições brasileiras. Numa visada geral, Peter Fry escreve:

> [...] penso que a relação entre as fundações [norte-america-
> nas, como a Ford e a MacArthur] e a questão racial no Brasil é
> mais evidente nas doações para as ONGs, onde trabalham as
> pessoas consideradas "lideranças negras" no país. É através
> desta política chamada de *empowerment* [fortalecimento
> – ou, na tradução boçal em voga, "empoderamento"] que
> certas pessoas têm adquirido uma visibilidade que talvez
> não tivessem sem o apoio das fundações. [...] um assunto
> para pesquisas futuras, mas aventuro a hipótese de que
> este processo tem um efeito interessante sobre o conjunto
> da sociedade. Em primeiro lugar, consagra a liderança de
> indivíduos que não precisam necessariamente de liderados.
> Estas lideranças falam em nome dos negros do Brasil, assim
> consolidando a dicotomia branco/negro na discussão da
> "questão racial" no Brasil.

Este é um aspecto nada insignificante da questão: para a pessoa se tornar figura pública negra, uma liderança sem liderados, é preciso que brancos a escolham e a elevem a tal patamar.

Com o forte empurrão da Ford e de outros organismos inter-nacionais nessas ONGs, apostando maioritariamente em terreno mais pragmático do que "socialista", o desfecho que sobreveio dificilmente poderia ter sido outro: a derrota da militância radical "socialista". Derrota que foi selada durante a organização da participação brasileira na Conferência Mundial contra o Racismo, realizada no ano de 2001, em Durban, a bela cidade litorânea da África do Sul, plantada na orla do Oceano Índico. O que acon-teceu? Os integracionistas das ONGs assumiram a liderança do processo, desbancando o esquerdismo. E, em vez de pregar a necessidade de derrotar o "capitalismo branco", concentraram-se nas políticas públicas de "ação afirmativa" ou preferência racial, embora mantivessem a fantasia ideológica de um Brasil rácica e culturalmente binacional, onde o ódio ao "opressor branco" se intensificava, em descaminhos nitidamente racistas. Tratava-se agora de assegurar vias que propiciassem a ascensão social dos oprimidos. Por analogia com o "sindicalismo de resultados", que também vingou no período, podemos dizer que ali se deu a passagem da luta pelo "socialismo negro" para a prática de um "racialismo de resultados". Em *Uma Gota de Sangue – História do Pensamento Racial*, Demétrio Magnoli escreveu:

> Durban secou o radicalismo que vicejava no movimento negro brasileiro. A visão de uma guerra entre negros explorados e brancos exploradores deu lugar à perspectiva de um pacto de convivência racial assentado sobre políticas compensatórias de ação afirmativa. A ideia de uma nação única, apoiada no princípio da igualdade dos cidadãos perante a lei, estava praticamente morta entre os dirigentes de um movimento negro entregue ao controle de ONGs racialistas. As utopias revolucionárias das origens do MNU haviam sido trocadas pela proposição de um Brasil Confederal, que abrigaria lado a lado uma "nação branca" devedora e uma "nação afrodescendente" credora de reparações. Um movimento negro cada vez mais integrado às instituições de Estado e às agências públicas definiu uma ampla agenda de reparações coletivas.

Na presidência, o sociólogo marxista Fernando Henrique Cardoso deu um irrefutável atestado de rendição mental colonizada ao abraçar o identitarismo norte-americano e replicar entre nós políticas inauguradas pelo republicano Richard Nixon, celebrizado pelo chamado "caso Watergate". Sim. Foi Nixon quem deu o pontapé inicial nessa história de "discriminação reversa", vale dizer, nesse lance de privilegiar os desprivilegiados, de uma perspectiva racial. Os identitaristas detestam tal ascendência e, por isso mesmo, falsificam fatos para dizer que tudo começou com o democrata John Kennedy (e essa postura norte-americana também foi copiada aqui, inclusive pela mídia identitarista capitaneada pela Rede Globo). Não é verdade. A administração de Kennedy colocou em circulação a expressão "ação afirmativa", mas nunca no sentido de "discriminação reversa". Muito pelo contrário: o que se queria dizer então, com o sintagma "ação afirmativa", era que empresas e pessoas deveriam ser contratadas *independentemente* de qualquer critério racial. Buscava-se a neutralidade racial nas iniciativas públicas, com o propósito de anular discriminações. É com Nixon que a expressão ganha o sentido que ainda hoje carrega. É com ele que têm início as políticas de preferência racial. E é também no seu governo que se começa a falar de *black capitalism*, de estímulo oficial ao "empreendedorismo" negro. E Fernando Henrique, embora fizesse o gênero social-democrata do *Nix on Nixon*, embarcou totalmente na canoa.

Observamos antes que, no Brasil, as questões raciais deixaram no fundo do palco, sombreadas em plano bem secundário, as demais questões identitaristas. Acrescente-se agora, que, no âmbito das questões raciais, tudo passou a girar em torno de "reparação" e "cotas" de preferência racial. Peter Fry: "O investimento nas cotas raciais foi imenso. Imenso mesmo, sobretudo nas ONGs mais influentes". E a coisa aconteceu. As "cotas" estão aí, são uma realidade. Mas isso não significa que seja perda de tempo debatê-las, examinar o seu significado em nossa vida social. Daí que eu me sinta impelido a esclarecer minha posição sobre a matéria, deixando em aberto as suas possíveis múltiplas consequências futuras, com relação às quais me parece que o "progressismo" neoliberal alimenta um otimismo sem maior ou quase nenhum fundamento. Quando penso no assunto, aliás, duas perguntas me vêm de pronto à mente. *Primo*: por que as classes dominantes, do empresariado mais tradicional à elite midiática, resolveram bancar isso? *Secondo*: por que, em meio à massa pobre de tantas cores nas periferias proletárias das maiores cidades do país, decide-se privilegiar apenas um dos vários segmentos "raciais" existentes?

Quanto à primeira pergunta, ocorre-me o que dizia, um bom tempo atrás, um alto executivo norte-americano ligado à CIA e à Fundação Ford (e vamos observar mais detidamente essa dupla em outro capítulo), um certo McGeorge Bundy, defendendo o ponto de vista de que o multicultural-identitarismo e sua "diversidade" apareceram como uma espécie de remendo ou remédio vital para recosturar ou revigorar o sistema político do capitalismo, nos Estados Unidos e nos demais países democráticos do "mundo ocidental", onde hoje me sinto obrigado pelas evidências a incluir o Japão, que conseguiu desenvolver uma forma nipônica de "ocidentalismo", a partir talvez de sua exitosa assimilação do constitucionalismo britânico. Quanto à segunda pergunta, parece-me aceitar uma resposta política muito óbvia, mas, para dizer o mínimo, sociologicamente questionável. Os negros conseguiram se constituir numa grande força política nos Estados Unidos, graças, entre outras coisas, ao fato de que lá, seja noite ou seja dia, todos os gatos são pretos. Inexistem gatos pardos entre a Flórida e o Canadá. Leis e terminologia do racismo branco foram absorvidas pela elite mulata que assumiu a liderança das movimentações negras no país, dando como que um troco pesado aos senhores escravistas das plantações do sul. No Brasil, os movimentos negros – no rastro da mesma esperteza política de negros norte-americanos – lograram realizar oficialmente (mas nunca socialmente) o truque da transmutação de pardos em negros, através de grupos de pressão formados por militantes profissionais, lobistas do negrismo identitarista. Situa-se aí, nesse terreno sempre franqueável à lambança política oportunista muito bem financiada, a adesão dos congressistas brasileiros aos programas de preferência racial. Mas digo que a questão é sociologicamente insustentável, a partir de uma constatação do óbvio. No Brasil, nem todos os pretos são pobres – e nem todos os pobres são pretos.

Antes de insistir nesse fato óbvio, porém, aviso que não penso que "cotas" sejam essenciais ou indispensáveis a processos massivos de ascensão social, até porque têm se resumido a projetar socialmente os mais favorecidos entre os desfavorecidos, como se tem visto em diversos países (veja-se, a propósito, *Ação*

Afirmativa ao Redor do Mundo[89], de Thomas Sowell). Além disso, tenho sempre em mente os exemplos dos imigrantes italianos e asiáticos em nosso meio. São exemplos que nos ajudam a pensar.

Quando o atual presidente Lula foi preso pela Lava Jato, o alto escalão do movimento negro saiu em sua defesa, denunciando que Lula fora trancafiado pela velha elite branca escravista que torturara os pretos durante séculos. Ao ouvir o discurso tonitruante, o jornalista Elio Gaspari, descendente de italianos como as figuras principais da Lava Jato, não acreditou no que ouviu. Era de uma ignorância insuperável. Afinal, os responsáveis pela prisão de Lula, um juiz chamado Sérgio *Moro* e um procurador chamado Deltan *Dallagnol*, não poderiam ter coisíssima alguma a ver com escravidão no Brasil, pelo simples fato de serem filhos de imigrantes italianos que principiaram a chegar aqui já no processo abolicionista. Verdade que o conhecimento da história do Brasil, pelo comissariado racialista neonegro, é praticamente nulo. Mas não precisava exagerar. Os italianos chegaram aqui numa pindaíba total, sem um puto no bolso. Vieram para cá justamente por isto: não tinham mais como sobreviver na Itália, tentariam viver no Brasil. Mas o fato de o comissariado negro se ter embatucado com a imigração italiana nos leva à consideração seguinte.

Os italianos chegaram aqui na miséria, mas souberam se organizar, construir caminhos para sua ascensão social e alguns ficaram ricos num prazo muito curto de tempo. Ainda no próprio século XIX, o empresário Siciliano, por exemplo, exibe sua *villa* na Avenida Paulista. Industriais como Matarazzo e Crespi se postaram na linha de frente do segmento mais próspero da elite econômica paulistana. Matarazzo também se implantou na Avenida Paulista, construindo uma espaventosa mansão em estilo neoclássico tipicamente fascista (do fascismo histórico, mussolinista). E isso para não mencionar o símbolo mais espetaculoso da ascensão da

---

89 SOERLL, Thomas. *Ação afirmativa ao redor do mundo*. É realizações São Paulo, 2017. (N. E.)

italianada, que foi a construção do edifício Martinelli, no final da década de 1920. Por tudo isso, em *A Integração do Negro na Sociedade de Classes*[90], o sociólogo Florestan Fernandes fala do influxo de um "paradigma italiano" no ambiente negromestiço de São Paulo. Claro: muitos italianos tinham chegado aqui pobres, tinham vivido em cortiços, pegado pesado no batente, se alimentado mal. Para dar um só exemplo, lembre-se da célebre figueira de Jundiaí, no interior de São Paulo, sob a qual dormiam imigrantes italianos ainda sem teto. Mas, embora partindo de um ponto até aquém do lugar onde se achavam muitos pretos, não eram raros os que subiam na vida. Como explicar? Diz Florestan que, ultrapassado o ressentimento inicial, pretos e mulatos passaram a aprender com os imigrantes, adotando seus valores com relação a coisas como educação, trabalho, vida doméstica, formas de organização solidária etc. Mas há sempre quem argumente que tudo teria sido bem mais fácil para italianos do que para pretos. Porque aqueles imigrantes eram brancos (e muitos se casaram com mulatas) e letrados. Não só boa parte deles sabia ler e escrever, como encontraram no Brasil uma língua para a qual tinham emprestado cerca de 400 palavras (foram soldados e comerciantes romanos que levaram o latim popular à Península Ibérica). Aconteceu então em São Paulo o encontro amigável de dois sistemas linguísticos neolatinos. E aqueles imigrantes chegaram a fazer paulistas falar à sua maneira, atrapalhando-se no emprego do plural (que, em italiano, não tem "s", mas as vogais "i" e "e"), sem contar casos de sintaxe, pronúncia e prosódia. Veja-se o sempre celebrado samba *al sugo* de Adoniran Barbosa.

Mas, já que é assim, passemos para os processos que envolveram japoneses, okinawanos, coreanos, chineses etc. Também eles chegaram ao Brasil sem um tostão furado no bolso. E foram os imigrantes que mais atravessaram asperezas entre nós.

---

90 FERNANDES, Florestan. *A Integração do Negro na Sociedade de Classes*. Editora Contracorrente: São Paulo, 2021. (N. E.)

Sabe-se que a maior parte das elites brasileiras sempre viu com péssimos olhos a imigração asiática. No crepúsculo da sociedade escravocrata, os *chins*, os *coolies*, eram considerados superiores aos pretos, mas inferiores aos brancos. Dizia-se que em nada contribuiriam para um suposto aprimoramento genético e cultural do país. Ao contrário, comprometeriam o futuro nacional. Para não falar do "perigo amarelo", da fantasia que via o "imperialismo japonês" tramando a ocupação do planeta através da imigração, tema presente até mesmo no romance *A Revolução Melancólica*[91], de Oswald de Andrade. Em "Cotidiano, Imigração e Preconceito: A Comunidade Judaica nos Anos 1930 e 1940" (texto incluído na coletânea *Os Judeus no Brasil*[92], organizada por Keila Grinberg), o historiador Roney Cytrynowicz observa que, no caso dos imigrantes nipo-brasileiros, o discurso racista daquelas décadas descambou para a perseguição aberta.

> Nenhum outro grupo de imigrantes e seus descendentes foi tão intensamente atingido com a entrada do Brasil na guerra ao lado dos aliados. Foram os imigrantes japoneses o epicentro da política racista do governo de Getúlio Vargas. Não se trata apenas de uma diferença de proporção ou intensidade em relação a outros grupos. O racismo antijaponês era intenso no núcleo ideológico do Estado Novo e entre parte das elites brasileiras desde pelo menos os anos 1920. A guerra, o alinhamento do Brasil com os Estados Unidos, especialmente após o ataque do Japão a Pearl Harbour em dezembro de 1941, e o panamericanismo, definiram uma conjuntura internacional que fez irromper esse racismo em violentas políticas discriminatórias na cidade de São Paulo e no interior do estado,

escreve Cytrynowicz, exemplificando:

---

91 ANDRADE. Oswald de. *A Revolução Melancólica*. Biblioteca Azul: Rio de Janeiro, 2006. (N. E.)
92 GRINBERG, Keila. *Os Judeus no Brasil*. Civilização Brasileira: Rio de Janeiro, 2005. (N. E.)

A maior operação contra os imigrantes nipo-brasileiros foi a expulsão da cidade de Santos, litoral paulista, iniciada no dia 8 de julho de 1943. Em apenas seis dias foram retiradas do litoral para a capital cerca de 7 mil pessoas, deportados para o interior os que não tinham parentes ou amigos na capital. A suposta ameaça de submarinos japoneses foi o pretexto oficial para expulsá-los do litoral.

Ironicamente, a divisa latina da cidade de Santos diz: *patriam charitatem et libertatem docui* – "ensinei à pátria caridade e liberdade".

Na cidade de São Paulo, as perseguições prosseguiram. Mas os asiáticos e seus descendentes seguiram adiante. Os japoneses avançaram na organização etnocomunitária com suas *nipponjinkais*. Em *A Mulher Nikkei no Brasil*[93], Tania Nomura informa:

> O local onde [os japoneses] se reuniam para a troca de informações de interesse comum, como educação dos filhos, técnicas de cultivo e criação de animais, problemas de saúde, etc., era chamado *nipponjinkai* (associação de japoneses). Com a prosperidade econômica dos imigrantes e núcleos coloniais, os *nipponjinkais* foram se formalizando, ao mesmo tempo em que se erguiam comunitariamente os *kai-kans* (sede de associações).

E do mesmo modo que os judeus contavam com a policlínica Linath Hatzedek, os nipônicos tinham, desde 1939, o Hospital Japonês de Beneficência. Já os okinawanos, no período do pós-guerra, de acordo com Koichi Mori, em "The Structure and Significance of the Spiritual Universe of the Okinawan Cult Center"[94], trocaram

---

93 NOMURA, Tania. *Universo em segredo: a mulher Nikkei no Brasil*. The Fact: São Paulo, 1990.
94 MORI, Koichi. *The structure and significance of the spiritual universe of the Okinawan Cult Center*. Revista de Estudos Orientais, n. ja 2008, p. 175-203, 2008Tradução. Disponível em: https://biblio.fflch.usp.br/Mori_K_12_1670184_TheStructureAndSignificanceOfTheSpiritualUniverseOfTheOkinawanCultCenter.pdf. Acesso em: 10 jun. 2024.

a estratégia *dekasségui* pela disposição para se estabelecer no novo país, "formulando uma nova identidade étnica, conhecida como *uchinanchú* – okinawanos do Brasil". E lutaram para avançar socialmente, no sentido de fazer parte da classe média urbana (chegaram a ter um ministro no primeiro governo de Lula: Luís Gushiken). E os chineses também ascenderam visivelmente.

Ou seja: assim como os italianos, embora em menor escala de riqueza, imigrantes asiáticos experimentaram e percorreram, de forma notável, as vias da ascensão econômica no ambiente brasileiro. Com uma diferença, claro. Aqui, já não valem os pontos citados pelos pretos como favorecedores da ascensão da italianada. Os asiáticos não eram brancos, mas amarelos. E foram fortes vítimas do racismo. Ademais, o argumento alfabético não podia ser acionado com relação a eles, que possuíam outro tipo de escrita, de natureza ideogramática. No entanto, assim como os italianos permaneceram acima dos pretos na hierarquia socioeconômica paulista, também os chineses os ultrapassaram com alguma rapidez – e hoje muitas vezes se encontram em muito melhor posição de ganhos financeiros do que eles. Trocaram o trabalho em pastelarias, restaurantes e lavanderias por clínicas médicas e empresas de engenharia, alcançando posições de maior prestígio, maior poder e maior renda. Aqui e ali, ganhando melhor do que brancos (veja-se, a propósito, o livro *Não Somos Racistas*[95], de Ali Kamel, que foi diretor de jornalismo da Globo). Daí, aliás, a minha pergunta: por que será que a *Folha de S. Paulo* e a Rede Globo não incluem os descendentes de asiáticos em seus quadros comparativos sobre a situação de brancos e não brancos no Brasil? A resposta: porque há uma visão preconcebida da sociedade brasileira, já fixada nos desenhos e nas cartografias da mídia, enquanto reflexo do mundo político-acadêmico. Porque interessa massificar a fantasia do

---

95 KAMEL, Ali. *Não somos racistas*. Nova Fronteira: Rio de Janeiro, 2007. (N. E.)

Brasil como país bicolor. Porque é preciso incrementar o ataque a um racismo branco que jamais permitiria que negros e mulatos subissem na vida. Porque a ideologia identitarista assentou, como uma de suas crenças pétreas, a fantasia ideológica batizada com a etiqueta pomposa e vazia de "racismo estrutural".

Mas, assim como copiamos o "conceito" norte-americano de racismo institucional ou racismo sistêmico, foi também da mídia matricial que a mídia local copiou a estratégia de esconder os asiáticos em seus quadros comparativos – e não gostaria de passar ao largo disso. Ao discorrer sobre manipulação midiática, em seu livro *Os Intelectuais e a Sociedade*[96], Thomas Sowell (que é um grande intelectual negro) denunciou:

> [...] a manipulação também pode tomar a forma de um incessante fluxo de dados que exibe os grupos de negros ou de outras etnias não-brancas com padrão de vida bem mais baixo em relação aos brancos, além da rejeição de empréstimos e das demissões durante as crises econômicas, ao mesmo tempo que se censura a exibição de brancos numa situação pior em todos esses mesmos fatores, em comparação a outro grupo étnico: os norte-americanos asiáticos. Mesmo quando os dados são mostrados contemplando todos esses grupos, os asiáticos tendem a ser censurados das "notícias", as quais são, na verdade, editoriais cujo compromisso é mostrar o quanto o racismo branco é a razão principal para os baixos salários ou a baixa mão de obra, além de outros infortúnios que os grupos de não-brancos sofrem. Incluir os norte-americanos asiáticos nessas comparações não introduziria apenas uma nota discordante, mas levantaria sobretudo a possibilidade de se questionar o quanto esses grupos respondem pelos seus comportamentos e seus desempenhos, contrariamente às suposições implícitas, e que essas diferenças de comportamento se refletem na renda

---

96 SOWELL. Thomas. *Os Intelectuais e a Sociedade*. É realizações: São Paulo, 2009. (N. E.)

das pessoas. Portanto, o desempenho dos norte-americanos asiáticos tem implicações que ultrapassam seus próprios grupos, na medida em que a condição deles se torna uma ameaça para toda uma visão preconcebida sobre a sociedade norte-americana, visão essa que ampara o interesse de muitos que farão de tudo para defendê-la tanto ideológica como política e até economicamente.

Mas voltemos ao nosso tema. Aqui, parto de uma crítica mais geral de quaisquer políticas ou programas de cotas. É que elas se concentram nos efeitos, e não na causa dos problemas. Concordo com o físico José Goldemberg e a antropóloga Eunice R. Durham, que, em artigo publicado no *Estadão*, foram ao ponto preciso:

> [...] é de certa forma estranho que a primeira grande iniciativa de ação afirmativa no campo educacional incida justamente sobre o vestibular, sem propor medidas de correção das deficiências de formação que constituem a causa real da exclusão dos pobres, dos negros e dos índios. [...] uma das deficiências da proposta de cotas é exatamente a de que ela incide sobre uma das consequências da discriminação racial e da desigualdade social sem que estas, em si mesmas, sejam corrigidas.

Também Simon Schwartzman, em texto incluído na coletânea *Divisões Perigosas: Políticas Raciais no Brasil Contemporâneo*[97], ressaltou o tópico:

> [...] o que as estatísticas mostram é que, com ou sem discriminação, o que mais determina as diferenças de resultado e de oportunidades educacionais são a renda das famílias, a educação dos pais e outras variáveis, como o tipo de escola que o jovem frequentou. [...]. Mudar tudo isso é difícil, caro

---

97 FRY, Peter; MAGGIE, Yvonne; MAIO, Marcos Chor; MONTEIRO, Simone; SANTOS, Ricardo Ventura (ORG.). *Divisões Perigosas: Políticas Raciais no Brasil Contemporâneo*. Civilização brasileira: Rio de Janeiro, 2007. (N. E.)

e complicado. Criar cotas nas universidades por decreto é simples e barato. Mas não resolve e acaba desviando a atenção de onde estão os verdadeiros problemas.

Feita a ressalva fundamental, confesso então que sou a favor de "cotas", mas à maneira do que dois ilustres mulatos pensavam sobre o assunto: Martim Luther King Jr. e Barack Obama. Do ponto de vista do pastor protestante Martim Luther King (e pouca gente costuma se lembrar de que Martim Luther = Martinho Lutero), que nada tinha de racialista ou racista, políticas públicas deveriam contemplar, sem distinção, tanto pretos pobres quanto brancos pobres. E Obama sempre se manteve na mesma linha social do pastor, defendendo políticas públicas universais. Ao contrário dos malabaristas políticos do racialismo negrista, nunca fingiu que a pobreza, nos Estados Unidos, fosse exclusiva ou sequer maioritariamente negra. Daí que eu diga que posso defender cotas, mas no caminho balizado por ambos. Vale dizer, defendo a aplicação de um princípio de cotas sociais – e não raciais. Falei antes que, no Brasil, assim como nem todo preto é pobre, nem todo pobre é preto. Essa é a base do meu argumento.

Mas tem uma coisa: se quisermos discutir o assunto com seriedade, não podemos nos guiar pelas tão célebres quanto enganadoras "médias estatísticas" nacionais. Temos de lidar com os números absolutos. Porque são eles os números reais. Os números verdadeiros. A razão é muito simples. Se o 1% mais rico da população brasileira é constituído em sua quase totalidade por brancos, cuja renda é espetacularmente superior à do mais pobres, qualquer "média estatística" será marcada por isso, desfigurando a verdadeira paisagem social do país. Isto é: a "média estatística" sempre fornecerá números absurdamente favoráveis aos brancos, já que aquele 1% tem renda superior à dos 40% mais pobres. Em outras palavras, teremos a substituição da concretude existencial pela abstração matemática. Sim. Em números absolutos, temos milhões de brancos pobres no Brasil. Já pela média estatística, quase ficamos convencidos de que não existe branco pobre no país. É essa a grande falácia da média, que a mídia aciona como um de seus truques favoritos. Mas, se queremos uma leitura real da situação brasileira, temos de deixar a média no banco de reserva. E nos guiar unicamente por números absolutos. A mídia prefere veicular a média porque, se der os números verdadeiros, sua versão da realidade sociorracial brasileira irá por água abaixo.

Além disso, temos ainda a questão das diferenças e disparidades regionais, marcando fundamente e de uma ponta a outra o país. Nesse plano, podemos constatar de imediato que "negros" sudestinos e sulinos levam uma vida com indicadores sociais melhores do que a de "brancos" nordestinos. Consultem a PNAD (Pesquisa Nacional de Amostragem por Domicílio). A proporção de "brancos" pobres no Nordeste é quase o dobro da proporção de "pretos" pobres no Sudeste e no Sul. Demétrio Magnoli:

> Ninguém contesta o fato de que, como fruto da escravidão, a pobreza afeta desproporcionalmente pessoas de pele mais escura. Entretanto, em decorrência das formas pelas quais a economia brasileira ingressou na etapa industrial e se modernizou, a pobreza também afetadesproporcionalmente outros grupos, como os nordestinos e os habitantes do meio rural. A ênfase estatística na cor da pele não tem um valor explicativo especial, mas responde a interesses políticos bem articulados.

Mais:

> Os mapas [do Atlas do Brasil, de Neli Aparecida de Melo e Hervé Théry] revelam uma fronteira norte/sul no Brasil. No Brasil Setentrional, constituído pelas regiões Nordeste e Norte, por trechos do Centro-Oeste e pelo norte de Minas Gerais, os "pardos" predominam entre os mais pobres e – surpresa! – entre os mais ricos. Simetricamente, no Brasil

> Meridional, constituído pelo Sul, por São Paulo, pelo sul de Minas Gerais e por trechos do Centro-Oeste, os "brancos" predominam entre os ricos e – surpresa! – entre os mais pobres. Os mapas do atlas são provas contundentes da existência de uma sociedade de classes, não de castas raciais. Como no Brasil Meridional, os "brancos" formam a maioria demográfica, eles também constituem a maioria dos pobres e dos ricos. E como, no Brasil Setentrional, a maioria populacional é de "pardos", são também "pardos", em sua maioria, os ricos e pobres.

Como frisou o poeta Ferreira Gullar, "o problema não é de cor, é de desigualdade".

Essa postura universalista, antitribalista, antigueto ou antia-partheid de *alguns* intelectuais e artistas brasileiros tem recebido um número crescente de adesões. Mas quem triunfou aqui – e em larga escala – foi o tribalismo. Já falamos de Fernando Henrique Cardoso copiando Nixon. A sociologia marxista uspiana foi sempre colonizada, desde Oracy Nogueira dando as costas solenemente à mestiçagem e transplantando para cá a classificação racial dico-tômica forjada nos Estados Unidos. Fernando Henrique seguiu na mesma batida de Oracy, sociologicamente, e, na política, não mudou de rumo. Foi também um copista. Em 1984, acompanhou o governo do seu correligionário Franco Montoro na aceitação, incorporação e promoção prática do discurso das organizações racialistas que copiavam, em São Paulo, o modelo da matriz norte-americana. Uma dúzia de anos depois, já presidente, lançou o Programa Nacional de Direitos Humanos, determinando que o IBGE, a partir de então, passasse a "considerar os mulatos, os pardos e os pretos como integrantes do contingente da população negra" (no próximo capítulo, contaremos um pouco dessa história). Daí em diante, seu governo abriu as pernas para o pronto atendimento das vontades – e mesmo de caprichos – dos movimentos negros.

Ouçamos, uma vez mais, Demétrio Magnoli:

> O Programa Nacional de Ações Afirmativas [2002], instituído por decreto, previa a adoção de metas percentuais de "afro-descendentes" no preenchimento de cargos em comissão do Grupo-Direção e Assessoramento Superiores, bem como a inclusão de dispositivo estabelecendo metas percentuais de "afrodescendentes" nas contratações de empresas prestadoras de serviços e de técnicos e consultores pelo governo federal. O Brasil mimetizava, três décadas depois, as diretivas de Richard Nixon concebidas sob o conceito de *black capitalism* – e adicionava a elas, caracteristicamente, uma pitada de privilégios no âmbito do alto funcionalismo de Estado.

Mais:

> Entre os governos FHC e Luiz Inácio Lula da Silva, há continuidade e ruptura no tema das políticas raciais. A continuidade expressou-se no campo dos conceitos multiculturalistas de fundo, que não foram criados no Brasil, mas nos EUA. A ruptura expressou-se no campo da operação política. O governo Lula conferiu autonomia muito maior à ação das organizações racialistas no interior do aparelho de Estado. [...]. Lula criou a Secretaria Especial de Políticas de Promoção da Igualdade Racial (Seppir)... Por meio desse órgão, as organizações racialistas negociariam consensos e imprimiriam orientações com impacto sobre diversos ministérios.

Ainda Demétrio:

> Nas democracias representativas, o aparelho de Estado é visto como uma máquina administrativa impessoal e apartidária, destinada a assegurar a execução das políticas de governo e o cumprimento da lei. A regra de ouro é a separação entre a esfera pública e a esfera dos interesses

privados, da qual também fazem parte os grupos de pressão, os movimentos sociais e as ONGs. A Seppir, concebida como um enclave de organizações do movimento negro e uma usina de ideologias, desafiava aquela regra. O segredo da eficiência da Seppir encontrava-se no lugar político que ocupava, funcionando como polo estatal de articulação dos acadêmicos multiculturalistas e dos ativistas racialistas de ONGs e movimentos sociais. Essa articulação apoiou-se sobre conexões internacionais extensas e diversificadas, com respaldo nos financiamentos da Fundação Ford e de instituições multilaterais. Naquele contexto, era irrelevante a circunstância de contar com um orçamento oficial modesto. [...]. O programa conduzido pela Seppir foi sintetizado no chamado Estatuto da Igualdade Racial... O Estatuto cancelava o princípio da cidadania, pelo qual os cidadãos não se distinguem segundo critérios de raça, crença religiosa ou opinião política. Ele determinava a classificação racial compulsória de cada indivíduo, por meio da identificação da "raça" em todos os documentos gerados nos sistemas de saúde, ensino, trabalho e previdência... Como na Ruanda dos belgas ou na África do Sul do apartheid, os brasileiros passariam a portar um rótulo oficial de raça. [...]. O estamento racial dos "afrobrasileiros" gerado pelo Estatuto figurava como detentor de direitos coletivos específicos, que se expressariam por meio de políticas de discriminação reversa no serviço público, nas universidades públicas e no mercado de trabalho em geral.

Com os governos de Fernando Henrique Cardoso e Lula da Silva, o Brasil passou não só a violentar a sua própria realidade sociobiológica, com a importação da taxonomia racial bipolar norte-americana, mas também, o que é gravíssimo, implantou aqui algo até então desconhecido em nossa história: o racismo de Estado. Mas vamos nos ater somente ao que já estamos discutindo, que é o emprego de cotas raciais no sistema de ensino e ao racismo que elas explicitam – embora o que se diga a seu respeito seja perfeitamente extensível, salvo um que outro particular, ao mercado de trabalho. Sabemos, desde o início, que essas cotas eram desnecessárias. Por um motivo simples: cotas destinadas a pobres e a alunos da escola pública cobririam, como era sociologicamente esperável, o número de negros admissíveis na universidade via cotas raciais. Claro. Não há quem ignore (apenas, quem finge ignorar) que a adoção de cotas sociais absorveria um contingente de tal modo significativo de "negros e pardos" em cursos universitários, que tornaria supérfluo, inútil mesmo, o recurso a cotas raciais ou cotas para negros. E essa simples constatação já nos obriga a encarar essas últimas com a mais absoluta suspeição. Se cotas raciais não são numericamente necessárias, por que empregá-las? Porque o que está por trás dessa adoção não é coisa de ordem numérica, mas ideológica.

Uma resposta precisa à pergunta nos é dada por Peter Fry, no escrito "Cotas, Raça e Classe", incluído no seu livro *A Persistência da Raça*[98]. Fry considera (corretamente, a meu ver) que a prática das cotas raciais destinadas a pretos responde, na verdade, a um duplo propósito, totalmente estranho ao campo educacional em si. De uma parte, "faz com que o Brasil entre na lógica 'racial' do mundo anglo-saxão em geral". De outra, converge, juntamente com outras intervenções dos movimentos negros, para fomentar uma *cisão racial* no Brasil, "sobretudo entre as camadas pobres, o *milieu* social onde convivem justamente as pessoas de todas as cores". Aí está o x da questão: o objetivo final é promover e aprofundar a polarização de um campo racial no Brasil, campo drasticamente dicotômico, a fim de acentuar conflitos e confrontos, especialmente nas camadas populares. No entanto, uma postura realmente antirracista entre nós teria não de atiçar refregas raciais, mas de combater as divisões. O que predomina, porém, não é a visão mais ampla ou mesmo de longo

---

98 FRY, Peter. *A Persistência da Raça*. Civilização Brasileira: Rio de Janeiro, 2005. (N. E.)

prazo, e sim o imediatismo ideológico e seus dividendos políticos. Nesse sentido, o que temos hoje, em nosso "sistema educacional", são políticas raciais imediatistas cujo intuito é acirrar o racismo. É promover um acirramento de hostilidades raciais no Brasil, como os Estados Unidos sempre sonharam. O objetivo não é superar o problema, mas esfregar e ampliar as feridas, a fim de deixá-las em carne viva. E assim amplificar a intensidade dramática de discursos a um só tempo agressivos e lacrimantes. Quanto à educação, quem é mesmo que está interessado nisso?

De qualquer sorte, como foi dito, o projeto das "cotas" estabeleceu-se, sob a capa enganadora do provisório. Mas isso no contexto de um avanço geral do multicultural-identitarismo anglófilo no ambiente brasileiro: no meio universitário, em âmbito político-partidário, no mundo artístico-cultural, na mídia, entre parcelas significativas da elite dirigente e do empresariado nacional. Vimos, no início deste capítulo, que pessoas que viveram intensamente os acontecimentos, a exemplo dos antropólogos Peter Fry e Yvonne Maggie, do filósofo Wilson Gomes e da escritora Barbara Maidel, não conseguem estabelecer uma cronologia precisa do passo a passo do processo. É coisa que será possível apenas quando se fizer um levantamento retrospectivo (rigoroso) das coisas. Seja como tenha sido, o rolo compressor veio com tudo em princípios da década de 2010. Wilson Gomes aponta para 2013 como marco e muitos concordam com ele. Como o Francisco Bosco de *A Vítima Tem Sempre Razão?*:

> [...] junho de 2013 atirou a primeira pedra no lulismo. Outro sentido inequívoco das jornadas de 2013 é que, de lá para cá, amplos setores da sociedade brasileira despertaram do marasmo político e passaram a ocupar espaços públicos, urbanos, midiáticos tradicionais, institucionais e sobretudo digitais. Com o fim do lulismo [agora renascido], sobreveio uma sociedade crítica, em permanente crise consigo mesma, problematizando todas as dimensões e aspectos da vida

social. Dentro desse movimento, emergiram com força sem precedentes as lutas identitárias.

E a cronologia do processo norte-americano também nos auxilia na fixação de momentos temporais, desde que nossos identitaristas, independentemente de cor, sexo, credo ou classe social, macaqueiam e passam a fazer tudo o que veem na matriz. E aqui me lembro de Yascha Mounk, quando ele diz que, em 2010, o identitarismo "tinha uma forte influência nas universidades, mas não mais do que uma importância marginal na cultura *mainstream*". Para completar: já por volta de 2020, esse mesmo identitarismo "tinha remodelado algumas das mais poderosas instituições do país". Já em *The Cancelling of the American Mind*[99], Greg Lukianoff e Rikki Schlott nos oferecem uma duração cronológica maior, salientando três conjunturas. De início, temos o "Primeiro Tempo do Politicamente Correto": 1985-1995. É a primeira onda forte do autoritarismo esquerdista, do *anti-free speech movement*, que, no campo da esquerda acadêmica, teve como avô e guru o filósofo Herbert Marcuse, com sua crítica da tolerância, definida então como valor burguês. Os "marcusianos" priorizam então a proteção do discurso progressista e atacam as vozes dissentâneas, justificando que assim o fazem como verdadeiros "champions" dos oprimidos. Determina-se aqui o que é e o que não é permitido dizer, tentativa de imposição dos primeiros tabus e obrigações verbais. Mas, no final do período, o movimento submergiu. O código linguístico restritivo e repressivo implantado pela Universidade Stanford foi declarado ilegal pela justiça norte-americana. E as imposições verbais acabaram consideradas ridículas.

Ou seja: em 1995, o "politicamente correto" tornou-se legalmente nulo e era considerado risível, objeto de deboche e chacota. O problema parecia enfim resolvido. Mera ilusão. Porque aí veio a

---

99 LUKIANOFF, Greg; SCHLOTT, Rikki. *The Cancelling of the American Mind*. Simon & Schuster: Nova York, 2023. (N. E.)

segunda conjuntura, praticamente subterrânea. Na classificação de Lukianoff e Rikki, são "Os Anos Ignorados", estendendo-se de 1995 a 2013. O "politicamente correto", que parecia sepultado, permanecia vivo, embora silente. As coisas se moviam – lentas, mas firmes – nos *campi* norte-americanos. De um modo geral, as pessoas nem sequer notavam o que se processava. Mas o fato é que, durante esse lapso temporal, os quadros dirigentes das mais prestigiosas universidades norte-americanas colocaram em prática políticas que conduziriam à explosão do politicamente correto e da cultura do cancelamento no sistema universitário, de onde os novos dogmas se irradiariam para a grande mídia e tomariam enfim o espaço público. Entraríamos, assim, na terceira conjuntura. Na moderna "era do cancelamento", quem vem de 2014 para cá. "Por volta de 2014, um *ethos* autoconfiante pró-censura emergiu entre estudantes universitários". É o identitarismo e sua cultura do cancelamento veio avançando de forma veloz e sufocante sobre tudo, para atingir seu ponto mais alto em 2020 – e a partir daí principiar a declinar, ainda que em câmera lentíssima.

A caminho do final dessa trajetória, devemos lembrar ainda que foi a partir de 2019 que o *New York Times* se mostrou sempre mais ostensivamente identitarista – carregando no seu rastro a macaqueação colonizada da mentalidade subalterna da *Folha de S. Paulo* e da Rede Globo. *Folha* que agora parece inclinada a matizar mais as suas páginas – afinal, as críticas ao identitarismo crescem nas democracias ricas do Atlântico Norte e em alguns círculos *novaiorkinos*, inclusive com a publicação de diversos livros criticando o "movimento", assinados por autores como Mark Lilla, Paul Bruckner, Mathieu Bock-Côté, Susan Neiman, Yascha Mounk, Greg Lukianoff, Touré Reed, Ato Sekyi-Otu, Norman Finkelstein, Olúfémi O. Táíwò etc. Mas a pequena alteração de rumo vem, principalmente, na esteira ou rastro da matriz jornalística. Como nos lembra Mounk, pontos de vista que eram considerados muito controversos ou "heterodoxos", para publicação no *Washington*

Post e no *New York Times*, começam a abrir caminho nas páginas desses jornais, talvez já considerando que tenham exagerado no papel de publicação *fashionable-woke*. E a *Folha*, obviamente, vai atrás. De sua parte, a Rede Globo, espertamente e mais ou menos à maneira do Congresso Nacional (que atende o identitarismo racialista, mas não quer muita conversa com LGBT-etc. e aborto), não hesita em acender uma vela ao diabo do identitarismo e outra ao demônio do neopentecostalismo.

Aqui chegando, sinto-me na obrigação de dar o devido ressalte ao lugar fundamental e incontornável da mídia *mainstream* nisso tudo, na apoteose do identitarismo no Brasil, enquanto o movimento começa a conhecer o dissenso nos Estados Unidos. Apesar da força das redes sociais, temos de reconhecer o seguinte. Não fosse a convergência de forte financiamento internacional, patrocínio das classes dominantes/dirigentes do país e a conversão da elite midiática nacional, as coisas jamais teriam se alastrado nas proporções que vimos. Fizemos antes referência à crítica de Sowell à manipulação midiática pró-"oprimidos" nos Estados Unidos. O que ele diz é que, de alguns anos para cá, o mundo político-acadêmico e o mundo midiático se deram as mãos na construção, veiculação e massificação de uma "realidade paralela". Parte considerável da mídia, hipnotizada por faíscas pós-modernas e pelo culto religioso multicultural-identitarista da "diversidade", embarcou nessa canoa. E o que oferece ao público é a tal da "realidade paralela", mesmo quando não tem consciência de estar manipulando, desde que toda mistificação mistifica também os mistificadores. Sowell insiste no fato de que a manipulação pode gerar uma distorção completa da realidade. "Isso pode acontecer sempre que jornalistas e editores responsáveis, os quais manipulam os dados, compartilham da mesma visão geral de como as coisas são e como devem ser", escreve. Ao indigitar distorções midiáticas da realidade da vida homossexual nos Estados Unidos, chama ele a nossa atenção para a conduta dos profissionais da mídia que as promovem, bloqueando o acesso geral a dados não filtrados. E generaliza suas observações:

> Isso é especialmente verdadeiro para repórteres que são – eles mesmos – homossexuais. Muitos deles são membros de associações nacionais de jornalistas lésbicas e gays. [...]. Essa atitude não se restringe a repórteres homossexuais. Jornalistas, tidos como representantes da causa da "diversidade", defensores dos negros, hispânicos e das mulheres sofrem o mesmo conflito entre divulgar as notícias e filtrá-las em benefício do grupo para o qual foram contratados.

E o que é de primeiríssima relevância, do ponto de vista de uma leitura crítica séria do atual estado de comprometimento e contaminação do discurso jornalístico:

> [...] a primeira lealdade de muitos jornalistas não é para com seus leitores ou seus telespectadores, os quais buscam as informações por eles transmitidas, mas é proteger os interesses e a imagem dos grupos que eles representam sob a justificativa de "diversidade". Além dos grupos, os jornalistas também sofrem a pressão de seus colegas para que filtrem as notícias, em vez de relatar os fatos diretamente. [...]. Por outro lado, informações ou alegações que apresentam negativamente a imagem de indivíduos ou grupos vistos de forma menos amigável pela *intelligentsia* são transferidas rapidamente para o domínio público, sem muita preocupação com a verificação dos fatos e em tom bombástico.

Diversos livros sobre o assunto foram já publicados nos Estados Unidos desde pelo menos o ano de 2001, a exemplo de *Coloring the News – How Crusading for Diversity Has Corrupted American Journalism*[100], de William McGowan, e *Bias – A CBS Insider Exposes*

---

100 MCGOWAN, William. *Coloring the News: How Crusading for Diversity Has Corrupted American Journalism*. Enconter books: Nova York, 2001. (N. E.)

How the Media Distort the News[101], de Bernard Goldberg. Não vou tentar resumir esses livros aqui, evidentemente. Mas adianto o seguinte. McGowan defende que a "cruzada pela diversidade" tornou o jornalismo norte-americano cada vez mais faccionário.

> Promovendo uma ortodoxia estreita que restringe o debate enquanto afirma a política identitarista, esta cruzada fomentou um clima jornalístico no qual a informação vital é com frequência distorcida; fatos que desafiam um *script* pró-diversidade preconcebido são rapidamente descartados; e os dois pesos e duas medidas, que favorecem os grupos "oprimidos" em detrimento dos demais, tornam-se a norma.

Provando isso por a + b, McGowan submete a rigoroso escrutínio o jornalismo do *New York Times* (que, de fato, pauta a grande mídia norte-americana), do *Washington Post* e de outros prestigiados órgãos de informação. Para concluir que "a busca da 'diversidade' contaminou não somente a política editorial, mas também a própria coleta de notícias". A realidade, bem, a realidade que se adapte à ideologia. Ou ela atende aos propósitos identitaristas, submetendo-se a seus desejos – ou o identitarismo dá as costas a ela. E, então, panoramizando:

> No fim das contas... a cruzada da imprensa em prol da diversidade desempenhou o maior desserviço à cultura cívica mais ampla do país, ao simplificar demais questões complicadas e ao minar o espírito de cooperação e confiança públicas... Em vez de tornar o discurso público mais sofisticado intelectualmente, o *ethos* da diversidade ajudou a emburrecê-lo.

E McGowan desfia um longo rol de falcatruas midiáticas, ilustrando seus pontos de vista.

---

101 GOLDBERG, Bernard. *Bias: A CBS Insider Exposes How the Media Distort the News*. Regnary: Washington, 2001. (N. E.)

Já Bernard Goldberg, depois de três décadas trabalhando na *CBS*, e de tantas vezes tentar em vão trazer à tona sua leitura crítica sobre a elite midiática local, perdeu a paciência e se dispôs finalmente a arrombar a porta de sua *newsroom* ideologicamente circunscrita e asfixiante, vindo à luz e ao ar livre para denunciar e discutir o caráter tendencioso, enviesado, manipulador e mesmo fraudulento da grande mídia norte-americana. Mídia dominada por um jornalismo de viés "liberal" repaginado, *left-wing* "pós--moderna", que nunca hesita em realizar intervenções cirúrgicas (plásticas, inclusive) no tecido do real, de modo a moldar uma "realidade" que corresponda sem desvios à sua própria visão de mundo. Jornalismo que eclipsa ou descarta, por isso mesmo, tudo que venha para contrariar posturas e posições ditadas pela ideologia reinante nas redações, sob o signo do politicamente correto, do *woke*, do esquerdismo multicultural-identitarista. Vale dizer, em obediência reverente e rigorosa à doxa em vigor no campo balizado pela esquerda cultural norte-americana. E, se fiz esta brevíssima sinopse, foi para negritar a coincidência total de sua visão com a visão de McGowan, uma reforçando a outra.

E Goldberg faz, ainda, uma observação perfeita, adiantan-do-se para anular qualquer possível fantasia paranoica, ao avisar que não existe nenhuma conspiração cerrada, nenhuma vasta e bem-orquestrada maquinação esquerdista na grande mídia norte--americana. A coisa é muito pior – adverte. É de visão de mundo. "Não nos sentamos em cantos escuros e planejamos estratégias para distorcer notícias. Não é preciso. As coisas acontecem natu-ralmente à maioria dos repórteres". Eles nem percebem seu viés de esquerda identitarista, pela singela razão de que consideram que aquele é, muito simplesmente, o único modo correto de encarar as coisas. Tudo na base do piloto automático, como seria esperável numa elite midiática autocentrada, que desdenha pessoas e ideias que não são bem aceitas no círculo em que vive. Goldberg sublinha, por isso mesmo, que o viés a que se refere não é estrita ou estreitamente partidário, do tipo democrata x republicano. Não é essa a questão principal. É a propósito dos grandes temas e problemas sociais e culturais que o repórter norte-americano, nutrido no identitarismo universitário, se manifesta mais como propagandista de causas da esquerda do que como um jornalista objetivo à cata de fatos. É o jornalista que só falta ter um ataque cardíaco se alguém emprega no ar a palavra *aleijado*, em vez de "deficiente físico", mas que não hesita um segundo em falsear notícias que favoreçam o *lobby* esquerdista da galera sem-teto ou do movimento *gay*. Mas o que importa reter é o seguinte: o viés de esquerda, identitarista, resulta do próprio modo como aqueles jornalistas veem o mundo.

Indo adiante, Goldberg crê que o tendenciosismo ou a disposição fraudatória, com relação aos jornalistas (não aos donos dos *mass media*, que o móvel destes é a grana), é facilmente explicável. Primeiro, essas pessoas "de esquerda" estão sempre abertas para aderir a causas que julgam capazes de transformar o mundo para melhor. É a velha fantasia salvacionista, de base cristã ou socialista, que se vai atualizando. No caso, esses jornalistas se veem, por sua militância, como salvadores da "raça negra", guardiões da integridade *gay*, libertadores da opressão machista etc. Enfim, como os redentores de todos os "humilhados e ofendidos" do mundo. No entender de Goldberg, eles se definem, para si mesmos, por sua capacidade de compaixão, por sua "empatia", expressando-se no campo (e no léxico) da psicologia do missionário. São pessoas que se pintam como socialmente sensíveis, fraternais, abraçando causas justas e verdadeiras, muito embora, ao abraçá-las, não se inibam diante dos limites da verdade e da justiça. Pelo contrário: perante a suposta grandeza final de seus objetivos, consideram que falsificar e mentir são coisas menores. E assim acabam trabalhando muito mais como "ativistas" do que como jornalistas. Um tipo típico de ativista (e esse negócio de "ativista" parece que virou condecoração ou profissão no Brasil de hoje – basta ver o número de pessoas que enfia o rótulo no currículo, definindo-se como, digamos, "advogado, professor de filosofia na Faculdade do Cu de Judas, ativista"), que parece estar sempre à espera de que um grupo qualquer de "oprimidos" exclame algum "tende piedade de nós". Por fim, temos a naturalização do viés, da perspectiva liberal-identitarista. Eles acham que o que veiculam não é simplesmente uma agenda "de esquerda", mas a visão sensível, honesta, sensata e racional da realidade. A única maneira correta, "normal" ou "civilizada" de encarar as coisas do mundo.

Mas Goldberg, falando de seus pares, aponta ainda para o aspecto autogratificante da compaixão (que pessoa boa sou eu!). Recorre aqui a Shelby Steele (mais um intelectual negro norte-americano adversário de ações afirmativas, cotas raciais e coisas do gênero), o autor de *The Content of Our Character*[102], que diz que norte-americanos brancos veem os pretos como vítimas para aliviar a própria consciência culpada. "As elites da mídia liberal não são uma espécie alienígena. Fazem parte de uma comunidade maior – uma comunidade que, de acordo com o brilhante autor e *scholar* Shelby Steele, há tempos se acha numa viagem em busca da redenção da culpa racial". Para Steele, a culpa dos brancos, em sentido amplo, nasce do *conhecimento* de que partiram de uma vantagem perversa: "[...] vem da justaposição desse conhecimento com a inevitável gratidão que a pessoa sente por ser branca, e não preta, nos Estados Unidos". Daí brota o politicamente correto, o medo de ofender, que nada tem a ver com fazer o bem. Daí também que, no fundo, a compaixão dos liberais não é pelos outros, mas por eles mesmos – que se sentem bem com isso, fazendo o menor sacrifício pessoal possível. Conta Goldberg que disse certa vez a Andrew Heyward, então presidente da *CBS*, que havia um modo de mudar instantaneamente a estrutura do poder racial nos Estados Unidos. Bastava que, à noite, Heyward e outros

---

102 STEELE, Shelby. *The Content of Our Character*. Harper Perennial: Nova York, 1998. (N. E.)

altos executivos abandonassem seus empregos, com a condição de serem substituídos, de manhã cedo, por mulheres de grupos minoritários. Heyward detestou a ideia. E Goldberg:

> Eles amam ação afirmativa, desde que seus filhos entrem em escolas da Ivy League. Eles amam distribuir empregos segundo preferências raciais, desde que mantenham os seus. É um belo negócio: sempre é outra pessoa que tem de fazer o sacrifício – às vezes, crianças asiático-americanas, às vezes estudantes brancos que não ingressam em lugares como Harvard, Yale e Princeton – enquanto as elites brancas liberais reivindicam o crédito de serem tão decentes, as salvadoras da gente negra nos Estados Unidos.

Também no Brasil, como já indicamos, a elite midiática, com seu passo tipicamente tardo-colonizado, resolveu adotar/patrocinar o discurso identitarista. Na linha de frente, o jornal *Folha de S. Paulo* e a *Rede Globo de Televisão*. É interessante pensar um pouco sobre o caso. A *Rede Globo*, aliada histórica do golpe militar de 1964 e da ditadura que então se implantou, invariavelmente postada à direita em nosso espectro político, ao longo de muitos anos, experimentou, aí por volta de 2019-2020, uma súbita metamorfose à esquerda (identitarista), com a pomposidade e, ao mesmo tempo, o estardalhaço retórico-visual de sempre. Com umas quatro décadas de atraso, com relação à televisão norte-americana, resolveu copiar a matriz, com aquele casal eugênico do "Jornal Nacional" discursando sobre o "compromisso com a diversidade". E a *Folha de S. Paulo* foi pelo mesmo caminho, copiando até cursos que o *New York Times* oferecia, na década de 1990, para aprendizes não brancos. E, quando digo "pelo mesmo caminho", quero dizer pela nova estrada de Damasco da mídia brasileira. Com a diferença que, no caso, o "milagre" não foi de origem divina, mas de raiz econômica. Desde inícios da década de 1990, nos Estados Unidos, os promotores da "diversidade" apontavam já para a futura ruína financeira das empresas de notícia que não aderissem ao multicultural-identitarismo. *Diversity or die*, "diversidade ou morte", todos passaram a declamar, repetindo a fórmula de Arthur Sulzberger Jr., até recentemente editor do *New York Times*. E, nas conversões da Globo e da *Folha*, o que falou alto foi o vil metal. A luta pela sobrevivência.

Em "Pós-Jornalismo e o Suicídio das Instituições", recorrendo ao livro *Postjournalism and the Death of Newspapers*[103] de Andrey Mir, Gustavo Maultasch escreveu:

> Segundo Andrey Mir [...], como o faturamento dos anúncios caiu muito, diversos veículos passaram a priorizar o faturamento de assinaturas de leitores; só que é difícil cobrar por isso, já que há muito conteúdo gratuito na internet. Além disso, as pessoas "quase sempre já sabem as notícias antes de chegar aos *sites* de notícias, porque elas começam a sua rotina diária de mídia pelos *feeds* das mídias sociais". Os leitores não estão em busca de notícias, mas da validação de suas opiniões. O jornalismo adapta-se a isso, definindo uma agenda para a promoção de determinados valores; o que se vende não é mais a notícia, mas sim a participação numa causa, e as redações não trabalham mais com fatos, e sim com valores morais.

Mais:

> Tudo isso conduz ao que Andrey Mir define como pós-jornalismo: a transformação do jornalismo tradicional em *crowdfunded* propaganda (ou seja, agenda política financiada via *crowdfunding*). Há vários detalhes interessantes do pós-jornalismo conforme definido pelo Andrey Mir, mas o seu aspecto mais grave é o abandono do padrão ético do jornalismo tradicional (objetividade e imparcialidade), que agora é substituído pelo critério da pureza ideológica. Com

---

103 MIR, Andrey. *Postjournalism and the Death of Newspapers*. Independently Published, 2020. (N. E.)

isso, torna-se difícil recuperar a autoridade e a legitimidade que o jornalismo teve um dia. Porque me parece evidente que, pela quantidade de informação a que temos acesso, nós nunca precisamos tanto de curadoria dedicada e de verificação meticulosa que só o jornalismo tradicional pode empreender. Como resolver isso, eu não sei; mas ao dobrar a aposta, rendendo-se à militância do pós-jornalismo em detrimento dos valores do jornalismo tradicional, há pouca salvação (e, francamente, pouco a ser salvo).

Por essas vias, também a manipulação midiática, entre nós, chegou ao nível do escândalo. Veja-se, como apenas um dos muitos exemplos possíveis, o que costumo classificar como a *seletividade cromática* da atual mídia "progressista" brasileira. Meu exemplo favorito é o do tratamento dispensando aqui a Kamala Harris, uma parda sofisticada, de classe alta, filha de professores universitários, cujo avô pertenceu ao corpo diplomático do governo da Índia. Ao falar dela em seus programas, a turma da Globonews é enfática: uma mulher *negra...* Já quando é para falar da deputada Flordelis, acusada de mandante do assassinato do marido, essa mesma turma silencia sobre sua cor. Não diz, em momento algum, "deputada Flordelis, uma mulher *negra...*". Por que a cor da fulana é omitida? Simples: porque, para o jornalismo identitarista, negro só pode ser vítima, herói ou santo. Ladrão, estuprador, assassino – jamais. O identitarismo e sua mídia promovem a manipulação da informação com o intuito assumido de arquivar antigos estereótipos do negro, substituindo-os por estereótipos novos, todos altamente positivos. E o que temos, nessa troca de estereótipos, não é mais do que a comutação de distorções e mentiras surradas por distorções e mentiras recém-saídas do forno. Em termos artísticos, pode-se dizer que o que temos é a passagem do velho "realismo socialista" dos tempos de Stálin para o novo "realismo racialista" dos dias atuais. E, aqui, preto que comete crime não é preto. O crime descolore a melanina.

Enfim, a mídia seleciona/filtra os dados a fim de bloquear o risco, para seus princípios ideológico-doutrinários, que poderia ser produzido por um acesso geral das massas aos dados brutos. Ninguém aí quer se arriscar a ver o que pode acontecer caso os dados não sejam filtrados: a visão geral de mundo dos formuladores multicultural-identitaristas e de sua periferia acadêmico-midiática estaria simplesmente exposta a ir por água abaixo. Nem é por outro motivo que as verificações empíricas reais são sistematicamente evitadas por aqueles que orientam seu trabalho não por critérios científicos ou jornalísticos rigorosos (e, em princípio, imparciais), mas, principalmente, pela defesa de posições políticas e pelo afã de modelar o conjunto da sociedade em conformidade com sua visão de mundo. Para lembrar a definição certeira de Noam Chomsky, aqui temos a grande mídia na sua função de "fábrica de consensos". Assim, nossos veículos de comunicação têm recorrido frequentemente a estatísticas manipuladas, como as que temos hoje sobre a situação de *gays*-lésbicas-etc. no Brasil, por exemplo – algumas devidamente desmascaradas, sem sofrer qualquer contestação pública. Como no caso das estatísticas produzidas pelo Grupo Gay da Bahia (GGB), desmentidas, na ponta do lápis, no estudo "Principais Estatísticas Brasileiras de Morte por Homofobia São Falsas", assinado pelo biólogo Eli Vieira e a bioquímica Camila Mano, que realizaram uma checagem rigorosa do levantamento que o GGB fez em 2016, arrolando como casos de morte por homofobia diversos acidentes sem suspeita de crime. Pelo mesmo caminho da verificação de dados, o antropólogo Flávio Gordon denunciou fraude em estatísticas sobre o chamado "lesbocídio", elaboradas por grupos militantes vinculados à Universidade Federal do Rio de Janeiro. No entanto, a grande mídia permanece reproduzindo essas estatísticas "paraguaias", como dizíamos tempos atrás. Pois bem. Em consequência de tudo o que foi dito até aqui, com relação ao jornalismo e às fábricas informacionais ideologicamente orientadas (e que, por isso mesmo, não têm como privilegiar a retidão em suas condutas), o que se instala e domina o ambiente midiático hoje é uma espécie de déficit de ética. E é assim que a mídia identitarista ingressa e milita no processo de construção de uma nova opinião pública nacional, inteiramente favorável aos reclames e reclamos de segmentos sociais considerados sistematicamente marginalizados e perseguidos em todos os séculos da vida nacional brasileira.

Mas vamos finalizar. No final daquele decênio de 2010, a situação estava irrespirável. Peço licença para um minidepoimento pessoal: tudo tão asfixiante que me sentei para escrever um artigo e acabei escrevendo um livrinho panfletário, de combate, que foi *Sobre o Relativismo Pós-Moderno e a Fantasia da Esquerda Identitária*[104]. O texto na contracapa do livro diz tudo:

> Este é um livro de enfrentamento direto, desafiando sem inibições e sem temor o relativismo pós-moderno e o fascismo identitário. Um livro de intervenção intelectual e combate político frontal. Logo, um livro abertamente polêmico, sem concessões, sem floreios, sem branduras, sem meias palavras. Uma crítica rigorosa e vigorosa à estranha "práxis" esquerdista que colocou os *campi* sob seu implacável e agressivo controle, na base do chicote e da rédea curta. Um protesto em defesa do verdadeiro convívio político e cultural. Da vida ao ar livre da democracia.

A publicação do livrinho fez com que eu recebesse pilhas de *e-mails* e mensagens facebookianas a respeito do assunto. Principalmente, de artistas e professores relatando perseguições, bloqueios e agressões, além de produtores culturais levados à falência, pelo simples fato de se sentirem e se dizerem mestiços ou de se recusar a repetir os sintagmas cristalizados do discurso identitarista.

---

104 RISÉRIO, Antonio. Sobre o relativismo pós-moderno e a fantasia da esquerda identitária. 2ª Ed.,Topbooks: Rio de Janeiro, 2020. (N. E.)

De lá para cá, o identitarismo manteve-se e mantém-se sufocante, mas as reações vão crescendo, ganhando corpo. Entre outras coisas, a crítica e rejeição do "tribalismo" já caminha para se tornar unânime no âmbito da *intelligentsia*, embora não nas vastas legiões do SIM ("setores intelectuais médios"). Avança também o processo de dessacralização da figura da vítima. Da figura do negro em sua pretensão de se considerar moralmente superior, como se a ética derivasse da cor da pele. E até do reconhecimento, ao lado do racismo branco e do racismo amarelo, da existência do racismo negro. Aliás, antes da falácia religiosa do "racismo estrutural", os próprios pretos nunca encontraram dificuldade em apontar a realidade do racismo negro. Como o "pantera preta" Bobby Seale, em seu livro *Seize the Time*[105], quando se refere ao racismo antibranco dos negros. Indo adiante, o extremista negro norte-americano Ibram X. Kendi, em *How To Be an Antiracist*[106], fala não só do racismo de negros contra brancos, como do racismo de negros contra negros. De fato, ele distingue entre um racismo "do mal" (o de branco contra preto) e um racismo "do bem" (o de preto contra branco). Ou seja: apesar do título do seu livro, ele não é verdadeiramente antirracista, mas um racista-pela-metade. Acontece que não existem racistas-pela-metade. Ou o sujeito é racista, ou não é. E ponto final. O próprio Kendi explicita isso ao dizer que, afora o racismo de brancos contra negros, outros tipos de racismo podem ser positivos – e são bem-vindos. Uma de suas frases a esse respeito não passa de uma contradição em si mesma, que a impede de se sustentar sobre as próprias pernas: "O único remédio para a discriminação racista é a discriminação antirracista". E ele ainda considera que preto conservador, preto "de direita", preto que não reza pela cartilha sectária do identitarismo,

---

105 SEALE, Bobby. *Seize the time: and other plays: the story of the black panther party and huey P. Newton Black*. Classic Press: Baltimore, 1996. (N. E.)

106 No Brasil encontramos a seguinte edição: KENDI, Ibram X. *Como ser antirracista*. Alta Cult: Rio de Janeiro, 2020. (N. E.)

como o jovem intelectual negro norte-americano (27 anos) Coleman Hughes, autor de *The End of Race Politics*[107], ou o nosso filósofo Paulo Cruz, por exemplo, é igualmente racista – praticante do racismo de negros contra negros. Racismo antinegro de negros que, em graus variáveis, caracterizaria personalidades negras grandiosas como Frederick Douglass, W. E. B. Du Bois e Luther King. Aliás, para Kendi, é racista até mesmo alguém que simplesmente diga não ter opinião formada sobre o tema altamente controverso, e *historicamente* fragilíssimo, das chamadas "reparações", cheques retrospectivos suspeitos para encher cofres atuais, em nome de supostas dívidas estratificadas do passado. Enfim – e parafraseando Nelson Rodrigues –, podemos dizer que Kendi e militantes do mesmo naipe empregam a palavra "racismo" como uma espécie simples e perversa de *brinquedo auditivo*.

Hoje, a animosidade racial negra, que se expandiu e se aprofundou na década de 1990, encontra expressão institucional poderosa em organizações militantes racistas já célebres e poderosas. Como a Nação do Islã, por exemplo, uma organização supremacista negra, antissemita e homofóbica. Já o fundador dessa seita *soi disant* muçulmana, Wallace Fard Muhammad, ensinava que a humanidade foi originalmente constituída só por negros, e que os brancos surgiram como uma raça de "demônios" criados na pequenina ilha grega de Patmos. O líder da organização, Louis Farrakhan, sempre exibiu um franco e ostensivo racismo antijudaico. Conta-se, de resto, que o antigo ditador líbio Muammar al-Gaddafi chegou a oferecer a Farrakhan um bilhão de dólares, a fim de que ele montasse um exército de pretos nos Estados Unidos, com o propósito de pegar em armas contra o poder racista branco. Nos dias atuais, o Black Lives Matter, muito próximo da Nação do Islã, pede a morte dos judeus em manifestações públicas. Vemos também o racismo negro se organizar e se manifestar em

---

107 HUGHES, Coleman. *The End of Race Politics*. Thesis: Nova York, 2024. (N. E.)

ações contra coreanos, ou contra asiáticos de um modo geral. Do mesmo modo que o racismo branco, o racismo preto torna impossível a existência de uma cultura cívica compartilhada pelo conjunto da sociedade. Como escreveu um professor (negro) de direito em Harvard, Randal Kennedy, num artigo no *Atlantic Monthly*, a história ensina que oprimidos oprimem quem puderem oprimir, desde que tenham a oportunidade de fazer isso. Mas a visão atualmente dominante – marcada pela ignorância histórica, mas também por um considerável elenco de truques e fraudes, quando se vê impossibilitada de negar a prática do racismo negro antibranco, exige que a gente concorde em que o racismo branco do passado desculparia o racismo preto do presente. Um absurdo, claro. Racismo é racismo – e é inaceitável em qualquer época e circunstância.

Mais: o racismo negro antibranco pode assumir formulações estapafúrdias. Tome-se o caso de Yusra Khogali, cofundadora da seção de Toronto do Black Lives Matter, no Canadá. É uma jovem mulata que nunca diz uma palavra sobre o pai branco, falando apenas da mãe preta. Ela fugiu do Sudão (onde não podia falar o que pensava) para o Canadá, onde pode falar o que bem entender – e capricha em discursos contra os brancos e o Ocidente. Deveria se olhar no espelho: se ela fugiu do Sudão para o Canadá em busca de liberdade, não há notícia de ninguém que tenha fugido do Canadá para morar no Sudão. Mas vejam o seu pensamento tão tipicamente racista, levando-se em conta a definição de racismo como a ideologia que afirma a inferioridade de uma raça. E é o que ela faz em sua tese universitária, praticando uma espécie de "racismo científico" ao contrário do que essa doutrina pregou no século XIX, ao defender a inferioridade dos negros na hierarquia racial da humanidade. Para Yusra Khogali, os brancos não passam de um defeito genético dos pretos. "A branquitude não é humana. De fato, a pele branca é sub-humana". Porque a brancura é um defeito genético recessivo. "Isso é fato", afirma categoricamente.

Diz que as pessoas brancas possuem uma "alta concentração de inibidores de enzima que suprimem a produção de melanina". E que a melanina é indispensável a uma estrutura óssea sólida, à inteligência, à visão etc. E seus delírios não são somente teoréticos. Ele registrou por escrito nas redes sociais (e depois apagou) que tinha ímpetos de assassinar todos os brancos... Nessa mesma linha, outra mulher, Aruna Khilanani, em "The Psychopathic Problem of the White Mind"[108], falou abertamente de sua fantasia homicida racista antibranco, reveladora do problema psicopático de sua própria mente. Declarou que imaginava descarregar um revólver na cabeça de qualquer branco que passasse na sua frente, enterrando então o cadáver, limpando o sangue de suas mãos e seguindo seu caminho sem sentir culpa, como se tivesse feito ao mundo "um puta favor" – *a fucking favor*. Daí que Pascal Bruckner fale de um racismo travestido de antirracismo. E que Douglas Murray fale de *modern racist "anti-racism"*. Murray, por sinal, diz que o racismo antibranco foi praticamente naturalizado, tornando-se "a única forma aceitável de racismo" nos dias de hoje.

Se querem exemplos brasileiros, posso dar uma montanha deles, contando inclusive com a agressão racista contra a torcida do São Paulo, feita por uma integrante da cúpula do – pasmem – Ministério da Igualdade Racial, criado no âmbito do "racismo de Estado" que a esquerda implantou no país. Mas vou me limitar a dois tópicos: o do exclusivismo racial de uma entidade carnavalesca da Bahia e o dos chamados "tribunais raciais", uma das criações mais perversas de nosso atual submundo acadêmico. Vamos a eles.

Quando o "bloco afro" Ilê Aiyê resolveu se criar como entidade carnavalesca só de pretos (não aceitando no bloco sequer a presença de mulatos relativamente bem escuros, como a cantora Margareth Menezes, hoje ministra da Cultura), sua decisão exclusivista devia

---

108 A transcrição do episódio citado pode ser lida no site a seguir: https://www.thefp.com/p/the-psychopathic-problem-of-the-white. (N. E.)

ser encarada, entre outras coisas, como uma resposta a discriminações anteriores contra pretos em blocos "brancos" da Bahia. No seu prefácio a *Os Condenados da Terra*[109], de Frantz Fanon, o filósofo Jean-Paul Sartre fazia referência a esse tipo de postura, falando de um "racismo às avessas" ou "racismo antirracista". Mas, de qualquer forma, racismo. E é daí que vem toda uma conversa fiada do atual racialismo neonegrista sobre a impossibilidade da existência de um "racismo inverso", o que não passa de retórica para o gado bovino repousar. Em todo caso, era compreensível a reação do Ilê Aiyê. Mas não deixava de ser lamentável, triste mesmo, constatar que uma discriminação de caráter racial ainda podia ser considerada necessária na vida social baiana.

Na época, muitos brancomestiços (eu, inclusive) apoiaram. Mas logo uma espécie de consciência culpada da elite branqueada encarregou-se de levar as coisas para direções e sentidos não exatamente sadios ou positivos. Exemplo disso foi uma campanha publicitária de cerveja, produzida por uma agência chamada Malagueta. No filmete propagandístico, víamos Vovô, diretor-fundador do Ilê Aiyê, na quadra do bloco, despejando a "brahma" num copo ou tulipa e dizendo algo mais ou menos assim: "Essa é a única loura que entra no Ilê". A propaganda fez sucesso. Lembro-me de amigos "brancos" às gargalhadas, aplaudindo o comercial. Mas eu fiquei com um pé atrás. E dizia a razão: "Imaginem o inverso: o comodoro enchendo uma tulipa de 'malzbier' e dizendo: 'essa é a única preta que entra no Yacht'". E me lembro de que, só quando eu propunha a inversão, algumas pessoas se tocavam para a barra pesada do anúncio, sob a capa supostamente bem-humorada da publicidade. Era uma propaganda racista, evidentemente. Bem. Embora sempre defendesse publicamente, em entrevistas, a postura discriminatória do Ilê Aiyê, o compositor Caetano Veloso sabia o significado e as consequências daquilo. Na letra de uma

---

109 FANON, Frantz. *Os Condenados da Terra*. Zahar: São Paulo, 2022. (N. E.)

composição sua, "Sim/Não", Caetano contrapõe o *sim* do Afoxé Badauê (sincrético, negro, mas aceitando mestiços e mesmo brancos em seus desfiles pelo espaço carnavalesco de Salvador), enquanto espaço interétnico democrático, ao exclusivismo racial, ao *não* do "bloco afro" do bairro do Curuzu, cantando:

> no Ilê Aiyê
> uma menina fugindo beleza amor em vão
> no Ilê Aiyê
> toda a tristeza do mundo no não, não...

Mas, deixando o carnaval de parte, vou me concentrar nos abomináveis "tribunais raciais" que hoje se espalham pelos *campi* federais e estaduais da malha universitária brasileira, em resposta a um problema criado pela distribuição de "cotas". Aqui e ali tenho feito referência a exemplos de manipulação e fraude resultantes da postura anticientífica de atafulhar pretos e pardos num mesmo baú – postura antibiológica e antiantropológica ditada pelo racismo norte-americano –, encontráveis tanto em discursos e estatísticas oficiais quanto em iniciativas e práticas dos movimentos negros. Um desses exemplos é justamente o dos tribunais raciais, sempre compostos por uma maioria de negros retintos. O governo brasileiro comprou o discurso ideológico importado pela militância racialista e passou a tratar o pardo como "negro de pele clara", coisa equivalente a tratá-lo como "branco de pele trigueira" – ou seja: pura esperteza político-ideológica. Pardos são vistos como pretos a depender das circunstâncias e conveniências. Quando pretendem afirmar que os "negros" formam a maioria da população brasileira, os movimentos negros consideram que pardos são pretos. Somam a grande massa dos pardos ao ajuntamento minoritário de pretos – e pronto: a maioria da população brasileira é "negra". Quando é para falar dessa bobagem de "racismo estrutural", também. Somam pardos e pretos e então é de "negros" o maior contingente racial de nossos presídios. Mas, quando é para medir o número de "negros" estudando e ensinando nas faculdades brasileiras, por exemplo, pardos já não são pretos. Porque é preciso demonstrar que os pretos são discriminados e, embora sejam maioria na população, acham-se excluídos de uma participação maior no mundo universitário.

Em outras palavras, pardos não passam de massa de manobra do movimento negro (e assim chegam também à grande mídia), que os apresenta, no caso da universidade, como fraudadores do sistema de cotas. Por isso mesmo, a militância racialista neonegra partiu para a imposição de tribunais raciais nos *campi* do país, com apoio ou anuência forçada de direções e departamentos de escolas – tribunais raciais que se autointitulam, com a boçalidade de praxe, "comissões de heteroidentificação". Não vale mais a autodeclaração do estudante, mas o exame a que um grupelho discriminatório o submete. E o critério para definir quem é e quem não é preto é de base fenotípica (mais uma vez, a conveniência esperta: a militância suspende provisoriamente a vigência da *one drop rule* e se volta para a aparência física). O negócio é arbitrário – e autoritário – de cabo a rabo. A começar pelo fato de que pardo é mestiço – e a categoria *mestiço* não apresenta um fenótipo definido, regular. As misturas genéticas expressam-se muito variavelmente no corpo mesclado, não se repetindo de mestiço a mestiço. O que significa que o critério fenotípico não é terreno seguro para julgamentos. Ficaram famosos os dois casos de gêmeos univitelinos, em que um foi aprovado pelo tribunal racial, e o outro, não.

Se os tribunais raciais tivessem um mínimo de seriedade, optariam por uma base sólida de avaliação. Pelo critério genético. Mas esses tribunais temem a ciência. Não querem saber de biologia ou de genes, mas de resolver as coisas a seu modo. Em 2018, a Universidade Federal do Rio Grande do Sul (UFRGS) quis oferecer cotas pelo critério genético, chamando a ancestralidade à cena e foi um deus-nos-acuda. O movimento negro chutou o pau da barraca e a direção da UFRGS enfiou o rabinho entre as pernas, batendo em retirada. O que vigora mesmo é o ponto de vista ideológico. Na Universidade Federal do Rio de Janeiro, a própria coordenadora do comitê de combate às fraudes no sistema de cotas se confessou uma fraudadora, ao declarar que mestiça que espichasse ou alisasse o cabelo tinha mais de meio caminho andado para não conseguir vaga: "As mulheres que passaram por processos de química, de alisamentos, muitas das vezes essas candidatas são reprovadas por conta dessa busca incessante pelo branqueamento". Vale dizer, o tribunal racial de nossa militante revolucionária carioca não permitiria o ingresso na sua universidade de mulheres como Elza Soares ou Rashida Jones, a primeira preta, de cabelos alisadíssimos, a dirigir uma rede nacional de televisão noticiosa nos Estados Unidos.

Enfim, os tribunais raciais examinam o corpo dos candidatos a cotas em busca de características físicas negroides. E uma primeira questão já surge aqui: nem todo pardo descende de preto. Multidão descende principalmente da mistura de brancos e índios. Foram estes, aliás, os primeiros mestiços brasileiros, nascidos anos antes que qualquer navio negreiro desembarcasse em nossos portos. O problema é que hoje a militância racialista neonegra – com apoio da burguesia financeira, da universidade, de boa parte dos partidos políticos e da mídia – se comporta como se detivesse o monopólio da questão racial entre nós. Age como se essa questão só dissesse respeito aos pretos e fosse propriedade exclusiva deles. Além disso, a disposição persecutória dessa militância é um fato. Veja-se o relato de David Ágape, em sua reportagem "Tribunais Raciais nas Universidades: O Drama de Quem É Julgado pela Cor da Pele"[110], estampada no jornal *Gazeta do Povo*:

---

110 O texto pode ser integralmente encontrado no seguinte link a seguir: https://www.gazetadopovo.com.br/ideias/tribunais-raciais-nas-universidades-o-drama--de-quem-e-julgado-pela-cor-da-pele. (N. E.)

Denúncias chegam às centenas aos órgãos competentes das universidades. A maioria é feita por integrantes do movimento negro que caçam supostos fraudadores do sistema de cotas e, em alguns casos, expõem os dados como nome e foto dessas pessoas nas redes sociais. Como uma Gestapo negra, esses militantes não se importam com o que possa acontecer aos acusados. O perfil Fraudadores da Cota, por exemplo, fez muito sucesso nas redes sociais em 2020, contando até com o apoio de personalidades e influenciadores... As ações do grupo só pararam quando esbarraram na Justiça. Foi o caso do estudante Brandow Sandor, da Universidade de Brasília, que teve o seu nome exposto como fraudador em redes sociais. Ele processou tanto os agressores quanto o Twitter [hoje, o X de Elon Musk]. O juiz determinou a exclusão dos conteúdos e quebra do sigilo desses perfis... Outro caso foi o de Larissa Sá, indígena estudante de medicina na Universidade Federal do Maranhão. Ela foi exposta nas redes sociais, acusada de não ser indígena por ter o cabelo descolorido. Vendo as acusações, Larissa disparou: "Acordei, tô rindo de vocês. Índio não pode pintar o cabelo?".

Mais da matéria escrita por David Ágape:

Alunos e ingressantes nas universidades, submetidos a essas comissões [tribunais raciais], relatam constrangimentos e traumas [muitos, ao ver que perderam a matrícula, acabam recorrendo a tratamentos psicológicos e a remédios pesados]. A maioria relata medo de agressões ou de violência por parte do movimento negro. Por isso, um deles pediu que seu nome não fosse revelado. Um estudante da Universidade Federal do Rio de Janeiro, a quem chamaremos João, conta que, quando entrou na universidade, bastava a autodeclaração. Com a mudança nas políticas da faculdade [sim: a "legislação" dos tribunais raciais não deveria ter, mas tem o chamado "efeito retroativo"], ele teve que passar pela comissão, o que levou o estudante a entrar em depressão. "Quando fui reprovado pelo tribunal racial, achava impossível que essa situação continuasse assim. Acreditava que a universidade revogaria a decisão em algum momento ou que o Ministério Público interviria para devolver as nossas vagas. No entanto, o tempo foi passando e a ficha caiu: a vaga tinha ficado para trás", diz. João conta que, mais tarde, entendeu a intenção da universidade em não permitir a entrada de alunos pardos via cotas. "Depois de conversar com outros estudantes e ler um pouco sobre as ideias dos defensores dos tribunais raciais, percebi que eles só querem alunos que se sintam "negros". Se você se sente pardo sem se sentir negro, você está com uma ideia muito perigosa e alguém com essa ideia não pode entrar na universidade", avalia.

Em síntese, esses tribunais, com suas encenações caricaturais de base racista, discriminam pardo de ascendência indígena – e mestiços que se sentem mestiços, mas não pretos. Tudo enclausurado no século XIX, desprezando a genética contemporânea em função de um ideologismo tão explícito quanto voluntária e programaticamente ignorante. Tudo sacramentado pelos boçais do Supremo Tribunal Federal. E é lamentável, como me lembra a antropóloga Yvonne Maggie, ver "antropólogos" usando Cesare Lombroso, o sujeito da antropometria criminal, para classificar a cor da pele e a forma do nariz de jovens pobres que concorrem a uma vaga na universidade. Todavia, e espantosamente, essa palhaçada racista anticientífica permanece em vigor – e seus praticantes pretos são intocáveis. Com o aplauso dos "cientistas" e "epistemólogos" da academia, dos boçais do poder judiciário e dos magnatas, "filósofos", ideólogos e missionários da mídia. Além de todos admitirem, na prática, a existência de uma nova variante da meritocracia extraescolar. Não mais a das moças que chegam ao mestrado por serem felizes proprietárias de bocas, peitos e coxas altamente meritocráticas, mas a dos alunos que são admitidos na pós-graduação graças à cor da pele – e a de mestiços e mestiças que são aprovados nos tribunais raciais não em decorrência de traços fenotípicos negroides, mas por seu "ativismo", militando em grupos negros ou num partido político como o Psol.

Bem. Aqui chegando, e embora já não tenha o menor saco para o assunto, não devo passar ao largo dos episódios do meu cancelamento pelas milícias racifascistas do identitarismo e da censura imposta a mim pela *Folha de S. Paulo*. Tudo começou com a publicação de um artigo do escritor Leandro Narloch, no segundo semestre de 2021 (não me lembro se em agosto ou setembro), sobre o meu livro *As Sinhás Pretas da Bahia*, que acabara de ser lançado – livro também elogiosamente resenhado, sem problemas, por Luciano Trigo, na *Gazeta do Povo*, e José Nêumanne Pinto, no *Estado de S. Paulo*. A *Folha*, naquele momento, já entregue ao seu lucrativo teatro de pasquim identitarista, empregava todo militante que aparecia. Essa turma ficou furiosa e exigiu então a demissão de Narloch. Com um daqueles textos certeiros que são a sua *trade mark*, Demétrio Magnoli entrou em cena, desancando o fascismo identitarista. Publiquei então um artigo, "O Xirê das Sinhás Pretas da Bahia", mostrando que, como era de praxe no racialismo identitarista, meus detratores me atacavam sem ter lido o livro. Em seguida, ainda na *Folha*, mas já em janeiro de 2022, publiquei um artigo a que dei o título de "Um Neorracismo Travestido de Antirracismo" (não me lembro com que título o jornal o publicou, até porque detesto essa prática jornalística de botar título provocador, de modo a "esquentar" o texto, como se diz na gíria dos jornais). E aí o caldo engrossou de vez. Mas, em vez de rebaterem meus dados e argumentos, a escória apedrejadora estrebuchou histericamente numa enxurrada de insultos. Analfabetos enfuriados encurralaram então a direção do jornal, que se acovardou – e tratou de me impedir de responder aos ataques. Ao receber o artigo-resposta que enviei, a direção do jornal fez chegar a mim um inquérito policialesco, cobrando provas de cada afirmação – e até de inferências lógicas – que eu fazia. Fiquei puto, claro. Eles jamais fariam aquilo com, digamos, Fernando Henrique Cardoso, nem com qualquer figureta identitarista. Respondi dizendo que não se preocupassem, que eu publicaria o texto nas redes sociais, como o fiz. Foi então a desculpa que eles arranjaram para tentar se livrar do estigma da censura. Passaram a dizer que meu artigo fora apenas "embargado" e que não o publicaram porque ele já não era inédito... Tremenda cara de pau. E então Demétrio Magnoli se manifestou publicamente sobre os fatos, no artigo "A Opinião Embargada"[111], que transcrevo a seguir:

> Investigando o "declínio" da língua inglesa, George Orwell escreveu: "ela torna-se feia e imprecisa porque nossos pensamentos são tolos, mas o desmazelo de nossa linguagem facilita-nos desenvolver pensamentos estúpidos". O raciocínio aplica-se ao português e especificamente à *Folha*, que escolheu a palavra "embargo" para noticiar o advento da censura interna de opinião (13/5).
>
> A preferência pelo eufemismo é um traço clássico da linguagem estatal-burocrática. Num jornal de extensa tradição, é coisa incomum. Não contente com um eufemismo, a *Folha* dobrou a dose, batizando uma PIP (Polícia Identitária do Pensamento) como Comitê de Inclusão e Equidade[112], composto por 17 jornalistas anônimos (mas identificados por cor e gênero).
>
> Imprecisa, a notícia nada esclarece sobre a extensão da influência da PIP nas decisões de censura interna. Fica claro, porém, que as duas iniciativas procedem da mesma fonte: o clamor da IRUD (Igreja Racialista dos Últimos Dias) e do grupo auxiliar Jocevir (Jornalistas pela Censura Virtuosa)

---

111 Disponível em: https://www1.folha.uol.com.br/colunas/demetriomagnoli/2022/05/a--opiniao-embargada.shtml. (N. E.)

112 Disponível em: https://www1.folha.uol.com.br/blogs/novo-em-folha/2022/05/jornalistas-da-folha-criam-comite-de-inclusao-e-equidade-para-diversidade-no-jornal.shtml

pela supressão de artigos opinativos não alinhados com a teologia das políticas de raça.

A renúncia ao pluralismo de opiniões, uma violação direta do Projeto Folha, decorre da "reação à publicação[113] de um texto de Antonio Risério, em que o antropólogo acusa negros de racismo contra brancos". O texto não foi selecionado aleatoriamente: proibi-lo cumpre uma função política específica.

Yusra Khogali, fundadora do BLM (Black Lives Matter[114]) em Toronto, escreveu que "pessoas brancas são um defeito genético da negritude" e que "a pele branca é sub-humana". Ainda: "Brancos precisam do supremacismo branco como mecanismo para proteger sua sobrevivência como povo. Negros, simplesmente por meio de seus genes dominantes, podem literalmente aniquilar a raça branca".

Khogali também implorou a Alá para ajudá-la a "não matar essa gente branca hoje" e, mais tarde, classificou o primeiro-ministro Justin Trudeau como "supremacista branco". A supremacista negra continuou na liderança do BLM/Canadá e suas ideias racistas inspiram uma ala minoritária do BLM nos EUA, o que corrói o apoio social a um movimento tão importante na denúncia da violência policial contra negros.

Risério apontava tendências ideológicas relevantes, não detalhes marginais. Seu artigo deveria ser lido pelo movimento negro como um alerta: o antirracismo, para prevalecer, precisa pertencer a indivíduos de todas as cores de pele. A lição, ensinada por Martin Luther King e Wyatt Tee Walker, parece esquecida por uma geração de ativistas que trocam o princípio da igualdade pela reivindicação da diferença.

---

113 Disponível em: https://www1.folha.uol.com.br/ilustrissima/2022/01/racismo-de-negros-contra-brancos-ganha-forca-com-identitarismo.shtml

114 Disponível em: https://www1.folha.uol.com.br/mundo/2022/05/protestos-sociais-catalisam-imprensa-antirracismo-nos-eua.shtml

Nas páginas da *Folha*, Risério foi submetido a enxurradas de ofensas e, antes de poder replicar, "embargado". Não por acaso, no auge da expedição difamatória, um grão-sacerdote da IRUD cravou-lhe (livre de "embargo", claro) o mesmo insulto lançado por Khogali a Trudeau. Finalidade do cancelamento: proibir a crítica da institucionalização da raça, pedra de toque da ideologia racialista.

A linguagem da diferença biológica, no estilo de Khogali, não é a regra. Contudo, sua matriz ideológica tornou-se parte do discurso identitário corriqueiro: a invocação do "povo negro", um fruto da noção de que brancos e negros formam "povos" separados.

O antirracismo baseia-se no conceito de que todos são cidadãos detentores de direitos iguais – e, portanto, a discriminação racial deve ser criminalizada e reprimida. Já o identitarismo racial baseia-se na ideia de que, em lugar de uma nação única assentada no contrato constitucional, o que existe são "povos", definidos racialmente, em conflito latente sob um mesmo poder estatal.

A censura interna cumpre a função de criar um santuário imune à crítica para a ideia de que o Brasil é uma confederação de "povos-raça". De fato, fica vetado falar sobre o que nos une.

Para fechar este capítulo, digo apenas que passei meses ouvindo promessas de agressão física e ameaças de morte, feitas em nome da democracia, claro. E que o mais saliente, em todo esse quiproquó, foi a má-fé. Tremenda má-fé. Ou melhor: mistura de má-fé e mentira intencionais. Porque o que escrevi foi um artigo clara e essencialmente antirracista, como se pode facilmente ver em frases e afirmações do texto em questão, como as seguintes:

Todo mundo sabe que existe racismo branco antipreto. Quanto ao racismo preto antibranco, quase ninguém quer saber. Mas, quem quer que observe a cena racial do mundo, vê que o racismo negro é um fato. A universidade e a mídia norte-americanas insistem no discurso da inexistência de qualquer tipo de "black racism". Casos desse racismo se sucedem, mas a ordem unida ideológica manda fingir que nada aconteceu. O dogma reza que, como pretos são oprimidos, não dispõem de poder econômico ou político para institucionalizar sua hostilidade antibranca. É uma tolice. Ninguém precisa ter poder para ser racista. E pretos já contam, sim, com instrumentos de poder para institucionalizar o seu racismo. [...]. Sob a capa do discurso antirracista, o racismo negro se manifesta através de organizações poderosas. Como a Nação do Islã, organização supremacista negra, antissemita e homofóbica. Discípula, de resto, de Marcus Garvey, admirador de Hitler (seu antissemitismo chegou a levá-lo a procurar uma parceria desconcertante com a Ku Klux Klan) e de Mussolini, que virou guru de Bob Marley e do reggae jamaicano, fiéis do culto ao ditador Hailé Selassié, o Rás Tafari, suposto herdeiro do Rei Salomão e da Rainha de Sabá. [...]. Não devemos fazer vista grossa ao racismo negro, ao tempo em que esquadrinhamos o racismo branco com microscópios implacáveis. O mesmo microscópio deve enquadrar todo e qualquer racismo, venha de onde vier.

[CAPÍTULO 3]

A dupla falsificação

A esquerda tem uma já relativamente longa tradição de negação da nação, à qual se filiam, com seu diferencial particularizante, as seitas identitaristas. Mas, mesmo no âmbito do marxismo tradicional, que vem de Marx a pelo menos a esquerda negroafricana das revoluções anticolonialistas, a leitura do significado da nação é contraditória. Na teoria marxista clássica, a nação é vista como construto opressivo, superferramenta para anestesiar e manter sob controle as classes proletárias exploradas no sistema capitalista, obstáculo maior à realização da fraternidade comunista universal. Na prática esquerdista do século XX, no entanto, a conversa é outra. Grande parte das vitórias objetivas da esquerda, nessa centúria, deu-se em decorrência de lutas de libertação nacional. E essa realidade obrigou pelo menos parte da esquerda a repensar "a questão nacional", como os próprios marxistas gostam de dizer. Na verdade, quando Stálin passou a defender a doutrina do "socialismo num só país", o nacionalismo entrou pesado no campo marxista. Com vários desdobramentos. Entre muitas outras coisas, Fidel Castro colocou um ponto final nos sonhos internacionalistas de Che Guevara. O Vietnã, sob o comando de Ho Chi Minh e do general Giap, derrotou os Estados Unidos. E as lutas de libertação nacional proliferaram na África Negra. No fim das contas, mesmo intelectuais marxistas revisaram suas teses sobre a questão nacional, deixando de parte a antinomia entre destino nacional e internacionalismo proletário. Régis Debray chegou a dizer que o futuro da esquerda dependeria da sua capacidade de reinventar uma política nacional para o século XXI.

Nesse contexto esquerdista – tanto na conjuntura clássica de recusa quanto na conjuntura mais recente de repensamento positivo da nação –, o identitarismo tem a sua particularidade. E não devemos perdê-la de vista. Em primeiro lugar, sublinhando que, para o multicultural-identitarismo, uma nação já não é uma "totalidade contraditória" formada por classes sociais distintas, como na teoria marxista. Em segundo, que, embora o marxismo considere que cada classe tem a sua cultura, jamais tratou classe como nação. Para o identitarismo, ao contrário, antes que composta de classes, uma nação é feita de várias "nações". À maneira do marxismo clássico, a nação é encarada como um construto opressor, mas que, antes de oprimir "classes", agrupa de forma coerciva as diversas "nações" que vivem dominadas em seu interior. Claro: o identitarismo não lida com classes sociais, mas com grupos "oprimidos", definidos em termos de raça, sexo, orientação sexual, língua, cultura. E esses grupos oprimidos costumam ser vistos, de sua perspectiva fragmentadora, como "nações" subalternas e até semiclandestinas, não reconhecidas pela nação dominante. Ou, no dizer de um conhecido antropólogo local, Eduardo Viveiros de Castro, em entrevista à imprensa lusitana à passagem do aniversário de 200 anos da independência do país, o Brasil é uma ficção, no sentido de que o que temos aqui não é uma nação, mas um elenco de pequenas "nações" coabitando compulsoriamente um mesmo espaço geográfico, unificado sob "o tacão" do Estado. E o objetivo último do multicultural-identitarismo é pulverizar essa nação. Desintegrá-la. Destruí-la enquanto tal. Daí a gíria atual que encontramos aqui e ali: o Brasil não é uma nação, mas um "pluripaís". Dito de modo claro e direto: é preciso detonar o Brasil.

Como vimos no capítulo anterior, inclusive através de uma montagem de afirmações do canadense Bock-Côté, a legitimação do ponto de vista antinacional do multicultural-identitarismo constrói-se por meio de uma reconstrução ideológica do passado do país. Mas uma reconstrução bem idiossincrática – onde a história confirma a ideologia, reportam-se os fatos; onde a história a desmente, descartam-se os fatos. Trata-se então de um método bem próprio de reconstruir a realidade nacional: o método da falsificação. Constrói-se essa nova memória nacional, portanto, não como forma de ampliar e/ou aprofundar o conhecimento histórico, mas como instrumento de luta política e intimidação ideológica. Ou seja: o compromisso identitarista não é com a História, mas com uma suposta "justiça social", de que seus militantes seriam os representantes (autodeclarados, evidentemente, já que ninguém os escolheu para esse papel). Daí que seu instrumento básico de reconstrução do passado não esteja no documento histórico, mas nas exigências estratégicas ou táticas da luta atual. Precisa-se de uma mulher negra para posar de companheira de Zumbi dos Palmares? Fácil: inventa-se uma – e ela já vem prontinha da silva, trazendo seu orixá (mesmo que Palmares não seja nagô), lutando capoeira, fazendo discurso identitarista tipo "Globonews" etc. Ou seja: já vem com o curso completo de folclore "afro". Aqui, a história (como a arte e até a ciência) não vale por si mesma, nem tem significado próprio: é uma entidade a serviço da política e da ideologia. Então, a coisa pode ser resumida em poucas palavras: como a história não aconteceu como os identitaristas gostariam que tivesse acontecido, impõe-se a necessidade de falsificá-la. Daí que, como disse, seu recurso central, recurso sistemático, diante de fatos que negam a ideologia, seja a falsificação. Com isso, tudo fica resolvido. E os identitaristas provam que têm razão – especialmente num país que, como o nosso, é de uma ignorância quase absoluta com relação ao seu passado.

Podemos ver essa falsificação operando nos mais diversos ângulos, aspectos e dimensões das realidades nacionais brasileiras. Tudo é passível de falsificação. Até mesmo na dimensão da linguagem. Da fabricação de miragens ideológicas sobre a realidade linguística brasileira, por exemplo, como se aqui existissem não só algumas "nações", como suas respectivas línguas. Ora, encontramos no planeta diversos países multiculturais, assim como diversos países multilinguísticos. Basta pensar no estonteante elenco de dezenas de grupos étnicos e centenas de línguas faladas na Nigéria. Na variedade étnica e idiomática da China e da Indonésia. Mais modestamente, na Espanha e suas quatro línguas tradicionais – o castelhano (a terceira língua mais falada do mundo), o galego, o catalão e o basco. Mais modestamente ainda, nos bilinguismos canadense e paraguaio (cerca de 80% da população do país falam guarani). E até mesmo na diversidade dialetal alemã, onde temos a língua-padrão, mais de uma dezena de dialetos e um alemão de Berlim pode muito bem não entender um alemão da Baviera. São coisas que nada têm a ver com o Brasil. O português brasileiro é a língua falada em todo o país, das praias do Amapá aos campos do Rio Grande do Sul. Partilhamos os mesmos códigos de cultura – e o código central é a língua. Apesar de variações idiomáticas internas, de certas ondulações dialetais etc., o fato é que nenhum de nós tem dificuldade maior para entender nossos conterrâneos. Todo brasileiro realmente letrado (não me refiro aos semianalfabetos disfuncionais de hoje, jornalistas inclusive, que precisam de tradutor para ler Machado de Assis), urbanita paulistano ou praieiro baiano-carioca, viajou com desenvoltura e prazer na escrita de Guimarães Rosa, entre *tataranas* e *iauaretês*.

Uma lista de falsificações da história e da vida brasileiras é gerada, em especial, pela importação servil e aplicação mecânica, ao Brasil, de categorias e leituras "nativas" dos Estados Unidos, que ali nasceram em resposta a contextos e conjunturas específicos daquele país. Isso é imediatamente visível quando se quer impor, à nossa realidade policromática, a fantasia racista norte-americana do país bicolor. Fantasia que, definindo os Estados Unidos como nação formada por "duas raças", acrescenta, a este corte, que a cada uma dessas raças corresponderia uma cultura própria distinta. Como na transposição multicultural-identitarista, também o Brasil apareceria como país de duas "raças" e duas "culturas" – bobagem solenemente repetida por um prestidigitador camaleônico chamado Fernando Henrique Cardoso, quando lançou seu programa nacional de direitos humanos. O fato de que o Brasil não é bicolor ou birracial (assunto ao qual voltaremos em seguida) é coisa prontamente reconhecida pela vasta maioria da população brasileira, que é e se declara mestiça, como agora no Censo 2022. Quanto à ideia estapafúrdia de nação de "duas culturas", repito a afirmação: o Brasil não é país multicultural – é país sincrético. Entrelaçaram-se em profundidade todos os elementos, formas e práticas de cultura que aqui desembarcaram através dos séculos. E se o que chegou em terras brasileiras nunca foi coisa pura, mais impura ainda se fez, com o passar do tempo e dos processos de miscigenação e mistura.

Veja-se o caso da música popular brasileira. Se tomamos essa música em sua corrente mais praticada e celebrada, examinando-a de um ponto de vista técnico – e não ideológico –, chegamos logo a uma conclusão simples e direta. À exceção do que se toca nos terreiros de candomblé mais tradicionais do país, não existe música negra no Brasil. Claro: a partir do momento em que opera com o sistema tonal – uma criação exclusivamente europeia que a composição musical negroafricana jamais conheceu –, a pretensa música negra, como o samba, é na verdade música mestiça. Ouçamos o que nos diz o musicólogo Flávio Silva, em *Musicalidades Negras no Brasil*:

> A adoção do sistema total inventado na Europa, propagado no Brasil pelas músicas sacras e profanas trazidas pelos portugueses, obrigou à utilização de instrumentos que possibilitassem a prática de melodias e de harmonias

baseadas em escalas de sete sons temperados. Os variados ritmos negroafricanos foram substituídos pelo compasso binário e pelo ternário; no candomblé podem ser ainda encontradas melodias em escalas tetratônicas e pentatônicas. Ou seja: as músicas brasileiras – folclóricas, populares ou eruditas – decorrem, basicamente, do sistema clássico europeu, com alguma influência negra e, em menor escala, ameríndia, em variações que dependem da geografia e dos diferentes contingentes humanos originais. Não tem a menor sustentação a ideologia racista da predominância negra em nossa música. [...] as variedades de sambas que vieram da África Negra foram aqui profundamente modificadas para se enquadrar no sistema tonal e no esquema da canção em duas partes, cuja introdução, no chamado samba urbano, nada tem a ver com tradições afronegras. [...]. O samba urbano, depois transformado em esteio da nacionalidade, foi fabricado no Rio de Janeiro no final da década de 1920, e não só pelos que descendiam, parcial ou integralmente, de escravos.

O que aconteceu então no Brasil, musicalmente, foi um processo generalizado de tonalização do ouvido nacional.

Bem. Além da ação multicultural–identitarista como prática sistemática de estelionato histórico e cultural, temos a insistência de seus diversos grupos na afirmação unânime de que a vida dos "oprimidos" é pior a cada dia que passa. É como se conquistas e avanços inexistissem. Nunca de fato acontecessem. E a vida dessa gente, hoje, fosse o mesmo inferno de sempre, mesmo com o papa abençoando casamentos de pessoas do mesmo sexo. Como se a situação das mulheres brasileiras, nestas duas primeiras décadas do século XXI, não se mostrasse muito diferente do que ocorria nas duas primeiras décadas do século transato, embora naquela época elas nem tivessem direito a voto. Do mesmo modo, ouvindo certos discursos da militância negrista somos atirados num túnel do tempo, vendo à nossa volta o pelourinho, o feitor e as senzalas. Como se navios negreiros desembarcassem escravos diariamente em nossos litorais. E é claro que isso é uma jogada. Pessimismo programático que funciona em duas direções. Numa delas, como meio de sustentar reivindicações e forçar a viabilização de seu atendimento. Em outra, como instrumento de proselitismo e mobilização da militância. Num caso e no outro, e embora isso não resista ao menor escrutínio histórico ou sociológico, eis o que o identitarismo repete *ad nauseam*: vivemos no pior dos mundos – sempre. Quem quiser, que conte outra.

Mas vou me concentrar aqui no maior de todos os estelionatos. No maior de todos os negacionismos de esquerda. Que é a negação do que o historiador marxista Caio Prado Júnior, em sua *Formação do Brasil Contemporâneo*[115], definiu como a característica central do nosso país e da nossa gente: a mestiçagem. Hoje, para negar o Brasil, o multicultural-identitarismo submete a mestiçagem a uma dupla falsificação. De uma parte, falsificação da mestiçagem no passado histórico nacional. De outra, falsificação da mestiçagem na sociedade contemporânea em que estamos todos plantados. Com relação ao passado, tenta-se reduzir a mestiçagem a um tão colossal quanto irrealizável estupro em massa. Com relação ao presente, promove-se sistematicamente, e com o apoio de uma legislação racista, o sumiço do mestiço. É o que vamos ver nas próximas páginas.

* * *

O que Gilberto Freyre criou em *Casa-Grande & Senzala*[116], obra-prima do pensamento antirracista em nosso país, foi um mito senhorial: tudo gira em torno do eixo que dá título ao livro

---

115 JÚNIOR, Caio Prado. *Formação do Brasil contemporâneo*. Companhia das letras: São Paulo, 2011. (N. E.)

116 FREYRE, Gilberto. *Casa-Grande & Senzala*. Global editora: São Paulo, 2006. (N. E.)

e, dentro deste, em torno do eixo senhor branco/escrava negra. Enfim, Freyre compôs uma épica do esperma lusitano nos trópicos brasílicos, ao dizer que o povo brasileiro nasceu do desempenho sexual dos senhores lusos. Mas isso é facilmente desmentível – e na ponta do lápis. O número de senhores brancos era mínimo – mesmo que passassem o dia inteiro fazendo sexo e somente sexo, eles não teriam como comer a massa de índias e negras escravizadas à sua volta. O grosso da mestiçagem ocorreu no único espaço em que poderia ter ocorrido – em meio às camadas populares, entre índios, pretos e brancos pobres (que, como hoje, formavam a grande maioria da população branca do país). Hoje, ninguém mais leva a sério o mito freiriano original. Só a militância negrista. Sim. Por incrível que pareça, só os movimentos negros, atualmente, acham que tudo o que Freyre diz é verdade – e repetem suas fantasias senhoriais, só que com os sinais algébricos invertidos. Mas o fato é que o próprio Freyre acabou por se afastar de sua tese redutora original. Em *Novo Mundo nos Trópicos*[117], a ênfase desloca-se do eixo casa-grande/senzala para a vida popular. E Freyre fala que, desde antes da Lei Áurea, "a miscigenação já existia, praticada livremente entre o povo em geral". Já não se trata mais da aventura tropical viripotente do esperma lusitano, com o senhor branco emprenhando pretas no âmbito de seus casarões majestosos. Não: Freyre percebe agora que a mestiçagem se processa, maioritaria- mente, em meio ao "povo em geral".

Depois da guinada de Freyre em *Novo Mundo nos Trópicos*, entrou em cena o historiador Manolo Florentino, chamando a atenção para o caráter popular das misturas raciais entre nós. No rastro de Florentino, foi a nossa vez: o antropólogo Mércio Gomes e eu ampliamos/aprofundamos o quadro. Mércio, em seu livro *O Brasil Inevitável*, enquanto fui disparando artigos de jornal

---

117 FREYRE, Gilberto. *Novo mundo nos trópicos*. 3ª Ed., Global: São Paulo, 2011. (N. E.)

(no Estadão, por exemplo) e o ensaio "Mestiçagem Brasileira Foi Processo Popular", enfeixado no livro *Em Busca da Nação*. Francisco Bosco, em *O Diálogo Possível*[118], anotou:

> A despeito do tom geral afirmativo de seu livro, Freyre mostrou como a miscigenação entre senhores de engenho e escravas africanas se deu dentro de uma relação de dominação, sob um cardápio de requintada crueldade. Mas é fundamental abrir a lente e observar que o processo de miscigenação no Brasil ocorreu também de forma espontânea. E, parece plausível afirmar por informações e deduções demográficas, isso teria ocorrido de modo quantitativamente muito superior. É a tese defendida tanto por Antonio Risério quanto por Mércio Gomes. [...]. A hipótese de Mércio, embora mais dedutiva do que propriamente comprobatória, dada a inexistência, em seu livro, de documentação quanto ao perfil demográfico, soa convincente. [...]. A lacuna dos dados demográficos é preenchida por Antonio Risério, em seu *Em Busca da Nação*. Com o objetivo de demonstrar que a miscigenação, no Brasil, foi um processo popular e espontâneo, mais do que oficial e violento, Risério apresenta informações demográficas desde o século XVI.

Está certo. Nossas teses, descendendo de Florentino (que Bosco parece não conhecer), coincidem no fundamental. Onde a minha destoa é que apresento números, coisa que Bosco logo viu, e, além disso, dou realce inédito ao mundo urbano. Como se verá nos próximos parágrafos.

Mas a fantasia mórbida da mestiçagem como estupro pode ser desmentida desde antes do encontro de pretos e brancos por aqui. Nossa primeira onda miscigenadora não contou com negros. Foi exclusivamente euro-ameríndia, gerando caboclos, mamelucos.

---

118 BOSCO, Francisco. *O diálogo possível*. Todavia: São Paulo, 2022. (N. E.)

E sem qualquer interferência estatal. Naquelas primeiras décadas da nossa história, com a coroa lusitana totalmente concentrada nas coisas da Ásia, o que tivemos foi uma colonização informal, individual, extraestatal, através de náufragos e outros desgarrados. É o "período caramuru" da vida brasileira. Período do escambo e da integração de europeus no mundo indígena, quando os brancos eram muito poucos, isolados e se achavam em estado de completa dependência, sem condição de impor qualquer coisa aos ameríndios. As coisas só mudam quando a economia do escambo é substituída pela cultura dos canaviais. Não quero dizer com isso que relações amorosas e sexuais entre brancos e índias – como a que aconteceu entre o Caramuru e a Paraguaçu – tenham se tornado de repente impossíveis e o estupro se impôs de uma ponta a outra. Longe disso. O casamento de Garcia d'Ávila com a índia Francisca me desmentiria. Mas as realidades da guerra e da escravização se impuseram. Nos termos de Lewis Ranke, foi quando o índio passou a ser tratado não mais como o nobre selvagem, como o vimos na cálida aquarela de Caminha, mas como *dirty dog*. Mas toda vez que algum fanático pretende absolutizar o estupro, é obrigado a fechar os olhos para três realidades que desmantelam a tese: o lugar da mulher na sociedade indígena, o caminho cultural do concubinato interétnico e, principalmente, a vasta prática da mestiçagem entre iguais.

Vejamos. No primeiro caso, as fêmeas eram servas dos machos tupis. Os homens se ocupavam da guerra – as mulheres, do trabalho. Guerrear era a atividade central do contingente masculino da população. Às mulheres, cabia a sustentação do grupo em termos produtivos, da feitura de vasilhas ao fabrico do beiju, providenciando o pão de cada dia da aldeia. Davam duro como domésticas, lavradoras, fiandeiras, ceramistas. E eram, elas mesmas, encaradas como bens materiais. Como artigos ou mercadorias que integravam o circuito das trocas comerciais ameríndias. Quanto ao segundo caso, ouçamos o historiador e antropólogo pernambucano João Azevedo Fernandes, em seu livro *De Cunhã a Mameluca*[119]:

> [...] as possibilidades de que ocorressem relações sexuais e matrimoniais [entre europeus e ameríndias] eram determinadas, em última instância, pelo próprio sistema cultural indígena... é impossível ver a miscigenação unicamente como um ato de força do colonizador, na medida em que esta só teve lugar junto àqueles povos indígenas que possuíam, em sua organização social, mecanismos de integração dos estrangeiros através do casamento [os *mbaya-guaykurus* não os possuíam – e se isolavam sexual e matrimonialmente]. No caso dos tupinambás, o instituto do serviço da noiva cumpriu este papel com grande eficiência, podendo mesmo se dizer que o primeiro ato colonizador por excelência dos europeus foi o reconhecimento de que era através do casamento que os tupinambás estabeleciam hierarquias e relações de dependência, e é a partir deste reconhecimento que os europeus iniciam relações estáveis, de afinidade e aliança, com os nativos.

No terceiro caso, o da mestiçagem entre iguais, o estupro não faz sentido. E aqui se deu a maior parte da mistura genética com grupos ameríndios. Mestiçagem de índios e brancos pobres, de par com a mestiçagem de índios e negros, resultando na imensa presença de cafuzos na população brasileira, de que são exemplos modernos, entre milhões e milhões de outros, o jogador Garrincha (descendente dos índios fulniôs) e o músico Djavan.

Cabe ainda ressaltar o seguinte. Costuma-se, principalmente hoje, saltar a fase fundamental da mestiçagem luso-ameríndia em nossos trópicos porque isso contraria a fantasia ideológica do Brasil Bicolor, que embasa a dogmática dos movimentos

---

119 FERNANDES, João Azevedo. *De cunhã a mameluca*. Editora UFPB: João Pessoa, 2003. (N. E.)

negristas. Mas o fato é que nossos primeiros mestiços foram pardos, sem gota de sangue africano. Eles têm a prerrogativa da ancianidade mestiça no Brasil e distribuíram-se ao longo de todo o espectro social. Quase ninguém sublinha sociologicamente este último aspecto. No Brasil dos séculos XVI e XVII, a fatia maior dos mamelucos engrossaria numericamente o segmento social das pessoas mais pobres do país. Outra fatia, ao contrário, teria assento nas salas iluminadas da classe dirigente/dominante que se organizava nos trópicos. Tome-se o caso da Bahia seiscentista. Boa parte de seus senhores rurais e comerciantes urbanos ricos era mestiça. Descendia diretamente de índios que andavam nus, cultuavam entidades mágicas nada cristãs e praticavam a poligamia e a antropofagia. Famílias poderosas da região eram, na verdade, agrupamentos mamelucos. Lembre-se de que a índia tupinambá Catarina Paraguaçu chegou a ver, em vida, descendentes seus fazendo parte das "melhores famílias" do lugar e ocupando postos públicos de relevo. Fidalgos recebiam suas filhas em casamento. Três dos seus filhos foram armados cavaleiros por Thomé de Sousa. E um neto do casal Caramuru-Paraguaçu, chamado Diogo Dias, casou-se com Isabel d'Ávila, "mestiça dos campos de Itapoã", filha de Garcia d'Ávila e de uma índia tupinambá batizada com o nome de Francisca, levando assim ainda mais sangue indígena para a poderosíssima Casa da Torre de Tatuapara, senhora de um megalatifúndio que, com o tempo, iria da atual Praia do Forte (litoral norte de Salvador) ao Piauí, terras que, em suas extensões, abrigariam com folga alguns ou muitos portugais.

Além disso, como vimos, é importante sublinhar que, com a chegada dos africanos, a mestiçagem não se deslocou para o círculo circunscrito das trocas genéticas entre negros e lusos. De modo algum. Permaneceu mestiçagem geral e generalizada. Mestiçagem entre índios e as camadas populares de brancos e mestiçagem afro-
-ameríndia. Isto é o que é de fato fundamental: aqueles processos de mesclas biológicas e culturais se enramaram e floresceram nas

esferas menos formais e nos terrenos menos institucionalizados da vida social. Menos em gabinetes e alcovas senhoriais do que *en plein air*, ao ar livre, nas clareiras, em caminhos públicos, nos mercados, nos arraiais que se formavam. Trocas, apropriações, assimilações, amálgamas, incorporações – em suma, misturas em todos os sentidos e em todas as direções; de cima para baixo, de baixo para cima, mas, principalmente, entre pessoas que se encontravam no mesmo estamento social ou em situações socialmente próximas, fosse no segmento intermediário da sociedade, fosse em seus amplos círculos proletários e subproletários.

E, quando digo que a mestiçagem brasileira foi processo popular, devo dizer que, ainda aqui, reproduzimos o que já acontecia, há tempos, em Lisboa. Em "Territórios Mestiços e Urbe Escravista Colonial Ibero-Americana", o historiador mineiro Eduardo França Paiva refere-se a um segmento negro do espaço físico da Lisboa quinhentista, chamado o Mocambo, "maior quarteirão negroafricano da Europa", e comenta:

> Antes disso, porém, Lisboa já contava com uma população negra e mestiça bastante significativa. Muitos africanos e seus descendentes moravam na cidade durante o século XV e em torno de 1500 eles já representavam entre 15 e 20% da população. Essas duas cidades [Sevilha, na Espanha; Lisboa, em Portugal] vivenciaram, portanto, antes de 1492 [ano em que Colombo chegou ao Novo Mundo], experiências que se repetiriam e/ou que dariam suporte às ocorridas na urbe mestiça colonial americana, tanto no que se refere às relações sociais e às práticas culturais quanto às mesclas biológico-culturais, às distinções, às formas de sociabilidade e às fórmulas de ocupação espacial.

E aquela população negra da capital portuguesa fazia parte da massa do povo, da arraia-miúda, fazendo a festa pela cidade, participando ativamente da vida popular lisboeta. A mestiçagem rolava nesse meio. Em *Os Negros em Portugal*[120], José Ramos Tinhorão fala que as relações entre brancos e pretos na cidade de Lisboa, naquela época, foram "muito mais ricas e diversificadas do que se tem imaginado". Com o tempo, a mestiçagem se acentuaria.

Foi também o que ocorreu no Brasil. Mestiçagem como processo popular e, além disso, não necessariamente preso à vida rural. Para começo de conversa, aliás, o Brasil nasceu urbano. Na Europa, como se sabe, o campo gerou a cidade. No Brasil, ao contrário, foi a cidade que criou o campo. Na Bahia, foi dos focos urbanos que se irradiaram os canaviais e as plantações fumageiras do Recôncavo. No Rio, a expansão rural é posterior à expulsão dos franceses e à criação da cidade de São Sebastião. Em Pernambuco, engenhos sucedem-se depois das fundações de Igaraçu e Olinda. E assim por diante e por todo o país. Em todo caso, quando falamos do nosso século XVI, temos de relativizar o sentido do urbano. Ao dizer que é preciso não absolutizar o campo, o eixo casa-grande/senzala, voltando os olhos para a "cidade", é óbvio que não estamos pensando de fato em *cidades*. Mas na vida extracampo em pequenos e até singelos ajuntamentos humanos. Nos primeiros focos e embriões de vida extracampestre que foram aflorando em nosso território. Como as póvoas do extremo sul da Bahia e das terras de Piratininga, por exemplo. Como as comunidades pesqueiras aflorando nos litorais. Ou seja: empregamos o vocábulo "cidade" em acepção larga, em sentido elástico. No século XVII, sim, já teríamos cidades: Salvador, Recife, São Cristóvão... Embora só no século XVIII o Brasil vá ganhar, de fato, uma primeira configuração urbana realmente ampla e digna de nota, com a esparsa malha litoral se expandindo para o interior da colônia, em consequência de dois movimentos formidáveis: aquele deflagrado pela descoberta do ouro nas Minas Gerais e o resultante do avanço amazônico. De qualquer modo, a dinâmica e o dinamismo dos ambientes citadinos

---

120 TINHORÃO, José Ramos. *Os negros em Portugal*. Editorial Caminho: Lisboa, 2019. (N. E.)

incrementaram as justaposições e mesclas; intensificaram as trocas genéticas; aprofundaram os sincretismos.

Vem daí a importância do lugar do mercado no Brasil Colônia, tanto como propiciador de misturas quanto como de gerador de toda uma linguagem das mestiçagens. Está justamente aí a originalidade da abordagem do assunto por Eduardo França Paiva, em *Dar Nome ao Novo*[121]. Paiva expõe uma visão mais antropológica e sociolinguística do que funcional ou econômica do mercado, nas vidas da América Portuguesa e da América Espanhola:

> [...] é importante definir o mercado como uma relação de trocas que transcendeu as simples transações mercantis e monetárias. Por isso, o associo às dinâmicas de mestiçagens e ao conjunto lexical que nomeou detalhadamente os produtos de toda natureza daí surgidos. Este universo se torna ainda mais complexo e instigante quando vinculado ao mundo do trabalho, mormente aos tipos compulsórios. [...]. Mas o que diferenciava o "mercado" aqui enfocado do outro, mais restrito às ações mercantis e monetárias? Muito mais complexo, o "mercado" que ora abordo era também espaço sem fronteiras físicas, constituído pelo trânsito e pela mobilidade – física, cultural, técnica e política. Era lócus de trocas, negociações de toda ordem, de superposições e contatos entre diferentes, de aprendizados e sociabilidades, e crisol de misturas; desse complexo emergiu parte substantiva do léxico relativo às mesclas biológicas e culturais associadas ao trabalho [...]. Nesse sentido, pensados de maneira expandida, os mercados não apenas eram parte essencial das sociedades ibero-americanas, mas se confundiam com elas, com a vida e com o trabalho de suas populações. Além disso, foram instrumentos fundamentais de conexão entre o *locus* e o *orbis*, isto é, entre os espaços locais americanos – muitos dos quais nos

---

121 PAIVA, Eduado França. *Dar nome ao novo: uma história lexical da Ibero-América entre os séculos XVI e XVIII*. Autêntica: São Paulo, 2023. (N. E.)

chamados sertões ou nas áreas interiores – e as outras partes do mundo. O funcionamento desses mercados fez circular, em larga escala, objetos os mais variados, conhecimentos, técnicas, práticas, crenças, representações e discursos, que foram também apropriados e ressignificados, assim como fomentou a constituição de novas formas de viver e de pensar. Por eles transitaram gentes e culturas e, mais especificamente, vocábulos, línguas e formas de comunicação, pois não se tratava apenas de um mundo novo que se ia desbravando, mas de populações numerosas que não falavam o mesmo idioma. Em meio a tão frenética movimentação, era preciso nomear coisas, lugares, tipos, gentes e o mundo que se organizava em torno de tantas diferenças e tantos diferentes. Além disso, era necessário que os nomes fossem apreendidos e compreendidos pelo maior número possível de pessoas e, a partir daí, que a comunicação cotidiana entre europeus, índios, africanos e seus descendentes pudesse se realizar mais amplamente.

É o mercado em seu significado linguístico-antropológico. Mercado investido de uma função quase adâmica de nomear aquele mundo – e como lócus da configuração social de um léxico compartilhado das mestiçagens brasileiras. Mas ainda tenho de dizer que, sempre que me refiro ao fato de a mestiçagem no Brasil ter sido processo essencial e eminentemente popular, coisa radicalmente diversa da tese rasteira e falsa do "estupro", percebo que duas coisas parecem impedir as pessoas de assimilarem de imediato a informação. Uma delas é a desconfiança de que, em nossos séculos de escravismo colonial, tenham existido por aqui "brancos pobres". A segunda vem do estereótipo de que o que tivemos foi uma sociedade drasticamente dicotômica, drastica-mente dividida entre senhores brancos e escravaria negra. Mas a verdade é que "brancos pobres" existiram aos montes por aqui. E, ao contrário do que reza o estereótipo, a sociedade que aqui se configurou nunca foi dicotômica. Precisamos desfazer esses equívocos de uma vez por todas.

Quando falo de mestiçagem popular, o que tenho em mira, obviamente, são as marés miscigenadoras que se produziram entre as massas socialmente menos favorecidas em nosso mundo colonial. Camadas de brancos pobres, pretos cativos ou libertos, índios livres, servis ou semisservis. O problema é que se gravou fundo, no imaginário nacional, uma espécie de trio básico da escravidão: senhor branco, feitor mulato, escravaria preta. No entanto, os brancos pobres sempre foram (como ainda hoje o são) a grande maioria dos habitantes brancos do país (quem quiser de fato conhecer o assunto, veja o livro *Arraia Miúda*[122], de Iraci del Nero da Costa, que é um estudo-mapeamento rigoroso sobre "os não proprietários de escravos" entre nós). E, ao lado de brancos sem escravos, tivemos pretos com escravos. Pardos e pretos convertidos em senhores de escravos e brancos não proprietários de escravos se localizaram igualmente numa camada média ou intermediária da sociedade colonial brasileira. A fantasia de que, nos tempos do escravismo colonial, todo branco fosse senhor e todo escravo fosse negro se dissolve ao primeiro contato com os fatos. E isso desde a escala da armada cabralina no extremo sul da Bahia, que aqui deixou quatro ou cinco marujos pobres, os primeiros portugueses a residirem na Índia Brasílica, para lembrar a expressão com que o jesuíta Anchieta se referia às terras atualmente brasileiras. E foi aí, entre pobres marujos lusos e índias da região de Porto Seguro, que teve início a mestiçagem que resultaria, adiante, na formação da gente brasileira.

O fluxo migratório de brancos pobres para cá foi estabelecido pela própria coroa lusitana. O velho reino enviou muitos mendigos, vadios e larápios para o continente africano, a Índia e os trópicos

---

122 COSTA, Iraci Del Nero da. *Arraia-miuda: um estudo sobre os não-proprietários de escravos no Brasil*. 1990. Tese (Livre Docência) – Universidade de São Paulo: São Paulo, 1990. (N. E.)

brasílicos. Em 1536, João III, o rei que decidiu construir a Cidade do Salvador, determinou, por alvará, que a juventude vadia encontrada a perambular por Lisboa, "na Ribeira a furtar bolsas e a fazer outros delitos", fosse despachada para o Brasil. Coisa que, por sinal, nunca chegou a se constituir como peculiaridade portuguesa. A Europa mercantilista enviava degredados para suas terras nas Américas, a exemplo da Inglaterra desterrando vadios, ladrões e ciganos para suas possessões no Novo Mundo. Mas é claro que nem todo mundo veio para cá de modo compulsório. Quando decidiu se retirar de Viana do Castelo, para naufragar do outro lado do Atlântico na praia tupinambá, o jovem Diogo Caramuru deixava para trás um Portugal que não oferecia maiores perspectivas de vida – e engajou-se naquela que era a única realidade dinâmica da vida portuguesa de então: o mar e os sonhos que o mesmo mar excitava. Em seguida, brancos pobres fizeram a travessia atlântica para povoar capitanias hereditárias. Como os colonos, pescadores e pequenos agricultores que vieram de Viana do Castelo para a Capitania de Porto Seguro. Duarte Coelho levou para Pernambuco lavradores pobres do norte de Portugal. Freyre, aliás, insiste nessa presença "do português de classe humilde" no processo colonizador: "[...] grande foi o número de portugueses do povo que afluiu a Pernambuco". Para dar mais um exemplo, na frota que trouxe Thomé de Sousa, vieram 600 soldados e 400 degredados: todos brancos – nenhum rico. Em 1580, a Bahia sob domínio lusitano contava já com 15 mil moradores. Destes, apenas 36 eram senhores de engenho. Por essa presença demograficamente inexpressiva de brancos ricos, na própria capital da América Portuguesa, ao descrever o povo que a habitava às últimas luzes do século XVI, em sua *História da Fundação da Cidade do Salvador*[123], o mulato Theodoro Sampaio pôde escrever:

---

123 SAMPAIO, Theodoro. *Historia da fundação da cidade do Salvador*. Tipografia Beneditina: Bahia, 1949. (N. E.)

[...] população policroma, interessante no viver, no vestir, nos hábitos e costumes, gente onde havia brancos, índios e negros, cristãos novos, judeus, ciganos ou mouros, soldados do presídio, degredados, indivíduos com os estigmas do crime, desorelhados uns, mutilados nos dedos outros, escravos seminus ferrados no rosto, falando uma meia língua, misto do português com o africano ou com o tupi.

Para o século seguinte, são muitos os documentos que ressaltam a penúria em quase todos os cantos, o sofrimento e mesmo a fome. Em *Vida e Morte do Bandeirante*[124], Alcântara Machado observa: "[...] se distanciam da realidade os que se fiam cegamente nas palavras do linhagistas. Dos quatrocentos inventários seiscentistas, há apenas vinte que delatam alguma abastança. Cinco por cento. A imensa maioria das avaliações denuncia a carência de cabedais apreciáveis" – e foi nesse meio que se deu a mestiçagem euro-ameríndia. Na verdade, em todo o Brasil daquela época, foram raríssimos os brancos que conheceram a riqueza. Tome-se o caso do Rio de Janeiro, do século XVI ao XVIII: [...] os habitantes, todos muitos pobres [...]", registra o navegador espanhol Sarmiento de Gamboa, desde o século XVI. Em 1765, é a vez do registro do viajante James Forbes: "São Sebastião, a capital do Rio de Janeiro, é uma cidade grande, com numerosas igrejas, conventos e monastérios. Os hábitos e os costumes dos habitantes não são nem agradáveis nem interessantes. O orgulho, a pobreza, a indolência e a superstição são as principais características desses portugueses degenerados". E a mestiçagem avançava sem cessar nesse ambiente. No relato anônimo de um tripulante do navio francês *L'Arc-em-Ciel*, de 1748, lê-se:

Nessa cidade, a cada dia que passa, o sangue se mistura mais e mais, pois o clima e a ociosidade tornam o povo fortemente inclinado à libertinagem". Já com relação à Bahia

---

124 MACHADO, Alcântara. *Vida e morte do bandeirante*. Imprensa oficial: São Paulo, 2006. (N. E.)

deste mesmo século XVIII, o professor de grego Luiz Vilhena definiu o grosso da população branca e mestiça local como "uma congregação de pobres.

Na mesma época, veja-se o que nos diz Augusto Lima Jr., em *A Capitania das Minas Gerais*[125]:

> A nobreza do ofício e a do dinheiro eram evidentemente uma minoria que se concentrava nas vilas ou em suas imediações, nas grandes propriedades rurais, enquanto a massa escrava e os libertos, brancos, pardos ou pretos, todos pés-rapados, constituíam uma imensa multidão de oprimidos.

Diversos estudiosos das coisas mineiras negritam essa realidade. Em *Desclassificados do Ouro*[126], Laura de Mello e Souza abre o foco: "Alusões à pobreza, à ruína, ao abandono a que ficavam relegadas as populações mineradoras representam a tônica dominante dos documentos do século XVIII mineiro". E sobre a pobreza pós-ouro, falam Iraci del Nero da Costa e Francisco Vidal Luna em *Minas Colonial: Economia e Sociedade*[127]:

> Superada a "febre" do ouro, a economia estagnara-se e ocorria franca recessão populacional. Nos arredores de Vila Rica descortinavam-se campos desertos, sem lavouras ou rebanhos. Dos morros, esgaravatados até à rocha, havia-se eliminado a vida vegetal; neles restavam montes de cascalhos e casas, a maioria destas em ruínas. A pobreza dos habitantes remanescentes, a existência de ruas inteiras quase abandonadas, provocavam imediata admiração nos visitantes da urbe.

---

125 JÚNIOR, Augusto Lima. *A capitania das Minas Gerais*. Itatiaia: Santa Luzia, 1978. (N. E.)
126 SOUZA, Laura de Mello. *Desclassificados do ouro*. Ouro Sobre Azul: Rio de Janeiro, 2017. (N. E.)
127 COSTA, Iraci del Nero; LUNA, Francisco Vidal. *Minas Colonial: Economia e Sociedade*. Estudos Econômicos FIPE/PIONEIRA: São Paulo, 1982. (N. E.)

Vila Rica não desabou de vez porque o comércio e as atividades artesanais sustentavam a cidade. Ou seja, em termos panorâmicos: o luxo e a ostentação existiram, sim – mas como coisa de poucos, muito poucos. De fato, o que se viu ali, nas Minas Gerais do século XVIII, foi uma sociedade na qual a maioria dos brancos e brancomestiços dividia entre si não o ouro, mas a pobreza. Era num mundo de pobreza e mesmo de miséria – e não de opulência ou de riqueza democraticamente distribuída – que o mineiro se movia. Na fórmula aliterativa de Laura de Mello e Souza, o fausto era falso.

Com relação a São Paulo, devemos levar em conta o censo realizado entre 1765 e 1767, por determinação do governador Morgado de Mateus, onde ressalta a repartição econômica da população branca. Censo que foi exposto com alguma minúcia por Vidal Luna e Herbert S. Klein, em *Evolução da Sociedade e Economia Escravista de São Paulo, de 1750 a 1850*[128], cuja parte que nos chama atenção maior é a que segue:

> Mais da metade das famílias registradas nesse censo econômico declarou que não "possuía nada". Essas pessoas compunham o segmento da população que trabalhava na agricultura de subsistência e/ou eram jornaleiros. Muitas delas sem bens a declarar apresentavam acentuada mobilidade [geográfica], deslocando-se constantemente em busca de novas áreas inexploradas, onde praticavam agricultura de queimada; mas, devido ao esgotamento do solo, elas abandonavam as áreas ocupadas após alguns anos de uso. [...]. A distribuição da riqueza e da pobreza na capitania reflete-se na relativa importância numérica dessas famílias sem posses em comparação com as que podiam declarar renda. Elas constituíam mais de 60% da população livre em

---

128 LUNA, Francisco Vidal; KLEIN, Herbert S. *Evolução da sociedade e economia escravista de São Paulo, de 1750 a 1850*. Edusp: São Paulo, 2006. (N. E.)

Pindamonhangaba, Jacareí, Taubaté e Guaratinguetá, todas localidades da região do Vale do Paraíba. Em São Paulo, Santos e Itu, consideradas as localidades mais ricas, essas famílias representavam metade da população.

E assim temos mais uma porrada demolidora no estereótipo do branco brasileiro como branco rico cercado de legião de escravos pretos.

Àquela altura, a mestiçagem paulista ainda não abrira inteiramente o leque – ao contrário da Bahia, de Pernambuco ou de Minas. Falando dos segmentos menos favorecidos da população das Minas Gerais, Laura de Mello e Souza observa: "Brancos, pretos, mestiços, homens livres ou escravos fugidos, esses indivíduos aproximavam-se uns dos outros mais do que se tem dito... em muitos casos, apresentaram certa coesão que, mesmo espontânea, deve ser levada em conta". Para arrematar: "[...] uma sociedade em que as camadas inferiores apresentavam intenso convívio e interpenetração". Havia ali o encontro sexual de escravo com escrava, de negro ou mulato com negra ou mulata – mas, também, cruzamentos genéticos envolvendo brancos pobres, mulatos, cafuzos, pretos, cabras, caboclos, curibocas... Quanto ao primeiro caso, nem mesmo no cativeiro predominava a relação sexual entre o amo e sua propriedade. Em *Escravidão e Universo Cultural na Colônia*[129], o já citado Eduardo França Paiva escreve:

> Embora os intercursos sexuais entre senhores e escravas fossem algo corriqueiro, é errôneo imaginar que os "mulatinhos", "pardinhos", "crioulinhos" e "cabrinhas" fossem, em sua maioria, filhos dos próprios senhores ou de parentes deles. Mais da metade dos nascimentos no cativeiro derivavam da união de pais e mães escravos e, em muitos desses casos, houve incentivo dos senhores para

---

129 PAIVA, Eduardo França. *Escravidão e universo cultural na colônia*. Editora UFMG: Belo Horizonte, 2008. (N. E.)

que tal reprodução ocorresse. [...] O crescimento natural do conjunto mancípio[130] era vantajoso para os proprietários, dos mais ricos aos mais pobres.

Mas o principal aconteceu fora desse círculo. Fora do complexo casa-grande/engenho/capela, assim como fora dos sobrados senhoriais urbanos do Recife, de Salvador, de Ouro Preto. O principal aconteceu – e só poderia acontecer – em meio à multidão popular, nos mais variados cantos e recantos de nossas cidades. Examinando o censo de 1775, na Cidade da Bahia, o antropólogo Thales de Azevedo [*Povoamento da Cidade do Salvador*[131]] anotou: "[...] mais da metade dos habitantes da cidade eram livres e a grande maioria de cor, sinal de que fazia-se a mestiçagem em larga escala, principalmente à margem do casamento". E não era diverso o quadro em outros rincões do país. Tomando-se como base o censo de 1776, Minas apresentava, em seu conjunto, superioridade numérica de mestiços e negros, em comparação com brancos. Em Sabará, por exemplo, havia não só mais pretos do que brancos, como mais pardos do que brancos, também. Em suma: o que se via no Brasil, do século XVI ao XVIII, era uma sociedade onde a maioria dos brancos e brancomestiços repartia não a abundância, mas a carência. E não é preciso ficar repetindo que foi em meio a uma imensa multidão de oprimidos de todas as cores que a mestiçagem se alastrou irresistivelmente, num processo biológico de massas.

De outra parte, tivemos a ascensão de pretos, mulatos, cafuzos etc. Bem. Já foi dito e redito que a mestiçagem brasileira foi sobretudo fenômeno urbano e popular – daí que o sociólogo

---

130 Trata-se daquele indivíduo cuja existência está completamente entregue a outra coisa ou pessoa, uma pessoa sem independência, submisso ou subordinado. (N. E.)
131 AZEVEDO, Thales de. *Povoamento da Cidade do Salvador. Evolução histórica da cidade do Salvador*. Vol. III. Publicação da Prefeitura Municipal do Salvador, comemorativa do IV Centenário da Cidade. Tipografia Beneditina Ltda. Bahia. 1949.

Donald Pierson empregue, a propósito de nossa história biológica, a expressão "extensa intermistura". Foi também nos focos e núcleos urbanos onde mais se alargaram trilhas e veredas da ascensão econômica da gente do povo. O problema é que os brasileiros nossos contemporâneos conhecem muito pouco essas realidades – e a ignorância da mídia sobre o assunto, além de escandalosa, desinforma a população. Regra geral, ao ouvir a palavra "escravidão", o que vem à mente é o estereótipo: corpos negros a se mover em extensos canaviais que vão sedeando ao vento sob o céu azul dos trópicos. Como se não existissem cidades por aqui. Além disso, muita gente ainda se surpreende com o que qualquer historiador sério está cansado de saber: no Brasil, muitos brancos não tiveram um só cativo – e muitos pretos e mulatos foram senhores de escravos. E é da impressionante mobilidade vertical desse vasto agrupamento social dos libertos e de negros e mestiços já nascidos livres de que vamos falar um pouco agora. Mas sem perder de vista a distinção entre ascensão econômica e ascensão social. Ascensão econômica diz respeito apenas ao mundo material – a pecúlio e patrimônio. Ascensão social é coisa mais complexa, envolvendo, além da base material, questões de prestígio e poder.

Pretos e seus descendentes ascendiam, entre outras coisas, através da alforria (concedida ou conquistada), da mestiçagem (que muitas vezes podia ter o significado de "subir na vida"), do trabalho remunerado (serviços sexuais, inclusive). Isso aconteceu desde o início da colonização e em todos os embriões e centros do processo colonizador, mas, como não vamos recontar aqui a história do país, fiquemos com um exemplo: o das Minas Gerais no *settecento*, já que a vida litoral costuma ser mais citada. "No século XVIII, no auge do escravismo colonial, quando aproximadamente dois milhões de africanos entraram pelos portos brasileiros, a população forra crescia incontrolável e ajudava vigorosamente a moldar o universo cultural brasileiro", panoramiza Eduardo França

Paiva, em seu já mencionado *Escravidão e Universo Cultural na Colônia*. Prefaciando o livro de Paiva, outra historiadora, Mary del Priore, comenta:

> Eduardo Paiva nos faz descobrir uma capitania na qual os descendentes de escravos são produtores e consumidores de riqueza. [...]. Longínquos ermos assistiam à passagem de gente, de coisas e de culturas que contribuíam para energizar um corpo social que começava a ganhar vida, embora distante do litoral aonde mais rapidamente chegavam influências externas. A diversificação econômica era seu combustível. As misturas culturais, seu motor. O caminho Velho e o Novo [entre Rio e Minas], autênticos relais entre a costa e o *hinterland*, animavam a rede urbana então em vias de alimentar a ascensão econômica de vários grupos, inclusive negros e mulatos.

Mais Mary:

> Pequenos engenhos, alambiques, plantações, criações de animais, a venda dos serviços de escravos, o pequeno comércio e mesmo a prostituição azeitavam a mobilidade de mulheres e homens livres, descendentes de africanos.

Paiva sublinha tanto a dificuldade quanto a possibilidade de mobilidade vertical. De ascensão econômica. "A terra oferecia possibilidades reais e diversificadas para a ascensão econômica e social, ainda que essa última dimensão fosse dificultada aos africanos, aos crioulos, aos mestiços e aos descendentes deles, em maior ou menor grau, dependendo da região e da época. Nela, grassavam mobilidade física e imbricamento cultural, que eram explorados por todos, inclusive pelos escravos". A profusão de exemplos que Paiva nos dá, em seu estudo, chega a ser cansativa, mas vou poupar o eventual leitor ou leitora aqui, para continuar apenas ouvindo o que ele diz sobre o enriquecimento de libertos e de seus descendentes (enriquecimento de mulheres, em especial):

O fenômeno era muito frequente, claro, nas regiões mais urbanizadas. A possibilidade de ascensão econômica foi concretizada por vários desses antigos escravos e por seus filhos e netos nascidos livres, embora as grandes fortunas permanecessem entre alvas mãos. [...] os membros mais economicamente privilegiados desse agrupamento compuseram uma camada média ou intermediária urbana, situada entre a riqueza dos grandes proprietários, comerciantes, mineradores e administradores e a miséria dos cativos e da maior parcela da população liberta. Entre os que lograram enriquecer, as mulheres constituíram a maioria, assim como formavam, também, a parcela mais numerosa dos alforriados.

Da maior importância:

Como símbolo externo de ascensão econômica, mulheres e homens libertos procuraram transformar-se, rapidamente, em proprietários de escravos. Era, obviamente, a negação da antiga condição social: de outrora cativo a atual proprietário de cativos. Mas, ao mesmo tempo, era atitude condizente com as necessidades de uma sociedade escravista colonial: possuir mancípios era investimento acumulado e instrumento rentável. Aliás, não era extremamente raro naqueles tempos existirem escravos proprietários de escravos, talvez a mais clara demonstração de que não apenas a libertação, mas, junto dela, a ascensão econômica povoava os anseios de homens e de mulheres ainda no cativeiro. Mas, além de propriedades humanas, outras demonstrações de riqueza foram comuns entre esses libertos. Casas cobertas com telhas e, às vezes, localizadas em nobres áreas das vilas e arraiais, roupas coloridas, feitas de uma variedade enorme de tecidos estrangeiros ou fabricadas na região, encontrados com facilidade nas lojas existentes e, sobretudo no caso das mulheres, joias e objetos de ouro, prata, pedras e material preciosos. Desde as primeiras décadas do século XVIII esses libertos eram numerosos e incomodavam as autoridades lusas nas Minas.

Mas não nos esqueçamos, como já foi devidamente assinalado, de que o preconceito e a discriminação raciais e sociais eram onipresentes em meio à elite branca. Mais Paiva:

> Proprietários de escravos, às vezes enriquecidos, libertos do cativeiro, mas sempre estigmatizados pela cor da pele, que denunciava o passado de submissão, a origem presa a grilhões e a indiscutível condição de inferioridade intelectual e cultural. Os forros, mesmo os que experimentaram ascensão econômica, não escapavam da discriminação cultivada abertamente ou de maneira camuflada pela sociedade colonial.

De todo modo e seja como tenha sido, o contingente populacional era mais do que significativo no final do século XVIII: 120 mil forros nas Minas Gerais. E, à entrada da centúria seguinte, havia já mais libertos do que cativos na população mineira.

É claro que, como foi dito, esse processo ascensional, em sua dimensão econômica, não foi coisa circunscrita a Minas Gerais. Veio desde bem antes da explosão do ouro e prosseguiu depois. Marcou todo os espaços de implantação e avanço da empresa colonial desde o século XVI. Na Bahia, vamos encontrar negros libertos comandando suas armações da pesca da baleia, como no conhecido caso de Marcos Pimental, ex-escravo que se tornou homem rico na Ilha de Itaparica. Assim como senhoras escravistas africanas (Yanassô Oká, Otampê Ojaró) ou já brasileiras (Marcelina Obatossí, Maria Júlia Nazareth) criando os tradicionais terreiros do candomblé jeje-nagô do Brasil. E o contingente demográfico de libertos nunca cessou de crescer. Em todo o país, como se viu em São Paulo, no Rio de Janeiro, em Pernambuco. Segundo o censo de 1828, cerca de 31% dos moradores do Recife eram escravos – o que significa que a maioria da população do Recife, seis décadas antes da Abolição, já era de livres e libertos: quase 70%.

Mas vamos continuar com o nosso exemplo e com o tema dos pretos escravocratas. Pretos, mulatos, cafuzos e caboclos – na verdade. Os já mencionados Vidal Luna e Iraci examinaram a estrutura da posse de cativos nas Minas Gerais, caminho para um conhecimento mais seguro da estratificação social, do nível relativo de riqueza dos segmentos socioeconômicos que compunham aquela sociedade. No que aqui mais nos interessa, o aspecto de relevo é o estudo documental dos forros enquanto proprietários de escravos, entre os anos de 1723 e 1804, nas localidades de Pitangui, Serro do Frio, Congonhas do Sabará, São Caetano e Vila Rica. Na maioria dessas localidades, os autores deram de cara com a figura incontornável do ex-escravo transfigurado em proprietário de cativos africanos ou crioulos pretos ou mulatos. Luna e Iraci fizeram então a sua leitura do que viram:

> A forma como se organizou a lide mineira possibilitou aos cativos um grau de liberdade relativamente alto... Por mais rigoroso e constante que fosse o controle exercido sobre os cativos, em particular na lavagem do cascalho, necessitava-se contar com sua iniciativa e responsabilidade na localização tanto do ouro como dos diamantes. Por esta razão os mineradores procuravam estimular seus escravos de diversas formas. Concediam prêmios por produção: permitiam aos cativos exercerem a mineração em proveito próprio por certas horas, após satisfazerem a cota devida ao proprietário; na exploração dos diamantes existia uma série de recompensas estipuladas – inclusive a alforria – para aqueles que localizassem pedras acima de determinado quilate. Ademais, o tipo de atividade permitia e estimulava furtos impossíveis de evitar, por mais rigorosa que fosse a fiscalização nas áreas extrativas.

É claro que tudo isso vai confluir para a formação do pecúlio necessário à compra da carta de liberdade.

Mas voltemos a Vidal Luna e Iraci:

> Ao cativo que viesse a obter ou comprar a liberdade, tornava-se relativamente fácil dedicar-se, como faiscador, à atividade mineira; o resultado de seu esforço individual poderia proporcionar-lhe os recursos para se tornar, ele próprio, um senhor de escravos.

Sim: ninguém precisava de nenhum investimento para se tornar faiscador – e, ao se tornar faiscador, o ex-escravo tinha à sua frente a perspectiva real de também vir a ser dono de gente. Mas era possível ganhar dinheiro de várias outras formas, no caminho para ascender ao grupo dos proprietários de escravos. E elas foram todas acionadas. Mas há mais – com um dado algo desconcertante. Ao falar da Irmandade do Rosário dos Pretos, em Pernambuco, em seu livro *Liberdade, Rotinas e Rupturas do Escravismo no Recife*[132], Marcus J. M. de Carvalho assinala:

> No seu orçamento, [a Irmandade] chegou a incluir uma verba para libertar escravos, o que não impedia a existência das mesmas ambiguidades [contradições ou paradoxos, seria mais exato dizer] encontradas em outras confrarias desse tipo. Ao menos no período colonial, observou Virgínia A. Assis [em "Pretos e Brancos a Serviço de uma Ideologia de Dominação"], ela chegou a possuir escravos também.

Parece brincadeira, mas a Irmandade possuía escravos e, ao mesmo tempo, verba para libertar escravos – dos outros, não os seus.

Fiquemos, no entanto, com a informação central: desde fins do século XVIII, o elemento livre foi numericamente preponderante no conjunto da população brasileira – e, nesse meio livre, negros e mestiços apareciam com destaque. Uma realidade objetiva que desmonta de uma vez por todas um mito criado pela sociologia

---

132 CARVALHO, Marcus J. M. de. *Liberdade, Rotinas e Rupturas do Escravismo no Recife.* Editora UFPE: Recife, 1998. (N. E.)

marxista de São Paulo e ainda hoje cultuado pelos movimentos negros: o mito de que o 13 de maio foi uma catástrofe social, na medida em que multidões de escravos teriam sido subitamente atirados, sem preparo nenhum para isso, na roda viva das cidades brasileiras. É uma tremenda mentira. Naquela época, no Brasil, escravos já não eram inumeráveis. Muito pelo contrário: constituíam conjunto bastante reduzido da população de cor (ver, a propósito, meu estudo "Uma Crítica da 'Sociologia Negra' de Florestan Fernandes"). Ao falar de escravos negros e mulatos, no período final do movimento abolicionista, estamos falando já de uma minoria – e minoria bem minoritária. As tais das grandes massas negras, jogadas cruelmente no olho da rua no dia 13 de maio, sem que tivessem qualquer preparo para a vida urbana, simplesmente nunca existiram. Em 1822, escravos somavam cerca de 50% da população do país. Em 1888, mal chegavam a 5%.

* * *

Um outro impedimento, já o dissemos, para que as pessoas percebam de imediato que a nossa mestiçagem foi processo fundamentalmente popular, impossível de ser reduzido a mero estupro senhorial branco, está no equívoco generalizado de tratar a sociedade colonial brasileira como sociedade dicotômica – um mundo social drasticamente dividido entre senhores brancos e escravos pretos. Isso é falso. Ao contrário do que afirmou Gilberto Freyre em *Casa-Grande & Senzala*, divisando um organismo social cindido entre uma pequena faixa senhorial e a larga base escrava, sem espaço para a formação de uma camada intermediária que tivesse alguma (mesmo mínima) relevância, a estratificação brasileira nunca foi bipolar. Na verdade, para bem entender a sociedade que se formou em nossas latitudes tropicais, é necessário deixar de parte a análise socioeconômica tradicional, que nos veio de Caio Prado Júnior a Celso Furtado, cristalizando-se em conceitos e visões insustentáveis. Em síntese, o que se dizia, nessa linha interpretativa, era que a economia brasileira se resumia à dimensão agroexportadora: produção de artigos (açúcar, ouro) voltada exclusivamente para o mercado externo – e a nossa sociedade se resumia à polarização entre senhores e escravos. Escravos pretos nos canaviais dos senhores brancos, gerando bens para a metrópole. Mas tal leitura já foi devidamente desmontada pelos estudos historiográficos.

Aliás, em *Novo Mundo nos Trópicos*, deixando de lado a visão esquemática de *Casa-Grande & Senzala*, Freyre chegou a escrever: "Não nos esqueçamos de que a mestiçagem – a meia-raça – fez no Brasil as vezes de classe média". Mais recentemente, outro meio termo, nessas análises, foi encontrado pelo marxista Jacob Gorender, em *O Escravismo Colonial*. Mas o ponto alto dessa revisão crítica do Brasil está em *O Arcaísmo como Projeto*[133], de João Fragoso e Manolo Florentino, obra fundamental para o entendimento da vida econômica e social do Brasil entre os séculos XVI e XIX – e que traria, no seu rastro, diversos outros estudos, inclusive alguns que não o mencionam, embora dele sejam nitidamente caudatários, repetindo suas teses. Embora centradas no Rio de Janeiro, as leituras e conclusões da dupla Fragoso/Florentino permanecem válidas para todo o país. Não vou resumi-las aqui. Basta reter a verdade histórico-sociológica de que sempre fomos sociedade não dicotômica. Sociologicamente, os brancos sem escravos ou brancos pobres, que eram a maioria da população branca no Brasil, não pertenciam à classe senhorial. E pretos e pardos economicamente bem-sucedidos, juntamente com brancos pobres e remediados, confluíram para a composição de uma camada intermediária na vida brasileira. Não nos esqueçamos do viajante francês Tollenare em suas *Notas Dominicais*[134], a nos dizer que, no primeiro decênio

---

133 FRAGOSO, João; FLORENTINO, Manolo. *O Arcaísmo como Projeto*. Civilização Brasileira: São Paulo, 2001. (N. E.)

134 TOLLENARE, L. F. *Notas dominicais*. Governo de Pernambuco: Recife, 1978. (N. E.)

do século XIX, a "classe média" (segundo sua própria expressão) construía bonitas casas nas "margens risonhas" do Capibaribe, no Recife.

A estrutura social que aqui principiou a se configurar, ao longo já do século XVI, não se caracterizava exatamente pela divisão drástica e radical entre os polos do senhor e do escravo, nem por uma rigidez extrema. Veja-se o que o historiador português Jorge Couto diz do assunto, em *A Construção do Brasil*[135], estudo dedicado exclusivamente ao nosso mundo quinhentista. Couto destaca que as categorias sociais que então se projetaram entre nós estavam assentadas, como não poderia deixar de ser, no empreendimento agrícola caracterizado, principalmente nas capitanias açucareiras, pelo latifúndio e pelo escravismo. A partir daí, ele passa brevemente em revista os diversos grupos sociais envolvidos em nossa vida quinhentista, entre os quais avultava o dos grandes proprietários de terras, quase sempre senhores de engenho. E registra que, embora membros da pequena nobreza de Portugal tenham reinado nesse ambiente, nem só deles se formou aquele grupo social.

> Também homens de origem popular, nomeadamente lavradores e comerciantes, que conseguiram obter o capital necessário, tornaram-se senhores de engenho, bem como alguns estrangeiros, designadamente José Adorno e Erasmo Schetz

escreve Couto. Prosseguindo, para tocar no ponto que de momento mais nos interessa dar ressalte:

> Outro grupo socialmente influente era constituído pelos lavradores (de cana e, posteriormente, de tabaco), bem como pelos criadores de gado, sendo geralmente proprietários médios com disponibilidades financeiras para investir na

---

135 COUTO, Jorge. *A Construção do Brasil*. GEN: Rio de Janeiro, 2011 (N. E.)

aquisição de escravos. A primeira designação foi extensiva, depois da distribuição das terras disponíveis, aos rendeiros. Os mercadores, muitos dos quais eram cristãos-novos, particularmente em Pernambuco, obtinham geralmente "grossos cabedais" com as atividades de exportação (açúcar e pau-brasil) e importação (escravos, bens alimentares e produtos manufaturados). Desempenhavam, conjuntamente com os lavradores e criadores de gado, um papel intermédio entre os senhores de engenho e as camadas inferiores da população.

Mas podemos alargar um pouco o elenco de representantes desse estrato médio, para falar de uma espécie de grupo médio--baixo, em termos de posses, que incluiria não só o setor mais elevado dos artesãos livres altamente especializados – como aqueles vinculados diretamente à produção do açúcar: mestre de açúcar, purgador, feitor, caixeiro – e os demais que se viam distribuídos por diferentes tipos de atividades e ofícios, como pedreiro, carpinteiro, ferreiro, serralheiro, fundidor, oleiro, pintor, alfaiate, tecelão, sapateiro, marceneiro, carvoeiro, calafate, barbeiro e outros. Por fim, no derradeiro degrau da escala social, encontrava-se a massa dos escravos. Feitas essas observações, Jorge Couto vai ao grão da questão:

> Esta estrutura social não era estanque, caracterizando-se, antes, pela existência de um importante grau de mobilidade. Os escravos alforriados podiam tornar-se artesãos ou até comerciantes, enquanto os lavradores, mercadores e artesãos especializados mais bem sucedidos tinham a possibilidade de ascender econômica e socialmente, ingressando no grupo dos senhores de engenho.

Vale dizer, tínhamos já abertos, no próprio século XVI, caminhos para a ascensão de escravos – negros ou mestiços – alforriados. Caminhos que se alargariam de forma impressionante nos séculos seguintes, conduzindo grupos expressivos de ex-escravos ao segmento intermediário da sociedade colonial brasileira.

> Luna e Iraci, por exemplo, destacam o caráter urbano da formação mineira e o diversificado conjunto de suas atividades econômicas gerando uma sociedade não dicotômica, não polarizada esquematicamente entre senhores e escravos. Diversos outros autores tocam nas mesmas teclas.
>
> O setecentos mineiro é realmente um marco especial para todo o império português. A riqueza era acentuadamente concentrada em poucas mãos, a miséria fazia parte da vida cotidiana dos núcleos urbanos e de áreas rurais, mas conformara-se uma classe intermediária urbana que tornava aquela sociedade diferenciada. A importância desse grupo provinha diretamente da dimensão quantitativa atingida por ele, assim como do seu poder de influência. Além disso, seus integrantes produziam riqueza, pagavam impostos e eram consumidores pertinazes. Já o sabia bem o Conde das Galvêas, governador das Minas, em 1732, quando advertia que o trabalho dos [pretos e mestiços] forros rendia impostos necessários ao rei. Exatamente os forros, pois eram eles que constituíam parcela respeitável dessa camada intermediária. E as libertas ocupavam posição privilegiada nesse caso,

escreve, por exemplo, nosso já tantas vezes citado Eduardo França Paiva. Acrescentando:

> Durante o século XVIII o esplendor do ouro foi, aos poucos, perdendo a intensidade nas Minas... Não obstante, malgrado as graves dificuldades enfrentadas no setor de mineração, a crise foi localizada e não abarcou toda a economia das Minas, como ocorrera em Mato Grosso e em Goiás... ainda na primeira metade do setecentos.

No caso mineiro, a diversificação da economia foi a base da extrema riqueza de alguns moradores.

Da mesma forma, tal diversificação, sempre tendo o comércio como uma das colunas de sustentação, foi a responsável pela formação de fortunas menores, mas não desprezíveis. Seus titulares, habitantes na urbe ou sitiantes em áreas próximas, constituíram-se, desde essa remota época, em uma camada média daquela sociedade e entre eles houve forros e, sobretudo, forras.

Ou seja: mesmo numa sociedade escandalosamente desigual, conduzida por uma classe dominante/dirigente racista, a ascensão econômica e social de negros e mestiços é fato reconhecido por todos os que se detêm a examinar a matéria. Como a dupla Luna e Klein sobre São Paulo:

> No final do século XVIII, desenvolvera-se em São Paulo uma população de negros e pardos livres que, embora relativamente pequena pelos padrões da vizinha Minas Gerais, participava plenamente da economia e da sociedade locais e até figurava modestamente na classe dos proprietários de escravos.

Essa população – na qual a proporção de pardos ou mulatos sempre foi muito maior do que a dos pretos – terá peso ou importância considerável no século seguinte. Falando de São Paulo e Minas Gerais, na década de 1830 – ou seja: meio século antes da Abolição –, os mesmos Vidal Luna e Herbert Klein escrevem que

> as pessoas livres de cor, exceto no nível da elite, eram encontradas em todas as ocupações nas quais trabalhavam seus contemporâneos brancos e apresentavam características sociais, ocupacionais e demográficas bem semelhantes às de seus equivalentes não-descendentes de africanos. Ademais, independentemente de viverem em localidades onde as pessoas livres eram predominantemente afro-brasileiras ou em localidades onde predominavam os brancos, havia relativamente pouca diferença para as pessoas livres de cor em seus padrões de trabalho e organização familiar.

De uma perspectiva geral, impõe-se o fato de que esses senhores negros e mestiços de escravos eram um grupo bem minoritário no conjunto da classe senhorial do país, cuja maioria esmagadora era branca. Nas localidades paulistas estudadas por Luna e Klein, somavam apenas 6% dos donos de gente. Em algumas localidades mineiras, a exemplo de Sabará, chegaram a 14%. Em todo caso, embora minoritário, o contingente de negros escravistas era bem significativo. E tudo isso fazia com que as mestiçagens, que eram francas nos horizontes abertos da massa popular, permeassem também os processos ascensionais da gente de cor.

Insistimos primeiramente em sublinhar a mestiçagem em sua dimensão mais popular. Brancos pobres e pretos e mestiços livres, mas igualmente pobres, não pertenciam à classe senhorial, vivendo mais próximos entre si, nos mais diversos instantes e instâncias da vida social. Era essa a base sociológica objetiva, material, que os aproximava, produzia encontros e convívios, gerava mais mesclas simbólicas e misturas genéticas. Em seguida, focalizamos a mestiçagem no estrato intermediário da população colonial. Cruzamentos e intercruzamentos entre brancos, negros e mestiços que tinham já suas posses, bens móveis e imóveis e alcançaram mesmo o patamar de proprietários de escravos. Juntando as duas coisas, podemos falar então de dois planos principais em que aconteceram as mestiçagens extrassenhoriais no Brasil: aquela que se processou em meio à base mais popular da sociedade colonial – e aquela que se processou no âmbito dos segmentos intermediários, da classe média dessa mesma sociedade.

Mas vamos agora pegar as coisas de outro ângulo. Em vez de somar exemplos, julgo que agora desnecessariamente, considero que é melhor iluminar um outro aspecto de nossos processos de cruzamentos genético-simbólicos: mestiços mestiçando-se com mestiços. Sim. À entrada do século XVIII, boa parte das mestiçagens brasileiras (na Bahia, em Pernambuco, no Rio de Janeiro) acontecia entre pessoas já mestiças. Em outras palavras, as misturas prosseguiam, mas agora em meio a uma população que já se vinha misturando há uns bons duzentos anos e que, àquela altura, mostrava-se já visível e significativamente mestiçada. A mescla não mais se dava apenas entre seres nitidamente distintos, "puros", envolvendo um branco europeu e um índio brasílico ou um desses dois e um negro africano, por exemplo. Não. Muitos dos elementos que participavam desses jogos genéticos eram "impuros", "contaminados", produtos de misturas e combinações anteriores. Amálgamas não só dos tipos "puros" que entraram em cena com o trio rácico original, mas já de mulatos, caboclos e cafuzos com outros cafuzos, caboclos e mulatos. Maré das mestiçagens entre seres já mestiços.

Com isso, uma anotação de Serge Gruzinski sobre "incertezas e ambiguidades da linguagem", com relação ao fenômeno ou processo mestiço, perde a sua razão de ser. Vejam o que ele escreve em *O Pensamento Mestiço*:

> A ideia a que remete a palavra "mistura" não tem apenas o inconveniente de ser vaga. Em princípio, mistura-se o que não está misturado, corpos puros, cores fundamentais, ou seja, elementos homogêneos, isentos de qualquer "contaminação". Percebida como uma passagem do homogêneo ao heterogêneo, do singular ao plural, da ordem à desordem, a ideia de mistura carrega, pois, conotações e "*a prioris*" dos quais convém fugir como o diabo da cruz. O mesmo acontece com o termo "hibridismo". [...]. Tais ressonâncias encontram-se na noção de mestiçagem. E as distinções que em geral se introduzem entre "mestiçagem biológica" e "mestiçagem cultural" apenas aumentam nosso embaraço. A mestiçagem biológica pressupõe a existência de grupos humanos puros, fisicamente distintos e separados por fronteiras que a mistura dos corpos, sob a influência do desejo e da sexualidade, viria pulverizar. Assim, ativando circulações e intercâmbios, provocando deslocamentos e inversões, a história poria um termo ao que a natureza

teria delimitado originária e biologicamente. Pressuposto constrangedor para todos os que tentam se livrar da noção de raça.

Sinto muito, admiro Gruzinski, mas esse discurso me parece não ser mais do que mera retórica acadêmica. Porque é claro que é objetiva e perfeitamente possível misturar uma coisa, substância ou pessoa já misturada, com outra coisa, substância ou pessoa também já anteriormente misturada – na pintura, na alquimia, nas interpenetrações genéticas. E é isso, de fato, o que mais costuma acontecer. Como aconteceu, desde o início, ao longo desse primeiro meio milênio da existência histórica brasileira. E dificilmente poderia ter sido de outra forma. De modo que, desde há alguns séculos e ainda hoje, brasileiros já nascem, na sua maioria, gostando ou não, em circuitos e cirandas de interstícios interétnicos.

Mas há um momento decisivo nesta nossa peripécia histórico-antropológica: o século XVIII. Não por acaso, em *Sobrados e Mucambos*[136], Gilberto Freyre considera que o século XVIII "foi, talvez, quanto aos costumes, o mais autônomo, o mais agreste, o mais brasileiro, na história social do país". E Caio Prado Júnior, na "Introdução" ao seu livro *Formação do Brasil Contemporâneo*, escrito em 1942:

> O Brasil contemporâneo se define assim: o passado colonial que se balanceia e encerra com o século XVIII... Naquele passado se constituíram os fundamentos da nacionalidade: povoou-se um território semideserto, organizou-se nele uma vida humana que diverge tanto daquela que havia aqui, dos indígenas e suas nações [sic], como também, embora em menor escala, da dos portugueses que empreenderam a ocupação do território. [Bem distante igualmente, acrescente-se, dos

---

136 FREYRE, Gilberto. *Sobrados e Mucambos*. Global: São Paulo, 2013. (N. E.)

modos de vida originais dos negroafricanos que aqui desembarcaram]. Criou-se no plano das realizações humanas algo de novo. Este "algo de novo" não é uma expressão abstrata; concretiza-se em todos os elementos que constituem um organismo social completo e distinto: uma população bem diferenciada e caracterizada, até etnicamente, e habitando um determinado território; uma estrutura material particular, constituída na base de elementos próprios; uma organização social definida por relações específicas; finalmente, até uma consciência, mais precisamente uma certa "atitude" mental coletiva particular.

Foi o que permitiu que atravessássemos dois dilúvios etnoculturais, entre o início do século XVIII e o início do XIX – ou entre o avanço do mundo aurífero nas Minas Gerais e o desembarque da corte portuguesa no Rio de Janeiro. Foi esse o período fundamental que estruturou e garantiu a nossa futura projeção diferenciada como povo no horizonte mundial. Aí se deu a consolidação do Brasil Mestiço.

No caso mineiro, tivemos a nossa "corrida do ouro". O deslocamento de gente de Portugal para as minas foi um movimento migratório espontâneo, imenso e tão forte, que contrariava inclusive dispositivos legais estabelecidos para estancá-lo. A poderosa maré migratória poderia ter feito de Minas um enclave genético no país, bloqueando ou retardando o avanço da mestiçagem. Teríamos uma Minas branca, essencialmente lusitana, refratária às mesclas. Mas os portugueses não estavam sozinhos por ali. Havia já os grupos indígenas. Vieram multidões de mestiços de São Paulo e da Bahia. E negros, muitos negros africanos escravizados. As áureas auríferas "exerceram tamanha atração sobre o espírito de reinóis e colonos que, em pouco mais de noventa anos, o número de habitantes do Brasil viu-se decuplicado, concentrando-se no centro-sul – zona que apresentava, anteriormente, população escassa e amplamente diluída – cerca de 50% do contingente humano da colônia", lembram Luna e Iraci. E a mestiçagem rolou de forma contínua e acelerada, em meio a uma população em crescimento também contínuo e acelerado. Eis o que de fato mais importa: população de livres, forros e escravos se expandindo interativamente, com trocas intensas entre si. E praticamente todos envolvidos em tratos, contatos, contratos e outros intercursos – sexuais, inclusive. Olhando as coisas a caminho do final do século XVIII, podemos então dizer que, em vez de obstaculizar, Minas favoneou a consolidação do Brasil como nação mestiça.

Em inícios do século XIX, nova e tremenda onda migratória, com o desembarque da corte portuguesa no Rio de Janeiro. Num só dia, milhares de lusos passaram a viver na cidade. Mas o Rio, àquela altura já vasta e profundamente mestiçado, segurou a onda. Em consequência e de uma perspectiva geral, a Baía de Guanabara e a Baía de Todos-os-Santos, o Rio de Janeiro e o Recôncavo Baiano, acompanhados pelo Recife e por São Luís do Maranhão, formaram um bloqueio sólido, brilhante e criativo contra todos os movimentos, propósitos e projetos de uma desafricanização radical do Brasil. Podemos afirmar que Salvador e Rio foram as duas cidades que estiveram na linha de frente da afirmação afro-cafuzo-lusitana do país, impedindo que fôssemos somente latinos. Mestiçagem intensificada, processo irrecorrível: afirma-se, com força total, a nossa dimensão genético-simbólica de povo misturado em funda profundidade. Assim, entre o século XVIII e as primeiras décadas do século XIX, o Brasil Mestiço é um fato incontornável. Uma realidade que nos define, nos inspira, nos incita e nos move. É tudo isso que, em seu afã alienado de negar a nação, o identitarismo neonegrista pretende atafulhar na lata de lixo.

***

Se, nas páginas anteriores, falamos de uma falsificação do passado nacional, agora vamos tratar de uma falsificação do nosso presente. Sublinhando, desde já, que ambas as falcatruas exibem o mesmo objetivo: o combate sem tréguas à mestiçagem. Em tela, a fusão forçada de pardos e pretos num amplo segmento "negro" da população brasileira. Mas, antes de narrar os fatos, vamos a uma rápida ressalva. Justificada e merecidamente, costumamos atribuir o embuste ao IBGE. Claro. Embora mantenha a categoria "pardo" em seus mapeamentos censitários, o IBGE não se manifesta sobre a fraude estatística feita em seu nome. Logo, comete, no mínimo, crime de omissão. E no máximo, o que é mais provável, pactua com a violação da verdade demográfica brasileira.

A história é relativamente bem conhecida por todos – ou quase todos, de modo que vamos tratá-la com brevidade. A ofensiva fraudulenta se configura entre o final da década de 1970 e a entrada do decênio seguinte, com a já famigerada importação do binarismo racista norte-americano, sob pressão do movimento político do identitarismo negrista local.

> Nos anos 1980 organizações do Movimento Negro esforçaram-se por influenciar o desenho do censo nacional. Além de demandar a reintrodução da questão da cor, que havia sido excluída do censo de 1970, elas também propuseram a substituição das categorias preto e pardo por negro, a fim de reorganizar as identidades raciais em torno do seu novo projeto político,

escreve a socióloga Verônica Toste Daflon, em sua tese *Pretos e Pardos e o Enigma Racial Brasileiro*[137]. Tratava-se de uma jogada: instrumentalizar a massa mestiça demograficamente maioritária em função dos interesses de grupos da minoria preta. Mas logo eles viram que a substituição de preto e pardo por "negro", no questionário do censo, não seria bom negócio – e mudaram de tática. Ainda Verônica:

---

137 DAFLON, Verônica Toste. *Tão longe, tão perto: pretos e pardos e o enigma racial brasileiro*. 2014. 198 f. Tese (Doutorado em Sociologia) – Instituto de Estudos Sociais e Políticos, Universidade do Estado do Rio de Janeiro, Rio de Janeiro, 2014.

É importante chamar a atenção para o fato de que militantes dos movimentos negros pararam de pressionar pela substituição das categorias preto e pardo por negro assim que perceberam que esse procedimento reduziria espetacularmente o tamanho da população negra mensurada pelos censos. No censo de 2010, os autoclassificados como pretos e pardos representaram 50.7% da população brasileira, enquanto outros recenseamentos nacionais com pergunta de cor em aberto mostram que apenas 5.6% da população se identifica espontaneamente como negros.

Em todo caso, o tópico da cor foi reinserido no censo, sob pressão acadêmico-militante. E, a partir daí, dados quantitativos sobre pretos e pardos, embora coligidos separadamente, são depois fundidos nas análises e tabulações dos interessados. O próprio governo federal passou a solicitar isso. E assim teve início o processo de promoção efetiva de um enegrecimento artificial do povo brasileiro.

No relato de Denis Moura dos Santos sobre o mesmo assunto, *Pardos: A Visão das Pessoas Pardas pelo Estado Brasileiro*[138], são realçados outros aspectos do que aconteceu:

> No final da década de 1970, os sociólogos Carlos Hasenbalg e Nelson do Valle e Silva passaram a estudar os dados existentes em pesquisas do IBGE, por meio de intersecção entre os dados econômicos e os dados raciais. A conclusão desses estudos mostra que os índices econômicos e sociais entre a população parda são semelhantes ao da população negra [o que é falso, como vimos no capítulo anterior], e diferentes em relação à população considerada branca. Desse modo, em um momento em que existiam reivindicações para

---

138 SANTOS, Denis Moura dos. *Pardos: a visão das pessoas pardas pelo Estado brasileiro*. Appris Editora: Curitiba, 2021. (N. E.)

que fosse realizada a divisão da população entre "brancos e negros", em uma linha birracial adotada [na verdade, criada] pelos Estados Unidos, esses resultados passaram a ser usados como base para que entidades relacionadas às questões da população negra, conhecidas popularmente como "movimento negro", passassem a recusar os termos oficiais e extraoficiais (cafuzo, mulato, caboclo, pardo) para a classificação da população mestiça, que não era negra ou branca. O fundador de uma das entidades relacionadas à questão das pessoas negras, a Educação e Cidadania de Afrodescendentes e Carentes (Educafro), Frei David Raimundo dos Santos, explicou, no prefácio do livro *Heteroidentificação e Cotas Raciais*, sobre a sua tentativa, nesse período, ao lado de outros integrantes do movimento negro, de convencimento, junto ao IBGE, para acabar com o termo "pardo" nas estatísticas, substituindo-o por "afrodescendentes", a fim de aglutinar as classificações "pardo e preto". Essa reivindicação foi parcialmente atendida, visto que os termos permaneceram nas estatísticas desse órgão, mas o religioso descreve o acordo feito com o IBGE para que, em todos os estudos realizados pelo Instituto, os dados relacionados aos pardos e aos pretos fossem reunidos em uma terminologia, a de "negros". Dessa forma, os pesquisadores Hasenbalg e Silva, a partir das reivindicações do movimento negro, e dos dados que indicavam o número diminuto de brasileiros que se consideram "pretos" passaram a juntar os dados econômicos com os raciais das pessoas que se consideram pretas ou pardas, e fizeram, de forma analítica, o que os integrantes do movimento negro faziam na política. Por consequência, fortaleceu-se o discurso do movimento negro de que os pardos e os pretos deveriam ser considerados "negros" [...]. Entretanto, aqueles que usam esse conceito não levaram em consideração a existência dos mestiços de ascendência indígena e europeia que não possuem antepassados africanos, e também ignoraram a ideia [o fato, na verdade] de que a miscigenação gera descendentes com ascendências múltiplas e que estas também podem ser manifestadas em sua aparência e na percepção que as demais pessoas possam ter sobre eles. Essa junção foi feita com relativa facilidade e ela nunca foi negociada com as pessoas pardas, pelo fato de não existirem, na época, grupos organizados relacionados com as suas questões, um "movimento pardo", que tivessem condições de rebater esse conceito perante os órgãos governamentais.

Cabem aqui, pelo menos, duas observações. A primeira é que os movimentos negros fizeram de conta que aqueles estudiosos não se referiam estritamente ao campo econômico. Mas Carlos Hasenbalg é claríssimo a este respeito:

> Cabe agregar que quando estudamos essas desigualdades, opondo brancos/não-brancos (pretos e pardos), nos referimos estritamente a processos de estratificação socioeconômica. Quando examinamos outras dimensões da vida social envolvendo a sociabilidade dos indivíduos (por exemplo, o casamento e a amizade), esse padrão não se verifica, com os pardos se diferenciando dos pretos e se aproximando dos brancos.

Os movimentos negros fecharam os olhos, taparam os ouvidos e passaram por cima da ressalva fundamental: estenderam o que era estritamente econômico ao conjunto inteiro das relações sociais. A segunda observação é que penso que um "movimento pardo", como movimento político específico, com o qual Denis e muitos outros parecem sonhar, nunca irá existir, em consequência da própria multiplicidade interna – fenotípica, regional etc. – da população mestiça: o caminho é criar uma onda poderosa na esfera da opinião pública, reforçada por movimentações setoriais, manifestações próprias e necessariamente segmentadas do mundo mestiço.

Sobre a questão da ascendência indígena na demografia brasileira, o historiador José Murilo de Carvalho, no texto "Genocídio Racial Estatístico"[139], foi ao grão da questão:

> Está em andamento no Brasil uma tentativa de genocídio racial perpetrado com a arma da estatística. A campanha é liderada por ativistas do movimento negro, sociólogos, economistas, demógrafos, organizações não-governamentais, órgãos federais de pesquisa. A tática é muito simples. O IBGE decidiu desde 1940 que o Brasil se divide racialmente em pretos, brancos, pardos, amarelos e indígenas. [Da década de 1990 para cá] os genocidas somam pardos e pretos e decretam que todos são negros, afrodescendentes. Pronto. De uma penada, ou de uma somada, excluem do mapa demográfico brasileiro toda a população descendente de indígenas, todos os caboclos e curibocas. Escravizada e vitimada por práticas genocidas nas mãos de portugueses e bandeirantes, a população indígena é objeto de um segundo genocídio, agora estatístico.

A grande mídia brasileira celebra o genocídio. E o que é mais louco: convenceu-se de que celebrar o genocídio é fazer "justiça social".

O que temos, na verdade, é um tripé fraudulento. O sujeito só é registrado como índio se estiver numa aldeia ou se se autodeclarar índio. Caso contrário, por mais caboclo que seja, é compulsoriamente enquadrado como pardo. O passo seguinte é juntar pardos e pretos numa só categoria, os "negros" – e assim se articula a falcatrua político-acadêmico-midiática, com o beneplácito da classe dominante brasileira, de que os "negros" formam a maioria da população do país. Quando, na verdade, pardos sem ascendência negra poderiam mais corretamente ser classificados

---

139 O texto pode ser lido integralmente no seguinte site: https://www.academia.org.br/artigos/genocidio-racial-estatistico. (N. E.)

como índios do que como pretos. O IBGE, o identitarismo político-acadêmico e a elite midiática nacional varrem os índios dos mapas genéticos e das leituras sociobiológicas do Brasil. Apesar dos estudos do geneticista mineiro Sérgio D. J. Pena, mostrando o poderoso componente ameríndio na configuração biológica do nosso povo. Veja-se a propósito, entre outros, um livro como *Homo Brasilis*, no qual, logo no prefácio, lemos a conclusão da biologia genética: "[...] os brasileiros constituem provavelmente o grupo humano geneticamente mais diverso do nosso planeta e estão muito além de qualquer tentativa de síntese". Menos ainda de uma falsa síntese, como a de "negros". O que o governo, o sistema político-universitário, o empresariado "diversitário" e a mídia ao mesmo tempo esperta e colonizada desejam (e estão fazendo) é jogar no lixo essa simples e profunda verdade sobre nós mesmos.

O quadro, portanto, é este: ao genocídio estatístico, soma-se o apagamento do mestiço caboclo, seja ele caboclo sertanejo ou caboclo amazônida, da esfera das políticas públicas nacionais. Entramos, enfim, na esfera do *pardocídio* tristetropical brasileiro. E não são só os descendentes de índios: sararás, mulatos claros, morenos etc., que se recusam a ser "negros", passam a párias ou miragens. Vale dizer, além do genocídio estatístico do caboclo, temos o genocídio estatístico de morenos e mulatos – o que também implica, obviamente, o seu eclipsamento no terreno das políticas públicas. Enfim, ser mestiço, hoje, é coisa que não dá camisa a ninguém. E muito mais: ser mestiço, nesse meio governamental-acadêmico-militante-midiático, virou uma espécie de ficção incômoda, sinônimo de invisibilidade e de inexistência, pedreira a ser removida do caminho hostil e desastroso das movimentações racistas. O que é criminoso – mais do que escandaloso – num país como o Brasil, onde a vasta maioria da população, além de ser não branca, é também não preta. E, pelos números do próprio IBGE, bem mais não preta do que não branca.

Não será demais acompanhar os lances principais desse processo de racismo antipardo, racismo antimestiço, no âmbito dos poderes executivo e legislativo (as togas roçagantes do Supremo Tribunal Federal, atualmente, dizem amém a todo modismo acadêmico norte-americano e aos movimentos identitaristas, sempre a emitir solenemente asneiras sem fim sobre a história, a cultura e as realidades brasileiras). No âmbito do poder executivo, tudo começa durante o governo de Fernando Henrique Cardoso, um pardo, mulato entre o claro e o escuro, sujeito que, como ele mesmo disse, tem "um pé na cozinha". Foi em 1996 que assistimos a um passo decisivo tanto para a implantação de políticas públicas de caráter "racialista" quanto para as falsificações numéricas da situação nacional. Naquele ano, Fernando Henrique, deixando vir à tona sua face negacionista, lançou o Programa Nacional de Direitos Humanos, estabelecendo que o IBGE deveria, a partir de então, juntar mulatos, caboclos, morenos e pretos sob uma única rubrica ou etiqueta, ali batizada de "contingente da população negra". O IBGE tratou assim de comprimir as diversas variações cromáticas brasileiras num bloco só, aproximando-se imitativamente dos Estados Unidos, como se o Brasil fosse um país onde só existissem negros e brancos, o que é uma fantasia política sem pé na realidade – e insustentável, sob todos os pontos de vista, nos campos do conhecimento histórico, do conhecimento biológico e do conhecimento antropológico. E nossos movimentos negros vibraram, com a vitória de sua pressão sobre o poder, na base do avivamento do sentimento de culpa de uma "classe" político-intelectual branqueada.

Com Lula, o jogo avançou. Os movimentos negros, que vinham ganhando terreno desde as primeiras políticas compensatórias do governo de José Sarney, implantaram-se de vez no aparelho estatal. O passo seguinte foi em direção a um projeto de lei para implementar o inadequadamente chamado "Estatuto da Igualdade

Racial", onde tudo é pensado para os pretos, com a exclusão dos indígenas e seus descendentes. Em sua versão inicial, o projeto de lei previa uma indenização para descendentes de escravos, mas o tópico foi descartado, já que não se conseguiu chegar a um acordo sobre o assunto (nem seria possível: no Brasil, não só pretos, mas índios foram também escravizados; muitos pretos foram senhores de escravos; muitos descendentes de escravos são hoje mulatos bem claros, praticamente brancos). Mas, enfim, o tal do estatuto da igualdade racial, com a aprovação do Senado e da Câmara dos Deputados, acabou virando lei em julho de 2010, no final do segundo mandato do presidente Lula. Uma lei que estabelece que é negro mesmo quem não tem uma só gota de sangue negro nas veias. Um crime estatístico, com suas consequências na deformação e deso-rientação de políticas públicas compensatórias, como as políticas de preferência racial. E é por isso mesmo que a Lei 12.288/2010, o "Estatuto", tem de ser classificado como racista na sua exclusão de índios e dissolução do mestiço. É a legislação racista hoje em vigor no Brasil, instituindo uma realidade até então inédita em nossa história: o racismo de Estado.

Tudo convergindo para promover o sumiço do mestiço, como *persona non grata* na paisagem nacional brasileira. Sob poderoso bombardeio e benesses do poder público e do setor privado, parecia que a cartada daria certo, contando para isso, inclusive, com o oportunismo "macunaímico" de parte da população: todo mundo querendo mudar de cor a fim de se beneficiar das políticas e dos projetos raciais que elegeram "os negros" como sua clientela preferencial. Para a minha surpresa, não foi o que aconteceu. Ao contrário: o que tivemos foi a afirmação enérgica das massas mestiças brasileiras no Censo de 2022, no tocante à "identificação étnico-racial da população". Os números dizem tudo. Pela postura da nossa gente, o resultado é do conhecimento geral: o Brasil é hoje um país onde 45.3% da população se define na categoria pardo-mestiça. 43.5% se dizem brancos. E apenas 10.2% se consideram pretos. Uma derrota espetacular para a elite e a militância racialistas, que procuraram disfarçá-la com uma tese que o povo brasileiro não comprou: a de que pardo é "negro". Uma vitória ainda mais espetacular para quem quer ver e viver o Brasil real, em toda a sua riqueza cromática e cultural.

[CAPÍTULO 4]

Quem banca a ideologia antimestiça

P odemos parafrasear aqui o *Manifest der Kommunistichen Partei*, de Marx e Engels: um espectro ronda o relacionamento dos Estados Unidos com a questão racial: o espectro da mestiçagem... E os Estados Unidos vêm tentando se livrar dessa enxaqueca desde o começo da Guerra Fria até os dias de hoje. Para isso, metendo a mão no bolso, generosamente, a fim de financiar a ideologia antimestiça em nosso país. É essa a história que vamos acompanhar nos próximos parágrafos. Em tela, momentos bem marcados na história do financiamento internacional a movimentações que, de um modo ou de outro, geraram iniciativas que convergiram para a desfiguração, a anulação ou a eliminação da figura do mestiço na leitura analítica ou interpretativa da história e da sociedade brasileiras, bem como para a abolição de sua presença e lugar nas jogadas e jogatinas do nosso campo político.

No primeiro momento, vamos nos deparar com o tripé Departamento de Estado-CIA-Fundação Ford bancando, no plano internacional, a esquerda socialista ou social-democrata independente, com o propósito de quebrar o monopólio soviético nesse terreno, nos tempos mais tensos e acesos da Guerra Fria. E, no Brasil, bancando uma cerrada e implacável "revisão crítica" da realidade racial do país, de modo inclusive a ressaltar o racismo brasileiro, em gesto que seria redimensionado no horizonte de uma defesa norte-americana contra os ataques soviéticos caracterizando os Estados Unidos como sociedade racista. No segundo momento, vamos seguir peripécias da poderosa Fundação Ford, a maior entidade filantrópica do mundo, comandando a formulação teórica e a imposição prática do multiculturalismo no sistema educacional norte-americano, cuja nova safra ideológica seria pronta e servilmente importada pela nossa universidade. Nesse caso, o sistema educacional brasileiro de quatro diante da fuzilaria fascista da esquerda identitarista, que de fato é uma esquerda de extração essencialmente universitária. E devidamente patrocinada, como foi dito, por financiamentos da Fundação Ford, que, depois de botar debaixo do braço a esquerda acadêmica ou cultural e organizações identitaristas norte-americanas, empenhou-se vitoriosamente, com muita garra e muita grana, em implantar o multicultural-identitarismo no Brasil. Já no terceiro momento, vamos lidar com o assim chamado *woke capitalism* (ou "capitalismo lacrador", segundo algumas traduções brasileiras), que vai se apropriar do discurso "libertário", multicultural-identitarista, "politicamente correto", para, sempre que possível, passar ao largo de governos e partidos, e colocar essas coisas a seu serviço. Mas quero começar pelo começo, rastreando os temas de uma perspectiva contextualizadora de caráter amplo e geral, mesmo que nada exaustiva.

Antes de entrar no assunto, porém, faço um esclarecimento que julgo necessário, aqui mesmo em nosso ponto de partida. Não vou tratar, neste escrito, da única conjuntura científico-intelectual que deu destaque maior às realidades da miscigenação e da mestiçagem no mundo: o chamado "racismo científico" do século XIX. Sua repercussão no Brasil foi imensa, como é do conhecimento de todos. No campo intelectual, veio de Sylvio Romero e Nina Rodrigues a Euclydes da Cunha e Paulo Prado, entre tantos outros. Mas não só o tema já foi suficientemente estudado em nosso ambiente (e em textos que realmente primam pela excelência, o que não é assim tão comum em nosso meio), como o meu enquadramento aqui vai dizer respeito a outro espaço histórico-social e a outra situação político-intelectual.

Vou me ater ao financiamento norte-americano de leituras do mundo brasileiro que implicaram e implicam investidas antimestiças no contexto da primeira Guerra Fria, estendendo-se do pós-Segunda Guerra Mundial à desintegração da antiga União Soviética, e no que vai correndo e ocorrendo atualmente entre nós, da organização inicial de movimentos negros na década de 1970 aos dias de hoje, com a projeção da esquerda identitarista e a formação de uma nova elite negromestiça, sob a proteção e o patrocínio do capitalismo financeiro internacional – e, claro, da classe dominante brasileira, em seus mais diversos segmentos, dos grandes bancos às grandes redes midiáticas, de fábricas multinacionais aos mandachuvas do comércio varejista. Hoje, de fato, os donos do dinheiro, no Brasil, seguem a orientação mundial para tomarem posição em defesa da "justiça racial" e da sustentabilidade ecológica, tratando, por esse caminho, de criar a tal da nova elite negromestiça no país, basicamente pela arregimentação de mulatos médios ou apenas um pouco mais escuros, de preferência com algum talento performático-midiático. Sim: regra quase geral, não são pretos verdadeiramente pretos, digamos assim, os mais beneficiados neste novo processo seletivo de ascensão econômico-social, mas os mulatos – e, principalmente, os mulatos claros. Coisa que, como facilmente se pode prever, ainda vai dar muito pano para manga.

Mas vamos adiante. Como o eventual leitor ou leitora verá adiante, não economizaremos menções à Fundação Ford e à CIA, a agência central de "inteligência", criada em 1947 pelo governo norte-americano. E, em movimento por essas teias e tramas, lidaremos com personagens bem conhecidos nossos, a exemplo do sociólogo Florestan Fernandes. Nas décadas de 1950 e 1960, de resto, era muito comum ouvir menções a intervenções da CIA em nosso país, do plano político ao cultural-educacional. Mas a prática de dar nome aos bois muitas vezes se dava apenas em plano privado (e não no debate público), na base do disse-me-disse ou, como então se dizia, por baixo do pano. Hoje, tudo isso é razoavelmente bem conhecido (e a CIA, por sinal, continua empenhada em múltiplas ações pelo planeta, incluindo operações bélicas com *drones*). Podemos examinar o assunto, assim, com muitos mais dados à mão.

A CIA, a Fundação Ford e a sociologia marxista

Vamos seguir inicialmente passos de Demétrio Magnoli, sem poupar aspas (me recuso a adotar a praxe de nossos atuais escreventes acadêmicos que, para fazer de conta que não estão citando ninguém, limitam-se a quase copiar ou mal copidescar os outros). É uma tomada em plano geral:

> O movimento pelos direitos civis empolgou multidões. Em contraste, as políticas de discriminação reversa nunca foram sustentadas por um movimento de massas. Mas a sua difusão, para além dos limitados programas federais, deu-se com a entrada em cena dos intelectuais e acadêmicos, que implantaram sistemas de admissão universitária orientados por critérios raciais, articularam iniciativas de "equilíbrio racial" nas escolas públicas e, sobretudo, formularam uma explicação multiculturalista da nação norte-americana. Nada disso teria sido possível sem a intervenção da Fundação Ford, o ator mais destacado na marcha triunfante das políticas de raça.

A Fundação Ford não só se fez a maior entidade "filantrópica" do mundo, como foi "tentáculo oculto" da política dos Estados Unidos no sistema das relações internacionais, financiou tudo que disse respeito ao "direito de minorias", formulou o multiculturalismo e deu sentido político à palavra "diversidade", hoje repetida de uma à outra ponta do mundo democrático ocidental (identitaristas se proíbem o uso da expressão a propósito do mundo árabe, da China, dos países e povos da África Negra, enfim, de tudo que seja extraocidental, pouco importando perseguições, penas de morte e genocídios que rolam neste exato momento em que escrevo, tanto no espaço negroafricano quanto no chinês e na ofensiva russa contra a população da Ucrânia, passando ainda por extensões islâmicas). Mas ouçamos Demétrio, atentando para os inícios das coisas.

> Nos anos da aurora da Guerra Fria, a FF [Fundação Ford] funcionou como tentáculo oculto da política externa americana. Paul Hoffman, um dos mais destacados arquitetos do Plano Marshall na Europa, deixou o governo americano para presidir a FF entre 1950 e 1953, quando ela iniciou a sua expansão no exterior. Richard M. Bissell Jr. trabalhou como alto-executivo da Fundação logo depois de servir na administração do Plano Marshall e pouco antes de ingressar oficialmente na CIA. John J. McCloy foi secretário da Guerra entre 1941 e 1945 e depois, sucessivamente, presidente do Banco Mundial, alto-comissário dos EUA na Alemanha ocupada, CEO do Chase Manhattan Bank e CEO da FF. Nos sete anos em que dirigiu a Fundação, a partir de 1958, manteve o hábito de definir, em visitas informais e conversas com membros do Conselho de Segurança Nacional, os projetos no exterior que seriam agraciados com os maiores financiamentos da FF. [...] McGeorge Bundy tinha apenas 30 anos quando participou, com Bissell, de um grupo de formuladores de política externa que procurava articular o Plano Marshall à ajuda da CIA a grupos anticomunistas da França e da Itália. Ele chegou ao governo junto com a equipe de acadêmicos montada por John Kennedy e serviu como conselheiro de Segurança Nacional nos governos de Kennedy e Johnson, até 1966, quando se tornou presidente da FF. Nos treze anos de presidência de Bundy, a Fundação

descobriu as minorias, desempenhando um papel crucial na difusão das políticas de raça nos EUA e na arena internacional. A reorientação não poderia ter sido mais radical: em 1960, o item "direitos de minoria" representava 2,5% dos financiamentos; em 1970, atingia 40%.

E aqui vamos passar ao levantamento e análise realizados pelo historiador Wanderson da Silva Chaves, em *O Brasil e a Recriação da Questão Racial no Pós-Guerra: Um Percurso Através da História da Fundação Ford*[140], tese de doutorado em História apresentada à Universidade de São Paulo (USP) e depois publicada em livro, cujo título não me lembro agora. De saída, Wanderson Chaves reduz ao estatuto de estória-da-carochinha o texto "A Aposta numa Comunidade Científica Emergente. A Fundação Ford e os Cientistas Sociais no Brasil, 1962-1992", do sociólogo Sérgio Miceli, que, com desconcertante ingenuidade (a menos que tenha sido *interesse*), define a Ford nos termos de uma força política progressista, atuando com independência diante da política externa norte-americana. Uma "vanguarda do bem", na sua inesperada expressão, apoiando projetos esquerdistas supostamente incômodos para a Casa Branca.

O que Wanderson prova e comprova é justamente o contrário disso: a perfeita integração existente na formação do tripé Departamento de Estado-CIA-Fundação Ford, os vínculos orgânicos da Ford com a política externa do governo dos Estados Unidos e sua parceria em ações conjuntas com a CIA, inclusive no financiamento da esquerda democrática internacional (esquerda não soviética – e mesmo antissoviética), no contexto da Guerra Fria. A Fundação Ford foi, na verdade, peça-chave da política

---

140 CHAVES, Wanderson da Silva. *O Brasil e a recriação da questão racial no pós-guerra: um percurso através da história da Fundação Ford*. 2011. Tese (Doutorado em História Social) - Faculdade de Filosofia, Letras e Ciências Humanas, Universidade de São Paulo, São Paulo, 2012. doi:10.11606/T.8.2012.tde-22082012-111507. (N. E.)

governamental norte-americana no campo da agora chamada Guerra Fria Cultural, hoje examinada por diversos estudiosos da história mundial mais recente, a exemplo da britânica Frances Stonor Saunders, autora de *The Cultural Cold War: the CIA and the World of Arts and Letters*[141].

Naquele momento, inícios da década de 1950, os executivos e formuladores da Fundação Ford temiam duas coisas: uma guerra nuclear e o rebentamento de uma séria de guerras "raciais", incluindo-se, entre os possíveis destas, um largo confronto interno entre "brancos" e "pretos" nos Estados Unidos. O caminho para fora das encruzilhadas, pensavam, seria patrocinar as "ciências sociais", instrumentalizando-as em função da busca da paz internacional e do bem-estar social. Foi nesse horizonte que se estabeleceram conexões para ações conjuntas do Departamento de Estado, da CIA e da Fundação Ford. O governo dos Estados Unidos acreditava que só seria bem-sucedido em sua política externa, superando as suspeitas levantadas contra o país, se organizações não governamentais entrassem decididamente em cena, colocando-se na linha de frente de iniciativas norte-americanas no mundo. Tratava-se, na verdade, de responder a duas ofensivas soviéticas, ambas apresentando os Estados Unidos como vilão fascista/imperialista e a URSS como paladina da paz mundial e da luta antirracista, sob cujas capas conquistava adesões que iam das massas aos intelectuais.

Mesmo entre intelectuais politicamente mais conservadores, a pregação soviética fazia sucesso. Um bom exemplo disso é Gilberto Freyre, no tocante às questões sociorraciais. Numa conferência da década de 1950, "A Política Exterior do Brasil e os Fatores Sociais e Étnicos que a Condicionam", depois enfeixada no volume *Novo Mundo nos Trópicos*, Freyre se mostra inteiramente atingido pela

---

141 SAUNDERS, Frances Stonor. *The cultural cold war: the CIA and the world of arts and letters*. The New Press: Nova York, 2001. (N. E.)

propaganda soviética. A esse respeito, o nosso sociólogo escreve coisas do seguinte teor.

> Alguns dos sociólogos que têm estudado ultimamente a política internacional ou inter-regional tal como a condicionam motivos ou fatores étnicos, pensam que o Estado soviético, com a sua teoria de igual oportunidade para homens de todas as raças, vai mais longe, na prática, do que a maioria das comunidades ou Estados ostensivamente cristãos, no esforço de efetivamente remover não somente as causas psicológicas e emocionais dos conflitos de raça – mas também – ou principalmente – as de natureza econômica.

Nesse caso, seria possível aproximar o Brasil e a União Soviética. Ainda Freyre:

> No que diz respeito a atitudes em face dos problemas ligados às relações entre as raças, nenhum país se pode encontrar, entre as mais poderosas nações da América, que tenha, como o Brasil, tantos pontos de semelhança ou tantas afinidades com a União Soviética. E tendo em conta, como devemos ter, a crescente importância desses problemas na vida internacional e no campo das relações inter-humanas, é fácil poder antecipar que essa solidariedade tende a ser alguma coisa mais do que vago ou sentimental humanitarismo: é provável que venha a ser a base para uma ação comum ou para iniciativas comuns no campo do direito internacional. À Rússia e ao Brasil caberá talvez o papel de, juntos, sugerirem importantes transformações nas atitudes e no comportamento político ou jurídico dos modernos povos democráticos, com relação a problemas de raça. Essas sugestões basear-se-iam não em teorias vagas ou puramente sentimentais, mas em experiências concretas de cada uma das suas comunidades – a soviética e a brasileira – como regiões quase livres, ou cada vez mais livres, de preconceitos ou conflitos de raça ou de discriminação racial.

Mais Freyre: "Existe já, por antecipação, pedido da China nesse sentido: pedido para que a futura organização que tiver por objetivo a segurança mundial reconheça a doutrina da igualdade de raças. E a Rússia vem agitando constantemente o problema". E ainda mais:

> Parece fora de dúvida que a atitude da Rússia no que toca ao problema das raças vem fascinando brasileiros de espírito democrático ou liberal e talvez ingênuo. Enquanto o preconceito dos Estados Unidos contra a mestiçagem continua sendo um obstáculo para o desenvolvimento de relações realmente amistosas entre os dois povos.

É impressionante que Freyre tenha se deixado levar assim. É de um desconhecimento absoluto acerca da realidade das relações raciais na antiga União Soviética, que, desde Lênin, na primeira ditadura bolchevique, impôs um violento programa de russificação dos povos que a constituíam. Russificação que foi levado ao extremo dos extremos por Stálin, que inclusive primou pelo antissemitismo, ao tratar judeus como agentes do capitalismo internacional.

O cenário então era o seguinte. De uma parte, descortinava-se a ingerência crescente dos Estados Unidos na Coreia, que desembocaria numa guerra civil. A propaganda soviética vinha afirmando, com sucesso, que a sua intervenção na questão coreana era uma ação em favor da paz, a fim de neutralizar os planos estadunidenses de guerra. De outra parte, a URSS alcançava êxito espetacular com os grandes eventos culturais que realizava, a exemplo dos chamados "Congressos pela Paz Mundial", que mobilizaram energias em cidades como Paris e Nova York, promovendo a identificação dos Estados Unidos com a direita, o racismo e a agressão militar. Nesse passo, a Fundação Ford mostrava-se disposta a não só se engajar na propaganda governamental doméstica, dirigida à própria população norte-americana, como, no dizer de Wanderson, declarava-se "pronta para executar ações de atração e organização de elites no exterior, principalmente nas circunstâncias especiais em que o Departamento de Estado via-se impedido ou prejudicado em suas ações, por razões políticas ou diplomáticas". Vale dizer, onde os diplomatas e a CIA deviam ficar fora de foco ou atuando na clandestinidade, a Fundação Ford abrigaria os projetos sob seu insuspeito manto cultural e conduziria à luz do dia operações práticas que incluíam a captação de informações, de "dados de inteligência". Passava a atuar, então, "como órgão oficioso de inteligência e informações do governo norte-americano".

A questão capital era reorientar a opinião pública – doméstica e internacional – em busca de atração, aquiescência e apoio ao ideário democrático e anticomunista dos Estados Unidos, principalmente nas regiões do planeta em que as posições norte-americanas se viam ameaçadas pelas incansáveis atividades soviéticas, como acontecia na Europa Ocidental (em especial, na França, sempre algo refratária aos Estados Unidos), no Oriente Médio, na América Latina e no Sudeste Asiático. Ou seja: praticamente no mundo todo. O alvo principal da investida seria a conquista de intelectuais e "formadores de opinião". Para isso, nasceu o chamado *U. S. Doctrinal Program* [Programa Doutrinário dos Estados Unidos]. A grande jogada estaria no fortalecimento de uma nova esquerda, autônoma com relação a Moscou (sim, os mais ingênuos se surpreendem, mas a Casa Branca e a CIA, na conjuntura da Guerra Fria, sempre trataram de fortalecer a esquerda democrática ou antissoviética):

> [...] líderes partidários, sindicais, estudantis e jornalísticos, bem como acadêmicos de economia e ciências sociais, deveriam ser escrupulosamente selecionados para desenvolver as bases de um novo pensamento político de esquerda para estas regiões.

No campo governamental, a protagonista do programa seria a CIA. No não governamental, a Fundação Ford.

À Agência Central de Inteligência caberia basicamente

> interferir na promoção e distribuição de material dirigido às elites, infiltrar agentes em jornais e universidades, impulsionar a realização de conferências e fóruns temáticos, e criar órgãos para explorar potenciais divergências entre os elementos hostis aos objetivos norte-americanos.

Quanto à Ford, a sugestão de que ela fosse a primeira fundação a ser incorporada às ações do *U. S. Doctrinal Program*

> surgiu imediatamente, e simultaneamente, de todos os órgãos de governo envolvidos, que reconheceram nela uma possível vanguarda para as atividades de atração de intelectuais da Índia, Norte da África, América Latina e Europa Ocidental, reconhecidamente resistentes ao envolvimento com o governo norte-americano.

Naquele momento, a Fundação Ford já vinha abordando intelectuais pelo mundo, com base na implantação de programas de reforma universitária, de suporte de propostas intelectualmente mais sofisticadas de crítica ao marxismo e com sua mediação entre órgãos governamentais e não governamentais e entre estes e grupos intelectuais e estudantis. Wanderson:

> Essa agenda da Fundação Ford vinha se realizando internacionalmente através de inumeráveis iniciativas nas áreas de intercâmbio, promoção de eventos e concessão de bolsas de estudo, e por meio de propostas de fundação e desenvolvimento institucional de órgãos editoriais, acadêmicos e de classe. Neste sentido, os profissionais e as instituições de ciências sociais, economia e relações internacionais foram particularmente privilegiados, especialmente aqueles envolvidos na produção de saber especializado sobre o comunismo e as regiões geográficas incluídas no cardápio de preocupações da política

externa norte-americana. Para consolidar sua agenda nestas áreas, a Fundação Ford financiou mais fortemente certas instituições, empregadas para servirem como vetores de sua proposta. Particularmente, a editora Alfred Knopf [responsável pela publicação em inglês de obras de Jorge Amado e Florestan Fernandes]; órgãos de amparo à pesquisa acadêmica, como o American Council of Learned Societies e o Social Science Research Council; e órgãos de intercâmbio, como o Institute of International Education e o American Universities Field Staff, Inc.; que receberam financiamentos que lhes permitiram intervir, de forma capital, no desenvolvimento das humanidades nas universidades dos Estados Unidos e do exterior.

Já que fizemos referência à editora Alfred Knopf, cabe lembrar que, mesmo antes do *U. S. Doctrinal Program*, a Fundação Ford já vinha assentando uma rede de editoras e distribuidoras de livros, basicamente com "publicações de orientação anticomunista, dirigidas ao público intelectual". Talvez fosse melhor dizer com publicações de crítica à teoria política marxista. Ainda Wanderson:

A Ford mantinha dois principais empreendimentos nesta área: a Chekov Publishing House e a Intercultural Publications, Inc. A Checov, uma casa editorial estabelecida pela própria Fundação, era um órgão especializado em disseminar para os países comunistas obras censuradas. A Intercultural, por sua vez, era um órgão especializado em coordenar e sustentar a publicação de revistas de natureza cultural, artística e jornalística. Dirigida por James Laughlin, o editor literário da revista inglesa New Directions, a Intercultural era responsável pela publicação da revista Perspectives USA nos Estados Unidos, e por meio de um convênio com o Atllantic Monthly, da adaptação de matérias dessa publicação para revistas e veículos de comunicação de vários países europeus. Entre as demais publicações subsidiadas, incluíam-se a revista Diogène, dirigida por Roger Caillois, e publicada em parceria com a Unesco, e a revista Confluence, dirigida por Henry Kissinger e publicada em parceria com a Universidade Harvard.

Em outra frente, considerada inclusive mais afinada com o projeto de crítica ao comunismo do governo norte-americano, a Fundação Ford subsidiava uma revista que era parte de uma importante frente secreta da CIA – o Congress for Cultural Freedom (CCF) [Congresso pela Liberdade da Cultura, CLC]. Fundada em Berlim em 1948, e publicada em alemão, a Der Monat era apoiada com recursos da Fundação desde 1952, quando John J. McCloy, futuro dirigente da Ford, e então dirigente do Alto Comissariado Norte-Americano para a Alemanha Ocupada, solicitou ajuda para a publicação. Ela esteve ligada, desde a fundação do CLC, em 1950, à proposta de dar maior sofisticação às respostas relativas à Campanha pela Paz Mundial. O CLC, peça fundamental da Agência Central de Inteligência para atração da intelligentsia a uma ideia de esquerda não-comunista, vinha articulando, através da Der Monat e de inúmeras outras publicações e organizações paralelas [o CLC andou patrocinando ou copatrocinando publicações diversas, da Encounter inglesa aos Cadernos Brasileiros, passando pela Partisan Review], a composição de uma frente intelectual de esquerda identificada com a oposição às políticas soviéticas e com a renovação das tradições e da literatura teórica de esquerda, por meio da aproximação e da incorporação da tradição política norte-americana. Neste sentido, a Fundação Ford também subsidiava outra revista que interessava à CIA, como oportunidade para penetração entre os intelectuais, Ost Probleme, uma publicação obscura editada em alemão, na Áustria, que vinha servindo, sob os auspícios do governo britânico, de base para a publicação da revista de língua inglesa Problems of Communism. O suporte de Ost

> Probleme vinha de uma organização internacional sediada em Viena, a International Press Institute (IPI), uma entidade de editores de jornais e jornalistas, de atuação global em questões relativas à liberdade de imprensa e circulação de informação, que era, durante a década de 1950, mantida pela Fundação Ford.

Venho reproduzindo esses dados principalmente para mostrar como o tripé ou a atuação triangular secreta, articulando intimamente o Departamento de Estado, a CIA e a Fundação Ford, com seus nexos e implicações ideológicos e financeiros, foram fortíssimos durante a Guerra Fria, avançando inclusive em direção a décadas posteriores. Acredito que é bom lembrar isso porque todos julgam saber de uma quase onipresença da CIA em mil e uma articulações, mas de fato desconhecem os fatos. Não vou me ater a tudo aqui, mas penso que ainda vale falar dos centros de estudos patrocinados pela Ford, em ligação essencial com a Casa Branca (via Departamento de Estado e CIA), até chegarmos à redefinição norte-americana da questão racial no mundo, quando a sociologia marxista-funcionalista da USP se revelará totalmente entronizada nesse contexto político-ideológico, com Florestan Fernandes de menina dos olhos brasileira do tripé supracitado.

No rastro da Revolução Cubana e dos processos africanos de libertação da dominação colonial, a Fundação deu prosseguimento a projetos anteriores e seguiu adiante, bancando centros norte-americanos de estudos sobre a África e a América Latina nas universidades de Boston, Chicago, Berkeley, Stanford, Columbia, Yale etc.

> Esta estratégia incluiu a sustentação de entidades e centros universitários de caráter internacional, de base multidisciplinar e de perfil humanista e de elite – projeto que se concretizou, por exemplo, no apoio de longa duração da Fundação à Faculdade Latino-Americana de Ciências Sociais (Flacso).

E nessa batida vamos chegar ao Brasil. Ainda Wanderson:

> O debate sobre a Questão Negra que se realizou no Brasil nas décadas de 1950 e 1960 foi atravessado e parcialmente realizado sob os auspícios da estratégia de crítica ao marxismo e formação de elites políticas e intelectuais que articulou a Fundação Ford aos órgãos oficiais de política externa dos Estados Unidos. A escolha dos escritores e acadêmicos de Ciências Sociais para essa atividade de conquista de mentes e de aliados passou, no chamado "Terceiro Mundo", pelo desejo de estabelecer proposições antimarxistas que respondessem ideologicamente tanto ao neutralismo diplomático quanto ao anticolonialismo. Para a Fundação – que investigava desde o início dos anos 1950 a relação entre a Questão Racial e essas posições de inconformidade à Guerra Fria e ao domínio colonial – os conflitos de classe teriam sua pressuposta origem na escassez econômica e em disputas de natureza racial. Com base nessa análise, a Ford passou a defender que a reforma no estatuto das "relações raciais", segundo o princípio da tolerância, e as agendas de desenvolvimento econômico, fossem transformadas em medidas de resolução dos conflitos políticos e sociais.

Não nos esqueçamos, por fim, que a Ford, inclusive, bancou um "semestre letivo" de Florestan Fernandes nos Estados Unidos e uma tradução para o inglês da tese do sociólogo, *A Integração do Negro na Sociedade de Classes*, parcialmente vertida sob o título *The Negro in Brazilian Society*[142]. Mas uma tradução algo suspeita, digamos, dando destaque total ao volume 2 da edição brasileira do livro, que trazia o que de fato interessava à Ford e ao governo norte-americano. Ainda o mesmo Wanderson da Silva Chaves comenta (destaques meus):

---

142 FERNANDES, Florestan. *The Negro in Brazilian Society*. Columbia Univ Pr: Nova York, 1969. (N. E.)

Lançado no Brasil em dois volumes e contendo mais de mil páginas, *A Integração do Negro na Sociedade de Classes* saiu em um volume único, de 500 páginas, na edição em inglês. A redução de tamanho, além da reorganização interna de capítulos e de sequências inteiras, deveu-se à decisão da Fundação de priorizar a tradução do segundo volume, que continha a proposta de Florestan de investimento em políticas raciais, reformas econômicas e organização de movimentos negros como medidas de combate às "desigualdades raciais". Essa escolha eliminou, por exemplo, a tarefa da tradução dos vários termos de classificação racial, mencionados e tratados no ensaio de investigação histórica contido no primeiro volume, já que *um dos itens do programa de resolução da questão racial referia-se, justamente, ao abandono do "gradiente de cores". [...]. The Negro in Brazilian Society* era um novo livro. Construído com base em nova redação de Florestan Fernandes, fruto do debate do autor com tradutores e especialmente com editores, *The Negro in Brazilian* Society já dizia mais a respeito da futura reflexão de Florestan Fernandes sobre a questão racial, ainda mais clara e afirmativa em relação à negritude [postura antimestiça] e ao "pluralismo racial" [anti-integracionista] como suportes da modernização e das mudanças democráticas, que a anterior, estabelecida até *A Integração do Negro na Sociedade de Classes*. É sobre essa reflexão que se estabeleceu no fim dos anos 1970, a incorporação de uma nova palavra ao seu vocabulário: o "multiculturalismo". Ele disse, em artigo de 1979 ["The Negro in Brazilian Society: Twenty-Five Years Later"], dirigido ao público de língua inglesa, que o seu trabalho de mais de duas décadas de reflexão sobre as "relações raciais" no Brasil o levara a concluir que o "multirracialismo", afirmado como "multiculturalismo", constituiria a "verdadeira democracia racial", bem como o melhor caminho para se estabelecer mudanças nas "regras do jogo" em uma sociedade de classes.

Mas vamos ver as coisas com algum vagar. No campo das vivências e experiências interraciais, durante a Guerra Fria, os Estados Unidos se viram às voltas com três grandes problemas, sobre os quais a propaganda soviética não se cansava de martelar: o racismo interno que marcava em funda profundidade a vida norte-americana, o regime do *apartheid* em vigor na África do Sul e o exemplo brasileiro de que um país podia chegar a um grau admirável de mistura e convívio entre raças. Ou seja: a questão racial foi um problemaço, tanto com respeito ao que rolava dentro de casa quanto no âmbito geral do sistema das relações internacionais. E a URSS não brincava em serviço, batendo implacavelmente no seu adversário-mor. Mais: não só batia de forma pesada e incansável no racismo norte-americano, como conseguia disfarçar, nos jogos da cena mundial, as fortes tensões e os crimes raciais que ela e a China conheciam internamente. Os Estados Unidos se viravam para reagir. Mas os comunistas levavam folgadamente a melhor no *front* propagandístico. Apontavam, em primeiro lugar, para a terrível realidade em que vivia a grande maioria dos negros naquele país. A herança escravista consolidara-se, social e judicialmente, no sistema Jim Crow, ainda a caminho de fins do século XIX. Pobreza e segregação marcavam o cotidiano das pessoas de cor, encurraladas em guetos de todos os tipos, do simbólico ao físico, do cultural ao urbanístico-arquitetônico. Em pleno século XX (como hoje, no século XXI brasileiro, que em tudo copia a matriz estadunidense) vigorava no país uma legislação francamente racista. Como se fosse pouco, os Estados Unidos e a Inglaterra apoiavam o regime do *apartheid* na África do Sul. E a propaganda soviética enfiava o dedo na ferida. Especialmente, é claro, com relação à África Negra. Quem-avisa-amigo-é – e os russos avisavam aos negroafricanos que, caso viessem a dominar a África, os Estados Unidos dariam aos negros locais o mesmo tratamento segregacionista, desalmado e funesto que dispensavam domesticamente aos pretos norte-americanos. A África Negra seria toda ela, compulsória e impiedosamente, transformada numa imensa África do Sul. O *apartheid* dividiria o "continente negro". E a recepção internacional à maré publicitária soviética era a melhor possível. Credibilidade total: sim: todos acreditavam no discurso russo.

Wanderson:

> A exploração do tema do racismo norte-americano por países adversários dos Estados Unidos não era novidade. A URSS passou a investir no ataque ao racismo norte-americano a partir dos anos 1920, quando o Kremlin estimulou o Comintern a aprovar, no VI Congresso da Internacional Comunista, em 1928, uma resolução favorável à autodeterminação nacional das populações negras do Sul dos Estados Unidos. Mas a União Soviética vinha redefinindo os rumos de seus ataques desde a promulgação das leis do apartheid na África do Sul em 1948, tentando popularizar a ideia de que o regime de segregação sul-africano era uma "metástase" do racismo Jim Crow, reforçando, por meio dessa associação, que as "soluções democráticas" norte-americanas mantinham íntima vinculação com o racismo.

De outra parte, haveria o admirável exemplo brasileiro. Adversários dos Estados Unidos contrapunham, à violência racial norte-americana, a suposta ausência de segregação e discriminação que o mundo então acreditava existir no Brasil. A política externa dos Estados Unidos – mobilizando o Departamento de Estado, a CIA e a Fundação Ford – teria de dar um jeito nesses três grandes problemas: o racismo doméstico norte-americano, o *apartheid* e o contraexemplo corporificado no "caso brasileiro". A saída, para o governo norte-americano e a Fundação Ford, adotando um pensamento já então em voga no país, estaria na redefinição da questão racial e na promoção da modernização e do desenvolvimento sociotécnicos de sociedades e comunidades que andavam marcadas pelo atraso, visto este como principal responsável pela persistência de atitudes, preconceitos e discriminações racistas. A modernização "desenvolvimentista", gerando bem-estar na sociedade dentro da ordem capitalista, criaria as condições necessárias para o estabelecimento de uma situação de tolerância racial. E a reação norte-americana à propaganda soviética se deu a partir daí, tentando projetar uma imagem internacional do país "como vanguarda na construção de soluções democráticas para a resolução dos problemas de 'relações raciais'".

Primeiro, os Estados Unidos trataram de restringir geograficamente o seu racismo doméstico, caracterizando-o como coisa específica dos estados sulistas, típicos representantes do atraso.

> Basicamente, um dos pontos principais da estratégia consistia em circunscrever ao sul do país – particularmente, ao Deep South e às localidades mais pobres e politicamente mais conservadoras e antiliberais – o foco da Questão Negra nos Estados Unidos. Como já preconizavam as fundações Carnegie Corporation e Phelps-Stokes Fund durante a Segunda Guerra, em posição que foi incorporada pelas agências governamentais do governo Truman, o Jim Crow seria resultante do arcaísmo cultural, bem como do baixo nível de desenvolvimento material e civilizacional sulista, responsável por rebaixar o nível de tolerância "racial". Taticamente, a solução seria trazer o Sul à forma de vida social prevalecente no norte do país,

escreve o mesmo Wanderson, baseando-se em textos de Brenda Gayle Plummer e James C. Cobb. E essa crença no poder salvacionista da atualização histórica, da modernidade urbano-industrial capitalista, que deveria inevitavelmente levar a condutas e práticas de tolerância cívica e racial, valeria também para a África do Sul, onde a Fundação Ford passou a dar apoio financeiro "a grupos políticos que atuassem pela modernização, particularmente, na maleabilidade do 'racialismo' e na 'ação civilizatória de modernização econômica' e do 'ensino racial'".

Colocando-se diante da situação brasileira, Florestan vai adotar tais princípios. Tratando de incorporar a transposição, para o Brasil, da classificação racial binária norte-americana e insistindo desde aí na redefinição de nossas relações raciais, sob o signo de uma aposta geral na força transformadora da modernização capitalista ou da nova ordem social competitiva, como gostava de dizer. Sim. Para Florestan, ao menos naquele momento, o Brasil só poderia superar seus dois grandes dilemas sociais – "o dilema da absorção da 'população de cor' às formas de vida social organizadas imperantes na ordem social competitiva" e "o dilema do 'preconceito de cor'" – se de fato levasse adiante o processo de sua modernização capitalista. E aqui o modelo a ser seguido só poderiam ser os Estados Unidos. Esse era um tema/ preocupação que se achava inscrito, com ressalte incontornável, no cerne mesmo do pensamento governamental norte-americano, das fundações e ideólogos de sua classe dominante/dirigente. Era a hora e a vez da *ideologia da modernização* – e o sociólogo Talcott Parsons se projetava como o seu principal formulador.

> O que estava em jogo era a construção de uma imagem da sociedade norte-americana como modelo universal para o mundo do pós-guerra. Esse desafio foi enfrentado por Talcott Parsons, o mais importante cientista social norte-americano do século XX por qualquer critério objetivo. Coube a ele distorcer e utilizar a força do pensamento weberiano para criar uma teoria social cujo objetivo maior era garantir a conformidade social internamente e justificar moralmente o protagonismo internacional norte-americano na arena global. Entre todos os pensadores envolvidos naquela que seria chamada mais tarde a teoria da modernização, Talcott Parsons foi o mais importante e o mais brilhante. Ele não foi um ideólogo qualquer, embora seja possível demonstrar cabalmente o interesse ideológico de Parsons em construir uma interpretação totalizante para defender a ideia de que

os Estados Unidos merecem o "direito" de comandar o mundo de acordo com seus interesses, garantindo ao país não apenas seu papel como império de fato, mas também justificando-o como moralmente superior,

como bem viu o sociólogo Jessé Souza (grande admirador de Florestan, por sinal), em seu recente *Como o Racismo Criou o Brasil*[143]. E Parsons fez a cabeça de Florestan não só no sentido da "ideologia da modernização", caminho para transcender o problema racial "negro", como ainda em outro ponto fundamental – o da reunião de pretos e mulatos num só agrupamento, o "negro" – que deveria atuar em pauta autonomista e não integracionista, como veremos em seguida.

Além de aderir à visão da situação brasileira através das lentes da *one drop rule* norte-americana, Florestan se plantou decididamente no terreno político-cultural que se definiu com os congressos bancados pela Fundação Ford nos meados da década de 1960. Não custa reavivar a memória. Em 1965, a Ford patrocinou duas conferências internacionais centradas na discussão da questão racial. A primeira em Cambridge, Massachusetts, em maio daquele ano: a Conferência sobre o Negro Norte-Americano, organizada pela Academia Americana de Artes & Ciências. A segunda, poucos meses depois, em Copenhague, na Dinamarca, promovida pelo CCF (Congress for Cultural Freedom; traduzindo: CLC, Congresso pela Liberdade da Cultura), vale dizer, pela CIA, em performance clandestina: a Conferência sobre Raça e Cor. Contando com a colaboração de antropólogos como Raymond W. Firth, da London School of Economics, e Georges Balandier, da Sorbonne, a conferência foi concebida como um grande evento internacional, reunindo convidados do mundo inteiro, inclusive nossos conhecidos Roger Bastide (Sorbonne) e Florestan Fernandes (USP). Em meio aos debates

---

143 SOUZA, Jessé. *Como o racismo criou o Brasil*. Estação Brasil: São Caetano, 2021. (N. E.)

que aí se produziram, sobressaiu-se dominadora a posição do sociólogo norte-americano Talcott Parsons, considerando (segundo Wanderson, com destaques meus) que

> o "negro" deveria aceitar que se constituía como grupo distinto nos EUA, sociedade que mantinha um *modelo pluralístico* de filiação grupal [defesa, portanto, do "pluralismo racial" contra a integração/assimilação], que se refletiria tanto na formação de grupos sociais quanto na organização da esfera pública. Para confirmar seu lugar na sociedade nacional, os negros deveriam buscar consolidar uma posição própria no interior desse mosaico de múltiplos grupos, através de programa que os comprometesse com metas de "inclusão", não de "assimilação" [Parsons se mostra aqui mais próximo do "nacionalismo negro", do extremismo da "negritude" do tipo Nação do Islã e Malcolm X, recusando assim a postura pacifista/assimilacionista de Luther King]. O investimento na identificação do negro com a origem e as populações africanas deveria sustentar a sua luta por aceitação e acomodação entre os demais segmentos sociais e dar sustentação a seus esforços de inclusão [como "grupo distinto", separado, nação-dentro-da-nação] na sociedade norte-americana.

A posição de Parsons ganhou diversos adeptos – e Florestan, que já vinha na onda, embarcou na viagem. Para ser didático, a "reforma" pretendida então no seu horizonte o "pluralismo racial", que implicava, objetivamente, modernização técnica e social, de modo a criar uma autonomia comunitária negra e propiciar a integração *grupal* desta (como entidade específica, distinta, separada) numa sociedade que desde sempre se organizou em base "étnica" (os pretos deveriam seguir o caminho dos judeus, por exemplo). Para Parsons, os "negros" teriam de permanecer "negros" e não se deixar diluir em pauta "integracionista", a fim de bem negritar a natureza da alternativa norte-americana para a questão racial. A Ford, evidentemente, vibrava com a divulgação da agenda liberal norte-americana de combate à "exclusão racial". Reforçava-se assim, ademais, a sua política de apoio financeiro à atuação dos "movimentos negros" em diversas partes do mundo.

Mas fiquemos com Florestan, que, na sua intervenção na Conferência sobre Raça e Cor, "The Weight of the Past"[144], fez o que pôde no sentido de tentar transpor esses princípios para o Brasil. De cara, cuidando logo de ressaltar a existência de forte preconceito de cor em nosso país. Wanderson sintetiza a comunicação do representante brasileiro na conferência dinamarquesa:

> Informada por um princípio hierárquico explícito, a tipologia racial vigente no Brasil, baseada em gradações de cor, seria empregada para preterir especialmente "pretos" e "mulatos", em um procedimento que teria pôr fim a manutenção das estruturas de ordem "pré-capitalistas" vigentes. Este regime desigual de "relações raciais" seria expressão do descompasso brasileiro com a modernidade capitalista. O paralelo entre cor e status seria resultado da sobrevivência da modalidade de estratificação social de "castas", "resquício", segundo ele, do regime de organização do trabalho servil. A resposta a este "atraso estrutural" deveria vir, fundamentalmente, com a conclusão do processo de modernização econômica e social (a revolução burguesa) e com a concretização daquilo que, segundo Florestan Fernandes, ainda permanecia irreal, falacioso e ideológico na ideia de "democracia racial". Para se tornar uma civilização "racialmente" democrática, o Brasil deveria, acima de tudo, perseguir a universalização dos ganhos econômicos e das garantias civis e políticas que supostamente viriam com a modernização, evitando que a associação da cor à situação racial fosse incorporada, também, à lógica da sociedade de

---

144 FERNANDES, Florestan. "The Weight of the Past". In: Daedalus, Vol. 96, No. 2, *Color and Race* (Spring, 1967), p. 560-579. O texto pode ser integralmente encontrado no seguinte link: https://www.jstor.org/stable/20027053. (N. E.)

classes. [...] "Pretos" e "mulatos", prejudicados tanto com a inoperância da "democracia racial" quanto da "democracia burguesa", deveriam estabelecer novas posturas políticas. Para assegurar sua completa integração na sociedade de classes, estes grupos deveriam buscar autonomia moral, unindo-se como "Negros". A unidade seria importante para permitir ao novo grupo sua constituição como minoria racial organizada, condição politicamente necessária, segundo o autor, para a obtenção de vitórias políticas reais na luta social contemporânea.

Como se vê, Florestan não só opera pela apropriação do mito racista da *one drop rule* (pretos e mulatos como "negros"), como investe, taticamente (ao menos), na destruição do mito da "democracia racial". Vem no rastro de Oracy, defendendo inclusive que o Brasil era tão ou mais racista do que os Estados Unidos. Seguindo os congressos da Ford, negrita a incompletude de nossa "revolução burguesa", cuja realização plena passaria pela mobilização negra. Em suas próprias palavras, Florestan via então os negros como uma espécie de "vanguarda puritana" da modernização capitalista. Não por coincidência, como disse, sua tese, defendendo o "pluralismo racial" e a modernização capitalista, foi traduzida e publicada nos Estados Unidos graças a uma injeção de grana da Ford. Em suma, o que vemos é que a sociologia marxista brasileira se adequara perfeitamente ao figurino internacional articulado entre o Departamento de Estado, a Fundação Ford e a CIA. O que vemos, com toda a clareza, é o pertencimento conjuntural e a filiação ideológica de Florestan, movendo-se sempre no espaço delimitado pela releitura norte-americana da questão racial. E o marxismo uspiano dava ainda de presente, ao Departamento de Estado e à CIA, a conclusão de que o racismo brasileiro, por seu estilo oblíquo e dissimulado à Capitu, era pior do que o norte-americano. E politicamente mais nefasto, já que anestesiava os pretos. Esse "fecho de ouro" se mostrará onipresente ao longo do discurso sociológico uspiano de inspiração florestânica – e será repetido *ad nauseam*, como peça-chave da retórica política dos movimentos negros que proliferaram no país, do velho Abdias do Nascimento aos dias atuais, quando se tornou realmente hegemônico nos meios políticos e voltou a se entrincheirar, de modo ainda mais amplo e arraigado, na Esplanada dos Ministérios, em Brasília, hoje novamente sob a batuta quente do lulopetismo.

Financiando a esquerda identitarista neonegra

Mas vamos em frente, de sorte a chegar a esta nova aventura capitaneada pela Fundação Ford: a do multicultural-identitarismo. No final de sua tese, depois de anotar a adesão de Florestan ao multiculturalismo, Wanderson já apontava:

> Para a Fundação Ford, a agenda afirmada no multicultura-lismo a partir de 1967, na gestão de McGeorge Bundy, era não apenas benéfica ao "psiquismo", porque responderia a profundas demandas individuais e grupais, como represen-tava a garantia de que a promoção da "igualdade racial" e da "tolerância" levaria futuramente ao fim da "exclusão racial".

Mais:

> A Ford vem sendo grande animadora da ideia de que o multiculturalismo possibilitará a concretização das grandes esperanças democráticas encarnadas, no pós-guerra, na proposta da Declaração dos Direitos Humanos, ao buscar estabelecer que a integralidade dos direitos – civis, sociais e políticos – será alcançada com a âncora da tolerância e o estabelecimento do "pluralismo racial".

Mas voltemos a Demétrio Magnoli, esclarecedor:

> No fim da década de 1960, a FF [Fundação Ford] estava diante de um cenário de crise política que se agravou ao longo do

primeiro mandato de Nixon, quando as coalizões sociais articuladas no movimento pelos direitos civis voltavam-se para a luta contra a Guerra do Vietnã. O núcleo dirigente da Fundação interpretou a radicalização dos protestos como um sintoma de funcionamento defeituoso do pluralismo político e formulou o conceito de multiculturalismo como uma ferramenta para restabelecer a normalidade nas engrenagens da democracia. De acordo com a lógica do multiculturalismo, as amplas coalizões sociais deveriam dar lugar a organizações e movimentos específicos, delineados em função dos interesses de cada minoria. A Fundação ajudaria a esculpir esses movimentos, oferecendo-lhes plataformas políticas e fundos capazes de sustentar grupos de pressão. A introdução das "políticas da diferença" – ou da "diversidade", na linguagem oficial da Fundação Ford – teve um poderoso efeito de cooptação de lideranças e intelectuais.

A Fundação financiou então grupos de "mexicanos-americanos", de porto-riquenhos, de "povos indígenas", de mulheres, de negros. Assim como antes partidos e organizações comunistas contavam com quadros de "revolucionários profissionais", a maré identitarista passou a exibir, graças à grana farta da Ford, grupos de pressão profissionalizados, ativistas profissionais, profissionais da negritude.

Mais Demétrio:

O discurso da vitimização e os recursos financeiros da FF uniram-se para gerar o que o jornalista George Will caracterizou, apropriadamente, como "a proliferação de grupos acalentando mágoas e reivindicando direitos". Como registrou Joan Roelofs, um dos resultados do processo foi a cooptação em massa de lideranças independentes: "ativistas de movimentos sociais são desse modo transformados em pesquisadores, administradores e litigantes"; e os movimentos são fragmentados em "políticas identitárias". Na sua origem, a FF já representava as tendências modernas da filantropia, que não pretende oferecer donativos aos pobres, mas fazer uso das ciências sociais para reformar as sociedades. Desde a revisão de sua missão, no pós-guerra, a Fundação havia se fixado na meta de influenciar as políticas públicas e promover reformas institucionais não só a partir do convencimento dos governos, mas, especialmente, pela mobilização de base. A aventura multicultural nas universidades americanas derivou da combinação dos dois paradigmas. A abordagem básica da Fundação consistiu em incentivar a adoção de sistemas de admissão orientados por preferências para "grupos minoritários". O instrumento pragmático utilizado foi oferecer vultosas doações, condicionando-as à implantação de cotas para minorias. Contudo, as ambições da FF ultrapassavam em muito a mera mudança dos sistemas de admissão. A finalidade era reformar de alto a baixo as perspectivas acadêmicas, as atitudes políticas, os currículos e as práticas nas universidades. Tratava-se, no fim das contas, de incutir o princípio do multiculturalismo no código genético do fazer acadêmico. Mais uma vez, a ferramenta de persuasão seria a oferta de generosas doações.

Levando adiante sua leitura crítica fundada no conhecimento íntimo das coisas e num olhar de alta precisão e lucidez, Demétrio prossegue:

> Do ponto de vista teórico, o multiculturalismo assenta-se sobre um primeiro pressuposto que não é distinto do artigo de fé do "racismo científico". Esse pressuposto pode ser expresso como a noção de que a humanidade se divide em "famílias" discretas e bem definidas, denominadas etnias. O "racismo científico" fazia as suas "famílias" – as raças – derivarem da natureza. O multiculturalismo faz as etnias derivarem da cultura. O segundo pressuposto do multiculturalismo é que a cultura corresponde a um atributo essencial, imanente e ancestral de cada grupo étnico. Essa naturalização da cultura evidencia que o conceito de etnia,

na narrativa multiculturalista, ocupa um nicho metodológico paralelo àquele de raça na narrativa do "racismo científico". Sob o influxo dos milionários financiamentos da FF, as universidades imitaram os padrões de segregação urbana e criaram seus próprios guetos, na forma de novos campos de estudo – *Black Studies*, depois *African-American Studies*, *Mexican-American Studies, Native-American Studies*, os estudos de *race relations*, os "estudos femininos" e incontáveis estudos étnicos específicos. [...] Universidades em busca de dinheiro e acadêmicos em busca de prestígio definiram suas prioridades acadêmicas nos termos sugeridos pelo doador. [...] As políticas de preferências nos empregos e de cotas nas universidades só podiam funcionar se contassem com uma classificação geral e uniforme dos cidadãos. Os EUA tinham uma longa tradição de classificação étnica, expressa no censo. Além disso, a regra da gota de sangue única cancelava a existência de mestiços, evitando dificuldades de rotulação dos candidatos. Ao igualar legalmente os cidadãos, a Lei dos Direitos Civis tornou inócua, no plano político, a classificação étnica. Contudo, logo depois, as iniciativas de ação afirmativa restauraram o uso político da classificação das pessoas. O multiculturalismo fez o resto, conferindo uma nova legitimidade a essas tradições racistas [...].

Na lógica política do multiculturalismo, os beneficiados pelos programas de discriminação reversa viriam a constituir elites dirigentes de "seus" grupos étnicos. Os jovens graduados e pós-graduados nas universidades deviam assumir o compromisso de prosseguir o movimento, tornando-se ativistas nas organizações de minorias. Nesse processo, como registrou Rodriguez, a culpa jogava o seu papel: "Os graduandos de classe média sabiam que eles estavam ganhando nas costas dos pobres". [...] A FF participou de todos os aspectos do empreendimento multiculturalista nos EUA. Mas, sobretudo, ela funcionou como o nó mais importante de articulação entre a universidade, as organizações de pressão e os órgãos da administração pública. Por intermédio da Fundação, acadêmicos encontraram os caminhos rumo a postos na direção das organizações de minorias e a cargos governamentais encarregados de programas de ação afirmativa. No sentido inverso, ativistas foram inseridos em programas universitários de pós-graduação, sob a orientação de professores financiados pela Fundação. Como consequência dessa "circulação de cérebros", configurou-se uma rede multiculturalista tentacular, organicamente descentralizada, mas que compartilha a mesma visão de mundo.

Mais Demétrio:

As subvenções da Fundação replicaram nas universidades brasileiras os modelos de estudos étnicos e de "relações raciais" aplicados nos EUA e consolidaram uma rede de organizações racialistas que começaram a reproduzir os discursos e demandas das similares afro-americanas. Por essa via, a polaridade branco-preto, que se coagulou nos EUA com a regra da gota de sangue única, foi exportada para os ativistas no Brasil, um país atravessado por desigualdades sociais muito diferentes e cuja tradição identitária articulou-se em torno da ideia de mestiçagem.

A partir de informações contidas no volume *Os 40 Anos da Fundação Ford no Brasil*[145], organizado por Nigel Brooke e Mary Witoshynsky, Demétrio constata uma mudança no perfil de investimentos no Brasil:

A estratégia original de concentração das doações em grandes donatários institucionais, especialmente universidades, deu lugar a uma orientação de pulverização do dinheiro

---

145 BROOKE, Nigel; WITOSHYNSKY, Mary (Org.). *Os 40 Anos da Fundação Ford no Brasil*. Edusp: São Paulo, 2002. (N. E.)

por inúmeras pequenas organizações não governamentais (ONGs). Os números atestam a escala da mudança de rota: as ONGs brasileiras, que receberam 4% das subvenções totais na primeira década [de funcionamento do escritório da FF no Brasil], saltaram para 54% no início do século XXI. O "giro popular" da Fundação acompanhou a sua "decisão de privilegiar uma definição mais instrumental das Ciências Sociais" e beneficiou, em especial, as "organizações de ativistas afro-brasileiros" engajadas nas políticas de raça e na demanda de iniciativas de discriminação reversa. Num movimento complementar, as doações destinadas a universidades, embora continuassem a fornecer recursos para os mais variados programas, passaram a privilegiar instituições que figuraram como modelos para a difusão dos sistemas de admissão por cotas raciais.

Numa *footnote* [nota de rodapé], Demétrio nos fornece algum detalhamento:

A Universidade Estadual do Rio de Janeiro recebeu uma doação de US$ 1.3 milhão, que figura na lista das maiores da história do escritório, em 2001, quando implantou seu programa pioneiro de cotas raciais. A Universidade de Brasília implantou seu programa em 2004 e nos anos seguintes recebeu sucessivas doações. A Universidade Federal do Rio Grande do Sul resistiu até 2007, quando instituiu cotas raciais e recebeu US$ 130 mil. A Universidade Federal de São Carlos, outra "retardatária", foi contemplada com uma doação excepcional de US$ 1.5 milhão, em 2007, ano em que aderiu ao sistema de cotas.

Em síntese, a universidade brasileira andava louca por dinheiro, pouco importando que, para consegui-lo, tivesse de dar as costas às realidades brasileiras e fingir que isso aqui, desde o início, sempre foi igualzinho aos Estados Unidos. A Fundação Ford meteu dinheiro, muito dinheiro, no bolso e nas burras de deus-e-o-mundo, de instituições a militantes, passando por programas específicos e professores universitários "identifica-dos-com-a-causa", digamos assim, por assim dizer. De modo que o chamado resumo-da-ópera é o seguinte: a Ford banca identi-negros, identinegros apagam mestiços. Mas com a Ford atuando forte também fora do sistema universitário, inclusive acionando ONGs internacionais para injetar recursos no Conselho Indígena de Roraima, por exemplo, defensor intransigente da demarcação contínua da Terra Indígena Raposa da Serra do Sol.

Em tela, o imperialismo cultural

Da *CBS* e do *New York Times* à *Rede Globo* e à *Folha de S. Paulo...* todos agora no mesmo passo, apropriando-se lucrativamente do discurso "libertário" de emancipação dos "oprimidos", abolindo mestiços e mestiças da vida nacional brasileira, que agora todos são "negros", até os praticamente "brancos". Mas é isso mesmo. O decalque reina. E é realmente impressionante como a nossa grande mídia tardo-colonizada copia sem o mínimo pudor os princípios (e os fins) da matriz estadunidense. E é claro também, evidentemente, que não foi à toa ou por mero acaso que deram a um canal fechado da *Rede Globo* a denominação sintética (no sentido bioquímico-farmacêutico da palavra, inclusive – como em drogas sintéticas) de Globonews. Palavra-valise bolada no espaço laboratorial do *marketing*, é óbvio. Mas que carrega in-delevelmente consigo, de forma involuntária, uma boa dose de autocrítica. Porque aí vemos a coisa colonizada se exibindo em cena explícita, fratura exposta, atestado de rendição ideológica incondicional ao imperialismo cultural norte-americano, expresso na materialidade mesma do nome. "Globonews". Sim. Temos, em inglês, a palavra *globe*, do latim *globus*. Vocábulos como *global* e *globalism*, que dispensam tradução. Ou, ainda, como *globoid* e *globular*, que o velho *Webster* define como "*shaped like a globe or ball*", isto é, que tem ou adquiriu a forma de um globo ou de uma bola. E *news*, bem, *news*, todos sabem, é como traduzimos atualmente, em português castiço, para honra e glória da língua de Luiz de Camões e Sá de Miranda, a expressão anglo-saxônica *notícia*... Pois é: com um nome desses, tudo está dito. É como se o rei não precisasse mais de criança alguma no seu *script* – acenando e apontando ele mesmo para si; mostrando escancaradamente a todos a roupa nova de sua invencível e sórdida nudez.

Por essas e outras, tantas outras, chego aqui. É muitas vezes útil ressuscitar conceitos supostamente surrados, que pareciam superados ou até conjunturalmente suspeitos, desde que eles venham a assumir de fato uma função esclarecedora com relação ao momento e espaço em que nos movemos. É o caso do conceito de "imperialismo cultural", que parece nos embarcar subitamente num túnel do tempo, levando-nos de volta aos dias de vociferação esquerdista contra a agressão dos Estados Unidos ao Vietnã e de discursos inflamados em defesa do nacionalismo cultural e dos artesanatos (populares ou não) aqui existentes. Mas é claro que não se trata disso. O conceito não está irremediavelmente colado ou preso à década de 1960, quando surgiu. Não se trata aqui de combater uma tentativa de domínio físico, territorial, como no caso do Vietnã, nem de "preservar" supostas autenticidades, louvar este ou aquele "genuíno", nem defender uma qualquer "cor local". Mas, levando-se em conta o que vemos à nossa volta, focalizar o influxo cultural metrópole/colônia (ou do neometropolitano para o neocolonial) em nossos dias.

Não é este o espaço para entrar na discussão de teorias concorrentes que buscam dilucidar o fenômeno ou processo imperialista. Não há necessidade disso. Mas é sempre bom esclarecer em que sentido empregamos a expressão *cultura*. Porque esse conceito costuma oscilar entre o sentido "humanista" (culto ou cultivo do espírito, refinamento pessoal) e o sentido "antropológico", que foi abrindo o leque para abarcar desde o plano "humanista" até realizações materiais e práticas desenvolvidas por não importa que grupos ou grupelhos sociais, de caçadores africanos imemoriais a segmentos jovens das favelas de nossas cidades de grande e médio porte. Dessa última perspectiva é que se pode definir cultura como a soma dos atos técnicos e expressivos produzidos por um determinado povo ou sociedade. Em suma, tudo é cultura – e, se tudo é cultura, nada é cultura. Em *A Interpretação das Culturas*[146], o antropólogo Clifford Geertz já rejeitava esse desbordamento conceitual, preocupando-se então em "limitar, especificar, enfocar e conter". Evitemos então tanto a restrição "humanista" quanto o excesso "antropológico", ajustando taticamente a noção de cultura à dimensão simbólica da existência social. Ao *homo semioticus*. Ainda Geertz, no caminho de Max Weber:

> O conceito de cultura que eu defendo [...] é essencialmente semiótico. Acreditando, como Max Weber, que o homem é um animal amarrado a teias de significados que ele mesmo teceu, assumo a cultura como sendo essas teias e a sua análise.

Mas não vamos nos alongar. Devemos falar de imperialismo cultural sempre que um país hegemônico logra projetar dominadoramente suas práticas, crenças e códigos sobre um país menos poderoso. Assim, o país culturalmente dominante vai lógica e inevitavelmente aparecer, aos olhos do país subalterno ou dominado, como modelo a ser seguido e padrão a ser alcançado. Ele como que renuncia a si mesmo, à sua configuração forjada no tempo e nos jogos sociais, entre conflitos e interpenetrações, para se empenhar no sentido de tentar, por todos os meios e de todas as formas, se transmudar no outro que o subjuga espiritualmente. A se fazer cópia, sucedâneo ou contrafação – tudo sob o signo da velha *imitatio*. É por isso mesmo que é preciso mostrar

---

146 GEERTZ, Clifford. *A Interpretação das Culturas*. LTC: Rio de Janeiro, 1981. (N. E.)

– sempre – que não podemos fazer estúpida e espertamente de conta, com vistas a lucros políticos e/ou comerciais, que a história sociocultural do Brasil em nada difere da história sociocultural dos Estados Unidos, e que, em consequência, é perfeitamente legítimo transplantar automática e acriticamente para cá conceitos *nativos* estadunidenses, como o artifício racista da *one drop rule*, que, desprezando a ciência (a biologia, a genética), classifica como preto qualquer pessoa que tenha uma mínima gota de "sangue negro", quando, por essa mesma lógica, poderia ser classificada como branca qualquer pessoa que tivesse uma única gota de sangue branco. Não, nada é natural aqui, nem Brasil e Estados Unidos se fundem e se confundem irreconhecivelmente. O que acontece é uma imposição unilateral, que não necessita do emprego da força, recorrendo antes a outras instâncias de dominação, a começar pelo próprio prestígio de potência mundial, mas chegando lá na ponta a financiamentos da produção intelectual e outros meios de "consagração acadêmica" dos novos colonizados. Domina-se, submete-se mentalmente, o que não é nada difícil, o sistema universitário brasileiro, em sua área de "humanidades" – e este pode disseminar a visão da matriz, irradiando-se até mesmo em direção ao terreno já fértil da grande mídia, tradicionalmente de pernas abertas à penetração de produtos, técnicas, princípios e ideias *made in USA*.

Anos atrás, Pierre Bourdieu e Loïc Wacquant, no texto "Sobre as Artimanhas da Razão Imperialista"[147], estampado num dos números da revista *Estudos Afro-Asiáticos*, já tocavam justamente nisso – e com relação ao nosso caso. Escrevi sobre o assunto em meu livro *A Utopia Brasileira e os Movimentos Negros*, de modo que o retomo aqui. Bourdieu e Wacquant partem do princípio de que "o imperialismo cultural repousa no poder de universalizar

---

147 Disponível em: https://www.researchgate.net/publication/26356832_Sobre_as_Artimanhas_da_Razao_Imperialista. (N. E.)

os particularismos associados a uma tradição histórica singular". É o que estamos vendo de uns tempos para cá: os Estados Unidos tratando de universalizar suas experiências particulares, como se no mundo não houvesse outra história senão a sua: "hoje em dia, numerosos tópicos oriundos diretamente de confrontos intelectuais associados à particularidade social da sociedade e das universidades norte-americanas impuseram-se, sob formas aparentemente desistoricizadas, ao planeta inteiro". E mais:

> Assim, planetarizados, mundializados, no sentido estritamente geográfico, pelo desenraizamento, ao mesmo tempo que desparticularizados pelo efeito de falso corte que produz a conceitualização, esses lugares-comuns da grande vulgata planetária, transformados aos poucos, pela insistência midiática, em senso comum universal, chegam a fazer esquecer que têm sua origem nas realidades complexas de uma sociedade histórica particular [a dos Estados Unidos], constituída tacitamente como modelo e medida de todas as coisas.

O fato é que, como já disse em outras ocasiões, essa exportação de modelos e conceitos estadunidenses devidamente descontextualizados, como se eles tivessem valor universal, nos atingiu em cheio, transformando parte considerável do ambiente universitário brasileiro – mais precisamente: o setor de "humanidades", embora agora pressionando com força o campo realmente científico – numa espécie de McDonald's de construções ideológicas e sanduíches conceituais alheios. E o exemplo brasileiro, como disse, não sou eu quem dá. São os próprios Bourdieu e Wacquant, impressionados com a nossa rendição político-acadêmica ao cerco norte-americano. Um caso típico e acabado de colonialismo mental, de dominação simbólica, alcançada através dos mais diversos meios, alguns dos quais de difícil ou pelo menos constrangida admissão por parte dos submetidos ao novo jugo ideológico. Bourdieu e Wacquant:

Em um campo mais próximo das realidades políticas, um debate como o da "raça" [em que a particularidade da situação norte-americana é particularmente flagrante e está particularmente longe de ser exemplar] e da identidade dá lugar a semelhantes intrusões etnocêntricas. Uma representação histórica, surgida do fato de que a tradição norte-americana calca, de maneira arbitrária, a dicotomia entre brancos e negros em uma realidade infinitamente mais complexa, pode até mesmo se impor em países em que os princípios de visão e divisão, codificados ou práticos, das diferenças étnicas são completamente diferentes e em que, como o Brasil, ainda eram considerados, recentemente, como contra-exemplos do "modelo americano". A maior parte das pesquisas recentes sobre a desigualdade etnorracial no Brasil, empreendidas por norte-americanos e latino-americanos formados nos Estados Unidos, esforçam-se em provar que o país não é menos "racista" do que os outros. Ainda pior, o racismo mascarado à brasileira seria, por definição, mais perverso, já que dissimulado e negado. É o que pretende, em Orpheus and Power, Michael Hanchard: ao aplicar as categorias raciais norte-americanas à situação brasileira, o autor erige a história particular do movimento em favor dos Direitos Civis como padrão universal da luta dos grupos de cor oprimidos. Em vez de considerar a constituição da ordem etnorracial brasileira em sua lógica própria, essas pesquisas contentam-se... em substituir na sua totalidade o mito nacional da "democracia racial" pelo mito segundo o qual todas as sociedades são "racistas" [...] De utensílio analítico, o conceito de racismo se torna um simples instrumento de acusação.

Como explicar que um padrão particular tenha se elevado à condição de padrão universal, numa ofensiva vitoriosa de imperialismo cultural – e que ativistas e pesquisadores brasileiros tenham aceitado tão pronta e sofregamente o novo transplante racista?

> O fato de que, no decorrer dos últimos anos, a sociodiceia racial (ou racista) tenha conseguido se mundializar, perdendo ao mesmo tempo suas características de discurso justificador para uso interno ou local, é, sem dúvida, uma das confirmações mais exemplares do império e da influência simbólicos que os Estados Unidos exercem sobre toda espécie de produção erudita e, sobretudo, semierudita, em particular através do poder de consagração que esse país detém, e dos benefícios materiais e simbólicos que a adesão mais ou menos assumida ou vergonhosa ao modelo norte-americano proporciona aos pesquisadores dos países dominados,

comentam Bourdieu e Wacquant. Que arrolam ainda vários outros fatores em jogo; fatores que, conjugadamente ou não, conduziram à capitulação completa de nosso ambiente político-acadêmico diante do imperialismo cultural estadunidense. A saber, entre outros: a política de financiamento de instituições norte-americanas ("Poder-se-ia ainda invocar o papel motor que desempenham as grandes fundações norte-americanas de filantropia e pesquisa na difusão da doxa racial norte-americana no seio do campo universitário brasileiro"); a comercialização e a internacionalização da produção editorial universitária; a militância dos pesquisadores norte-americanos

> que vão ao Brasil encorajar os líderes do Movimento Negro a adotar as táticas do movimento afro-americano de defesa dos direitos civis e denunciar a categoria *pardo* [...] a fim de mobilizar todos os brasileiros de ascendência africana a partir de uma oposição dicotômica entre "afro-brasileiros" e "brancos".

Por fim, Bourdieu e Wacquant tocam ainda numa tecla importantíssima: "o imperialismo cultural [...] há de se impor sempre melhor quando é servido por intelectuais progressistas (ou 'de cor', no caso da desigualdade racial), pouco suspeitos, aparentemente, de promover os interesses hegemônicos de um país". E sabemos muito bem o quanto é extensa a lista de tais serviçais ideológicos em nossos ambientes políticos e acadêmicos. E é justamente a partir desses "intelectuais progressistas" nativos (ou serviçais ideológicos) e dos *campi* universitários locais, de uma parte, e, de outra, de uma alentada linhagem de subserviência dos meios eletrônicos de comunicação de massa em nosso país, que chegamos enfim ao presente, com a conversão da grande mídia nacional à nova religião política multicultural-identitária. E a Globonews, assumindo a seu modo o discurso "pós-moderno"/identitarista do sistema universitário, é um exemplo bem estiloso e titilante disso. Desses que atiram no lixo a nossa história social, cultural e biológica, e dispõem sobre a mesa as figurações e configurações norte-americanas, como se fossem universais. Talvez, quem sabe, um dia esses neocolonizados anglófilos aprendam que, a não ser sob o signo da fraude, a experiência sociocultural de um povo não pode ser simplesmente substituída ou trocada pela experiência sociocultural de outro povo. Que é o que estão fazendo, irresponsavelmente, com ares superiores de que assim começam a nos salvar da barbárie.

Mas vamos dar um arremate à conversa. Em linhas gerais, podemos dizer que a anulação/eliminação político-ideológica do mestiço brasileiro (mulato, cafuzo, caboclo etc.) vem da "sociologia negra" de Florestan Fernandes aos "rabiscos com intenção alfabética", como diria o velho Machado de Assis no *Brás Cubas*, que encontramos no atual ambiente semiletrado, jornalístico-acadêmico, do identitarismo esquerdista neonegro. Por esses descaminhos histórico-antropológicos é que hoje se vem promovendo o "genocídio estatístico" do mestiço no Brasil, através da grande fraude da leitura neonegrista do IBGE, que agora classifica como "negro" quem possui ascendência mesclada e até quem não tem sequer uma gotícula de "sangue negro" em seu repertório genético, como a massa de caboclos centro-sulistas, nordestinos e amazônidas que descendem de brancos e índios. Mas a verdade é que coisas como história, antropologia e sociologia não contam nada para essa turma, dos chamados "analfabetos funcionais" ao pessoal da "ignorância credenciada", como o intelectual negro norte-americano Thomas Sowell define desalumiados que ostentam crachás de graduação ou pós-graduação, indoutos com doutorados. Mas, nesse caso, não adianta argumentar: ideólogos e militantes só ouvem o que querem. Ou só são capazes de ouvir o que não ameaça seus princípios inflexíveis, por mais rasteiros e fraudulentos que sejam. E é claro que jamais alcançariam se ver como o que, de fato e em boa parte, são: agentes remunerados da dominação político-cultural imperialista norte-americana e da dominação interna nas relações interclassistas brasileiras. Não é em outros termos que o sociólogo Jessé Souza os define, em *Como o Racismo Criou o Brasil*, ao criticar o livrinho de uma militante-modelo (que parece ter levado excessivamente a sério o verso tropicalista de José Carlos Capinan, fantasiando encarnar a personagem da "guerrilheira-manequim, ai de mim", que faz uma ponta em "Soy Loco Por Ti, América"), uma espécie de mulata hoje semidondoca ou paradondoca, desfilando em passarelas da *Folha de S. Paulo* e da Academia Paulista de Letras, chamada Djamila Ribeiro, que virou *best-seller* no Brasil copiando a fórmula norte-americana do "falando como x", aqui traduzida como "lugar de fala". Voltemos então alguns passos, rebobinando o filme.

Em *The Once and Future Liberal: After Identity Politics*[148], o ensaísta social Mark Lilla descortina sinteticamente o cenário norte-americano:

> Avancemos agora para 1980. Ronald Reagan foi eleito e militantes republicanos estão botando o pé na estrada para difundir o novo evangelho individualista de governo mínimo [é sempre muito esquisito notar que neoliberais e velhos anarquistas coincidem neste ponto – Thoreau, o guru da

---

148 LILLA, Mark. *The Once and Future Liberal: After Identity Politics*. Harper: Nova York, 2017. (N. E.)

"desobediência civil", por exemplo: o melhor governo é o que menos governa] e para fazer campanha em eleições locais estaduais e legislativas em condados distantes. Também na estrada, embora deixando a rodovia interestadual por uma saída diferente, veem-se antigos ativistas da *new left* em kombis enferrujadas e coloridas. Tendo fracassado na missão de acabar com o capitalismo e o complexo industrial-militar, eles se dirigem para cidades universitárias em todo o país, onde esperam praticar um tipo de política bem diferente dentro das instituições de ensino. Ambos os grupos foram bem-sucedidos e ambos deixaram sua marca no país.

Foi assim que acabamos por assistir, no ambiente universitário norte-americano, a um novo casamento da esquerda e da Fundação Ford. É daí que vem a nova onda inundando tudo. Como não há quem ignore, foi o sistema universitário norte-americano que exportou a ideologia multicultural-identitarista para a *mainstream media* dos Estados Unidos. E ambos exportaram a nova muamba simbólico-ideológica (com seus dramas, sua dramaturgia, seu teatralismo) para o sistema universitário brasileiro, que a tudo engoliu sofregamente, e para a mídia mais rica e poderosa do país. Concorreu para tamanho sucesso um aspecto sociológico devidamente realçado por Bradley Campbell e Jason Manning, em *The Rise of Victimhood Culture – Microagressions, Safe Spaces, and the New Culture Wars*[149]. A nova ideologia formou-se e desenvolveu-se em instituições de ensino superior, cujos estudantes, em sua maioria, vinham do topo da hierarquia da distribuição social de *status*, filhos de famílias ricas ou relativamente ricas. "E, como um certo grau educacional prediz sucesso financeiro, os estudantes dessas instituições, depois que se formam, tendem a permanecer nas classes mais altas da população".

---

149 CAMPBELL, Bradley; MANNING, Jason. *The rise of victimhood culture: microagressions, safe spaces, and the new culture wars*. Palgrave Macmillan: Londres, 2018. (N. E.)

O fato é que o multicultural-identitarismo se firmou originalmente em instituições caras e altamente seletivas. Colégios privados como Oberlin e Brown estiveram na linha de frente da *victimhood culture*. Assim como Yale, cuja população estudantil é originária de segmentos ricos da sociedade. Ou seja: a nova ideologia começou concentrada num meio social que vai da alta classe média para cima. Com as consequências e implicações praticamente inevitáveis disso. Como os graduados por universidades de elite acabam ocupando posições influentes nos mundos dos negócios, dos governos e da mídia, ideias e ideais multicultural-identitaristas foram se projetando e ganhando força cada vez maior. E essa adesão das elites impulsionou a expansão desses projetos e modas, desde que, como ensinam Marx e Engels em *A Ideologia Alemã*, as ideias que vingam na classe dominante sempre se tornam socialmente hegemônicas. Bem. Pelo menos parte da elite que estuda nessas faculdades volta para dirigir empresas de calibre variado, mas numericamente significativas. E foi por esse caminho que o capitalismo ou o mercado, como queiram, abraçou/sequestrou os discursos e as causas identitaristas. De uma parte, entrando na viagem ecológica do combate ao aquecimento climático. De outra, empenhando-se no campo da "justiça social", que implica a promoção da "diversidade" e o engajamento na questão racial. As empresas passam a pensar o seu futuro financeiro numa sociedade mais tolerante, aberta ao "outro", plantada numa economia de baixo carbono, mantendo o aquecimento global sob relativo controle. É o novo capitalismo, *woke capitalism*, em cena – buscando salvar o planeta dos descaminhos do velho capitalismo e do velho industrialismo. Em suma: passamos a lidar com um capitalismo/imperialismo salvacionista, messiânico, dispondo-se a dar um jeito no mundo – e à sua maneira, claro, sem hesitar diante da eventualidade de atropelar governos, partidos e mesmo ritos democráticos. Estudiosos do assunto já divisam aí, de resto, a perspectiva da emergência de uma espécie de ditadura do "capitalismo politicamente correto".

Já que as massas não têm consciência real do que se passa de fato no mundo e que governos e partidos se mostram unânimes em sua incompetência para liderar a grande mudança planetária de caráter eco-sócio-racial, uma poderosa elite tecnocrático-empresarial cosmopolita ocupará o centro da cena para fazer o que considera que é preciso ser feito, no enfrentamento dos problemas ecossistêmicos e na superação da encruzilhada racial, salvando assim a Terra e a todos nós – com a maior margem possível de lucro, evidentemente. E é por esse caminho que segue a mimética classe dominante/dirigente brasileira, colocando a "diversidade" no centro mesmo do altar e ordenando como acha melhor o campo da luta antirracista no país. Neste caso, assumindo como sua e patrocinando objetivamente a movimentação político-ideológica que assegura que inexistem mestiços entre nós. Que o Brasil, cópia irretocável dos Estados Unidos, é um país rigorosamente dividido entre "brancos" e "negros". O que não deixa de ser muito curioso, quando constatamos que, quanto mais claro o mulato brasileiro cooptado por este projeto, mais extremista é o seu "negrismo". De qualquer modo, consuma-se, aqui, o sequestro do discurso identitarista. Que implica, como já estamos cansados de saber, o sequestro ou o sumiço do mestiço.

Mais duas ou três coisas

Em *Como o Racismo Criou o Brasil*, também Jessé Souza chama a nossa atenção para o que trata como "uma fraude neoliberal" travestida de "emancipação" – fraude que a esquerda identitarista anuncia aos quatro ventos com seu discurso supostamente "contestador", supostamente "libertário". Depois de assinalar que "a luta antirracista se presta a todo tipo de manipulação social e política", o sociólogo potiguar escreve:

A tese inicial deste livro é, portanto, a de que o neoliberalismo, ou seja, a própria legitimação simbólica do capitalismo financeiro global, vai se utilizar precisamente da linguagem do antirracismo para se legitimar. Isso significa, caro leitor, que o lobo neoliberal, para melhor explorar e oprimir, tem que assumir as vestes e a voz da sua vítima, ou seja, literalmente seu lugar de fala, para fingir que se transformou na boa vovó.

Aqui, a "vanguarda" identitarista fica à mercê e a serviço das classes dominantes, ao cumprir o seguinte itinerário. Ela se autoproclama "representante" de determinado grupo "oprimido" e sobe ao palco bradando que tem o "direito" e mesmo a "obrigação" de discursar em nome do grupo em questão. É a velha história do político (no caso, agora, no papel de militante da "comunidade") que se julga autorizado a falar pelos outros. É assim que uma pequena minoria de mestiços "falsos ao corpo", e por isso mesmo autodeclarados "negros", assume e monopoliza o "lugar de fala" da população de cor, que, por sua vez e a partir daí, é excluída da conversa, devendo permanecer silente. Detendo-se no livrinho *Lugar de Fala*[150], de Djamila Ribeiro, o sociólogo exemplifica. Quando a moça defende que a história do Brasil seja contada "por [*sic*] nossas perspectivas, e não somente pela [*sic*] perspectiva de quem venceu [isto é, os "brancos"]", Jessé pergunta e comenta:

> Quem é, afinal, o "nós" aqui? Esse é o grande não dito do discurso de Djamila. Ora, se os indivíduos negros podem não conhecer nada acerca de seu próprio espaço social, mas as narrativas verdadeiras devem ser contadas a partir de quem ocupe esse espaço, a única resposta possível é que o intelectual negro, certamente a própria Djamila, é na verdade a única instância autorizada a realizar esse discurso.

---

150 RIBEIRO, Djalma. *Lugar de Fala.* Jandaíra: São Paulo, 2019. (N. E.)

É nesse sentido preciso que Djamila descamba para a trapaça autoritária, embora aja como se não se desse conta disso.

> A autora parece não ter consciência de que essa é uma questão fundamental da teoria social e política há séculos. Quem, afinal, está autorizado a falar pelos outros? Se ela nos faz entender que... é possível para o intelectual "falar por eles", já que participam do mesmo *locus* social, ela está se alinhando a uma tradição muito complicada e autoritária da teoria e da prática políticas. [...]. Não por acaso, essa é a suposição de todos os regimes autoritários, que se arvoram em saber, mais do que os próprios indivíduos, quais são seus "verdadeiros" interesses ou seu "verdadeiro" lugar de fala. É o caso clássico, por exemplo, das ditaduras do socialismo real, quando o partido da "vanguarda do proletariado" supunha existir interesses instrumentais e econômicos padronizados para toda a classe trabalhadora, que deveriam ser impostos e defendidos mesmo contra os indivíduos recalcitrantes dessa mesma classe. A desculpa é a mesma de Djamila. São erros individuais, mas que podem ser corrigidos por quem tem a verdadeira consciência das necessidades objetivas das pessoas, as quais são expressas pelo compartilhamento de um mesmo lugar social.

Mais Jessé: "Quem fala pelos outros sem autorização expressa está necessariamente *supondo* e, portanto, manipulando a vontade política de uma minoria [um segmento 'oprimido'] convenientemente silenciada". E a moça é gulosa no seu afã de abarcar e absorver "lugares de fala", de monopolizar discursos "autorizados", como "representante" não escolhida, mas auto-proclamada, dos outros.

> O que o livro quer mesmo provar é que a própria Djamila – sendo, ao mesmo tempo, mulher e negra e, segundo ela, ocupando o degrau mais baixo e vulnerável da sociedade por conta disso – seria, portanto, a representante geral do

locus do oprimido, somando à vulnerabilidade da mulher a vulnerabilidade do negro. Assim, a defesa da própria posição social como a única a congregar todas as injustiças e, portanto, a única "autorizada" a falar em nome dos afetados por ela parece ser o motivo profundo e o prêmio real de toda a confusa argumentação do livro.

E ela de fato foi premiadíssima, aqui e alhures. E, como se fosse pouco, ainda parte para justificar em termos "revolucionários" seus bicos muito bem remunerados no reino da publicidade burguesa, a começar por fazer propaganda para uma bolsa da Prada que custa, vejam só, mais de 13 salários mínimos. Tome-se, ainda, o caso quase cômico do uísque do dia-das-mães. Pois é. Além de ser garota-propaganda da Prada, Djamila fez também publicidade para outro produto destinado ao mercado do luxo. Filiada ao PT, militante neonegra "transformada em intelectual pela Companhia das Letras", a modelo traz, no seu currículo, a piada (involuntária, presumo) do uísque. A anedota é a seguinte. A empresa lançou uma edição especial do Johnnie Walker Blue Label para o "Dia das Mães". E botou Djamila na campanha publicitária do produto. Tudo bem, ela poderia ter apenas embolsado a sua grana e fim de papo. Mas, não. A militante petista-identitarista se sente na obrigação de fazer o teatro de "libertária" ou "revolucionária" até quando vende uísque para ricos (um salário mínimo a garrafa de 750 ml). Daí a sua declaração ridícula: "A sociedade ainda enxerga a mãe nesse lugar do sacrifício, daquela que tem de abnegar de tudo, que tem que viver sempre em função dos filhos. E o que eu espero é que as mulheres possam ter escolhas de fato". Diante da declaração, Bruna Frascolla se viu sem alternativa, a não ser a do deboche:

> De fato, nem todas as mulheres têm a liberdade para escolher comprar garrafas de Johnnie Walker/Blue Label. Assim, ficamos no aguardo de políticas públicas direcionadas à inclusão da Mulher Negra no acesso ao Blue Label, um

verdadeiro direito humano. Com o "Meu Blue Label, Minha Vida", as injustiças históricas sofridas pela Mulher Negra serão enfim reparadas.

Mas, se me divirto com essas baboseiras esquerdoides de ver "emancipacionismo" ou "libertarismo" no comércio de uísque para produtoras do assim chamado "leite materno", de outras coisas não posso nem mesmo rir. Da ignorância, por exemplo. Djamila, por exemplo, além de se dizer "candomblecista", bem no estilo da nova boçalidade identitarista, emite asneiras sobre línguas africanas que não conhece. Mas a ignorância desses ativistas, sobre o candomblé e a África Negra, é já proverbial. Lembre-se como, no romance *Um Defeito de Cor*, de Ana Maria Gonçalves, o *oriki*, forma clássica do texto criativo *nagô-iorubá*, vira, pura e simplesmente, um tipo ou subtipo de oração cristã...

Mas não vou me ocupar disso agora. Meu tema aqui é outro. E o que me importa sublinhar é que promessas individuais de sucesso performático-midiático em meio a esse ambiente do identitarismo negrista são imediatamente cooptadas, por nossa classe dominante/dirigente, para compor a "nova elite negra" da sociedade brasileira. E, levando tal movimento em conta, é necessário ampliar o foco. O nosso já tantas vezes citado Jessé Sousa enquadra – e perfeitamente bem – a questão:

> Condenar ao silêncio o sofrimento da maioria e, ao mesmo tempo, dar visibilidade ao 1% dos negros e mulheres mais talentosos e mais aptos na esfera pública, de modo a parecerem "representar" todo o sofrimento social pelo simples fato de serem negros ou mulheres, não é um projeto pessoal de Djamila Ribeiro. Esse é o principal projeto político do capitalismo financeiro neoliberal há mais de 30 anos! O mesmo tipo de capitalismo que deixa 99% da população mais pobre em favor do 1% mais rico, mas que, para isso, precisa sequestrar a demanda por emancipação social, de

modo a "tirar onda" de progressista, quando o projeto, na verdade, é explorar, expropriar e deixar os outros na miséria. Djamila Ribeiro é apenas a versão mais bem-sucedida desse projeto neoliberal no Brasil.

Na verdade, a classe dominante/dirigente brasileira, diante dos dois grandes problemas que hoje nos afligem mais imediatamente – o das desigualdades sociais (que atinge indivíduos de todas as cores) e o das discriminações raciais –, tem suas respostas prontas. Com relação ao primeiro caso, há os que sustentam que o mercado, por seu próprio funcionamento, será capaz de gerar uma sociedade mais equalizada, e os que acham que isso só será alcançado através da ampliação das políticas públicas do *welfare state*. Com relação ao segundo problema, acredita-se que a "solução" está em patrocinar a ascensão social de uma nova elite negromestiça. Mas é claro que o projeto capitalista de criação de uma nova elite negromestiça não é coisa que se restrinja ao Brasil. Mira diversas nações. E a percepção de sua realidade excludente também já se vai universalizando. Veja-se, por exemplo, o livro *Elite Captures: How the Powerful Took Over Identity Politics (And Everything Else)*[151], de Olúfémi O. Táíwò, filósofo norte-americano de ascendência nigeriana – mais precisamente, *nagô-iorubá*, a julgar pelo seu nome. Como em Jessé, o tom e a postura de Táíwò são ostensivamente militantes. E o que eles dizem é basicamente a mesma coisa.

Dois colunistas da imprensa brasileira comentaram o livro de Táíwò. Um deles, João Pereira Coutinho, assinala que, na leitura de Táíwò, grupos socialmente poderosos (no empresariado, na mídia, na política) sequestram discursos e questões dos "oprimidos", mas mantendo incólumes as desigualdades sociais:

---

151 TÁÍWÒ, Olúfémi O. Elite Captures: *How the Powerful Took Over Identity Politics (And Everything Else)*. Haymarket Books: Chicago, 2022. (N. E.)

As grandes empresas são o melhor exemplo: se o lucro implica uma vênia à sensibilidade *woke*, as corporações são as primeiras a sinalizar a sua virtude, mesmo que os seus trabalhadores continuem a ser miseravelmente mal pagos. O mesmo acontece em todos os redutos da elite: a retórica é barata e traz lucro, material ou simbólico. Mas as relações de poder permanecem intocadas. Aliás, as elites só abraçam as pautas identitárias precisamente para que as relações de poder permaneçam intocadas. Uma das formas de o conseguirem, argumenta Olúfémi O. Táíwò, passa pela cooptação de elementos da minoria para que sejam figurantes no grande espetáculo da consciência social. Essa "política de deferência" significa apenas que as elites "passam o microfone" a alguém que foi marginalizado pelo sistema, desde que isso não altere o sistema. As consequências são inevitáveis: perde-se a ação coletiva, as decisões essenciais ficam cada vez mais distantes das pessoas marginalizadas, e as elites não abrem mão da sua supremacia e do seu paternalismo.

O outro colunista, Hélio Schwartsman, escreveu:

> Para Táíwò, está tudo dominado. Para início de conversa, as estruturas sociais são desenhadas para sempre favorecer as elites. É o que ele chama de capitalismo racial. Mas, como se isso não bastasse, vemos agora essas mesmas elites se apropriando da política de identidade, originalmente um movimento de resistência, para fazer avançar seus interesses, num fenômeno que o autor batizou de política de deferência. Hoje, a fina flor do capitalismo mundial, isto é, grandes bancos e *big techs*, não só encampa o discurso identitário como também promove a elite dos grupos marginalizados a posições privilegiadas. Os diretamente envolvidos ganham. Os empresários sinalizam sua virtude, os promovidos ficam com a promoção, mas a maior parte dos marginalizados continua marginalizada.

E o jogo é jogado. Em entrevista à *Free Press*, o analista político John Judis, ao falar do papel das fundações no financiamento de grupos identitaristas, exemplificou:

> O Black Lives Matter criou em 2015 um grupo chamado "The Movement for Black Lives". E eles tinham uma plataforma bem controversa – por exemplo, seguro de saúde e seguro de renda só para pretos. Queriam o fim das prisões públicas. E a Fundação Ford somou esforços com a Borealis Philanthropy para lançar um projeto de levantamento de recursos que, em seis anos, desse 100 milhões de dólares ao grupo The Movement for Black Lives.

Ou seja: além do agronegócio, existe também o afronegócio. Finkelstein fez um comentário indignado sobre o assunto. Diz ele que os identitaristas apresentam demandas aparentemente radicais, mas politicamente inconsequentes, como a do fim dos presídios e das polícias. Tais demandas ou são irrealizáveis ou deixam intacto o conjunto do sistema, ao tempo em que franqueiam, aos autodeclarados representantes de grupos oprimidos, o acesso ao clube exclusivo dos que têm posses. "Numa palavra, a política identitarista é um negócio – e, no caso da liderança do Black Lives Matter, negócio bem lucrativo e sujo." Essa gente faz fortuna denunciando racismo, capitalismo, sexismo, transfobia, homofobia, misoginia etc. (além de fazer publicidade de produtos de luxo), enquanto as massas que dizem representar permanecem marginalizadas. E é claro que, como diz Finkelstein, tal vanguarda identitarista jamais irá morder a mão de quem a alimenta. Não é nada diferente do que vemos no Brasil.

Como bem diz o nosso Jessé, somente "os membros mais aptos" do grupo oprimido ou marginalizado, "cuja *posição de classe* já era de relativo privilégio, terão efetivamente oportunidade de ascensão social". Para as classes dominantes, basta então incluir, no mercado de trabalho e na esfera pública, uma pequena porcentagem dos segmentos "oprimidos" – "e, de lambuja, o novo capitalismo ainda se legitima politicamente como 'emancipador das minorias oprimidas'". E numa visão panorâmica: "A grande esperteza do capitalismo financeiro e de seu progressismo neoliberal foi primeiro comprar os grandes jornais e cadeias de TV em todo o mundo, em um esforço dirigido de manipulação, para, em seguida, utilizar a 'linguagem da emancipação' nos seus próprios termos". É certo que vemos isso, obviamente, nas incursões *ecoblacks*, digamos assim, de uma empresa como a Natura. Mas o jogo fica especialmente visível quando se dá o *engajement* ideológico-identitarista da própria mídia, que é quando esta, além de se vender, não só se converte, como assume função apostolar, missão doutrinária. "No Brasil, a *Rede Globo* incorporou, como nenhuma outra empresa midiática, a nova narrativa neoliberal, transformando-a em leitura oficial da empresa", anota Jessé. E é fato.

A *Globo* hoje faz pregações explícitas. Suas novelas vêm carregadas de enclaves ideológicos, personagens proferindo panfletos, como na patriotada louvaminheira do agronegócio em *Terra e Paixão*. Mas, mesmo aqui, a apropriação ou o sequestro do discurso identitarista-libertário dos "oprimidos" pode encontrar obstáculos intransponíveis, dando com a cara na parede de outros interesses e conluios. Recentemente, um beijo lesbiano foi censurado na novela *Vai na Fé*, feita para paparicar "evangélicos". E um beijo no clima da sapataria não é nada, se comparado ao aborto. Aqui, sim, o tabu é total. Quem já viu alguma personagem de telenovela da Rede Globo defendendo enfaticamente o aborto numa conversa ou discussão qualquer? Ninguém. Quem já viu alguma personagem de telenovela da Globo abortando em cena ou, ao menos, num diálogo pós-aborto? Ninguém. E olha que militantes pró-aborto já procuraram diversas vezes gente da Rede Globo para, naquele estilo do jornalismo *advocacy* (importaram esse figurino também), tentar convencer a emissora a fazer isso. Até aqui, sem sucesso. A *Globo* se vangloria num filmete publicitário com seus funcionários (incluindo atrizes de novela como Regina Casé) de estar "transformando o mundo". Mas a verdade é que ela só é "libertária" quando ser "libertária" é lucrativo – diante da perspectiva de o lucro ir pelo ralo, num choque de encontro a "denominações evangélicas", esquece imediatamente a conversa fiada de transformar o mundo e volta a ser o que realmente é e nunca deixou de ser.

Quando vejo Jessé indigitando a jogada da classe dominante, no sentido da criação de uma nova e reduzidíssima jovem elite performática, negromidiática, com o propósito de anestesiar e manter silentes as multidões realmente marginalizadas e "excluídas" que *subvivem* (dizer "sobrevivem" é exagero) por todos os cantos do país, vejo também que aqui podemos atar as pontas com o que foi dito antes sobre esses novos reis do capitalismo *woke* que dispensam a democracia para realizar seus fins. Jessé é muito preciso e incisivo neste ponto: o capital não precisa mais de governos e partidos.

> O desafio aqui é legitimar a dominação social e política a partir do próprio mercado. Saem de cena os partidos que representavam correntes de opinião e visões da realidade e entram as próprias empresas vendendo "ecologia", "saúde alternativa", "inclusão de minorias", "bandeiras antirracistas", "emancipação" e "liberdade" – tudo etiquetado com códigos de barra, embalado e entregue em casa com todo o conforto da Amazon.

Já líamos isso, a bem da verdade, no estudo como *The Dictatorship of Woke Capital: How Political Correctness Captured Big Business*, de Stephen R. Soukup. É a liderança "esclarecida" do grande empresariado financeiro mundial que pretende salvar a sociedade e o planeta, à revelia de governos e partidos, que devem se limitar a cuidar de coisas menores. E parte significativa da chamada "sociedade civil" hoje não esconde que deposita suas esperanças no "mundo dos negócios". A *Economist* sublinhou o fato recentemente. Ou seja: entramos na era do capitalismo salvacionista antidemocrático.

No Brasil, quem se coloca na vanguarda desse casamento entre o "politicamente correto" e o lucro? Basta olhar em volta: Rede Globo, Natura, *Folha de S. Paulo*, Itaú-Unibanco, até gigantes do mercado de proteína animal, como JBS, Marfrig e Minerva. Pesos pesados do PIB nacional. No comando do "neoliberalismo progressista", como Jessé não cansa de repetir. Concordo, ao menos, em número e grau – já que ficou meio complicado falar em nome de gênero ultimamente. Mas acrescento algo que para mim é fundamental. Embora Jessé não toque no assunto (num sentido bem nítido, ele descende da "sociologia negra" de Florestan Fernandes, assim como dela descende, nesse mesmo aspecto, a teorização algo afrancesada do Muniz Sodré de *O Fascismo da Cor – Uma Radiografia do Racismo Nacional*[152]), não temos como contorná-lo: todo esse discurso de "justiça racial", hoje praticamente monopolizando nosso espaço discursivo, seja ele enunciado pela "nova elite negra" ou pelas principais frações da classe dominante que a patrocina, converge numa direção facilmente identificável: a afirmação fraudulenta do Brasil como nação bicolor, pela supressão ou destruição deliberada da figura social do mestiço.

---

152 SODRÉ, Muniz. *O fascismo da cor: uma radiografia do racismo nacional*. Editora Vozes: Petrópolis, 2023. (N. E.)

[POSLÚDIO]

Sem choro, nem vela

Lembrei-me aqui, neste final, do título de um poema (maravilhoso, como sempre) do inglês John Donne, que viveu entre a segunda metade do século XVI e as primeiras décadas da centúria seguinte, contemporâneo de Shakespeare e autor de joias linguísticas incomparáveis. Mas o que vou dizer a seguir nada tem a ver com Donne, com a "poesia metafísica" inglesa daquele tempo, nem com o poema em questão. Com o título do poema, apenas: "A Valediction: Forbidding Mourning"[153]. Ou: uma despedida – proibindo o pranto. Porque é disso que se trata: despeço-me aqui do eventual leitor ou da eventual leitora. Mas, como no poema de Donne e no samba de Noel Rosa – sem choro, nem vela.

E sei que será um *adieu* complicado. Deixar para trás a hoje tão poderosa ideologia identitarista (firmemente implantada em partidos políticos e até no discurso do poder), não será coisa fácil de acontecer. Muito – e muito – pelo contrário. Considero mesmo que a luta contra o stalinismo, quando ingressei no campo da esquerda, foi, comparativamente, muito mais fácil de ser levada adiante. Exatamente porque era uma luta circunscrita ao campo

---

153. O texto pode ser lido no original no seguinte site: https://www.poetryfoundation. org/poems/44131/a-valediction-forbidding-mourning. (N. E.)

da esquerda, quando nossos partidos e organizações *left-wing* não atravessavam um momento especialmente poderoso, ainda não recuperados da derrota histórica diante dos militares, experimentada em 1964. Seriam, aliás, novamente derrotados em 1968 – e, desta vez, de forma mais violenta. Hoje, o enfrentamento do identitarismo apresenta um aspecto inédito. Como essa maré ideológica praticamente dominou o espaço público, a luta já não se acha circunscrita ao território esquerdista. Pela primeira vez, vimos uma ideologia nascida na esquerda se espraiar em muitas direções e ser adotada, em graus variáveis, pelas classes dominantes e dirigentes do país. Especialmente, pela elite midiática nacional. Com isso, já não se trata, digamos, de uma luta de socialistas em geral e de trotskistas em particular contra o Partido Comunista Brasileiro e o Partido Comunista do Brasil. Mas de um confronto com a universidade, o capital financeiro, algumas correntes políticas e, o que é mais complicado, a grande mídia. Não é só, infelizmente. A superação vai demorar ainda mais – e principalmente – pela lavagem cerebral pró-identitarismo que atualmente se promove no campo educacional, desde os níveis pedagógicos mais elementares. Os processos educacionais públicos e privados, hoje em dia, simplesmente naturalizam a visão-de-mundo identitarista, transformando-a em senso comum para o conjunto da sociedade.

Resta-nos torcer pela e acreditar na vitória da racionalidade e do universalismo. Muito embora, nessa dimensão, eu concorde com o filósofo inglês John Gray, quando, em *The Silence of Animals: On Progress and Other Modern Myths*[154], ele nos diz, sem maiores volteios, que a ciência e a história mostram, com toda a clareza possível, que o ser humano é apenas parcial e intermitentemente racional. Aliás, em sua *Antropologia Filosófica*[155], o neokantiano alemão Ernst Cassirer já nos ensinava a não tratar o ser humano

---

154 Encontramos a seguinte edição brasileira: GRAY, John. *O silêncio dos animais: Sobre o progresso e outros mitos modernos*. Record: Rio de Janeiro, 2019. (N. E.)

155 CASSIRER, Ernst. *Antropologia Filosófica*. Mestre Jou: São Paulo, 1977. (N. E.)

como "animal racional" e sim como "animal simbólico". E agora Gray: "O conhecimento humano aumenta, enquanto a irracionalidade humana permanece a mesma". Ou por outra:

> Se há alguma coisa única, a propósito do animal humano, é a sua habilidade para incrementar o conhecimento a uma taxa acelerada, enquanto se mantém cronicamente incapaz de aprender com a experiência. A ciência e a tecnologia são cumulativas, enquanto a ética e a política lidam com dilemas sempre recorrentes.

Ao mesmo tempo, se não acreditarmos em nada, as coisas certamente ficarão piores. Mas, ao lado da esperança na racionalidade e no universalismo, vamos também acreditar na "fadiga de material" do próprio identitarismo. No cansaço que o "movimento" já vem provocando. E torcer pela proverbial rebeldia intergeracional que quase sempre caracterizou as sociedades democráticas do Ocidente, em cujo espaço o Brasil se inscreve, desde que confirmou sua opção ocidental em inícios da década de 1820, em nossa vitória sobre as forças do colonialismo português. Afinal, nunca precisamos tanto dessa proverbial rebeldia das futuras gerações. Nunca precisamos tanto de que os filhos contestem seus pais, rejeitando suas crenças político-ideológicas. Nunca precisamos tanto de que as novas gerações reneguem o que se estabeleceu no mundo. Mas isso não passa de uma esperança, evidentemente.

De outra parte, penso que estamos de fato ingressando em cheio numa era de intolerância. Vemos o fechamento do horizonte democrático avançando tanto pela direita quanto pela esquerda. A intolerância reina no terreno da extrema direita, assim como no campo da esquerda radical. A esquerda, de resto, tem uma forte herança antidemocrática, que vem de seus "founding fathers", Marx e Engels, ambos condenando a democracia ("burguesa") e propondo abertamente a implantação de uma ditadura ("do proletariado"), mas também de sua prole mais ilustre, de Vladimir

Lênin a Pol Pot e seu Khmer Vermelho, de Joseph Stálin a Mao Zedong, de Leon Tróstski a Fidel Castro. Já assistimos, em outras ocasiões, ao fechamento do horizonte democrático no Brasil. Na década de 1930, por exemplo, de par com a ascensão do nazismo e do fascismo na Europa. Entre nós, a ideia democrática perdeu força então, murchou, tanto no âmbito da direita, com a projeção do integralismo, quanto no meio da esquerda, inclusive com o Partido Comunista radicalizando na chamada "intentona" de 1935. O desfecho foi a implantação da ditadura do Estado Novo, sob Getúlio Vargas, em 1937. De certa forma, acontece hoje o que se viu naquela década. Agora, como então, o espaço político está fraturado em polos extremistas que ou rejeitam ou podem rejeitar a democracia, ao passo que as correntes políticas "moderadas" se veem sem força suficiente para se impor e evitar o esvaziamento do centro democrático. Mas com uma diferença altamente significativa. Naquela época, os Estados Unidos seguraram a onda da democracia, provocando, entre tantas outras coisas, a redemocratização brasileira, com o fim da ditadura varguista. O problema é que a barra hoje é muito mais pesada. O questionamento da democracia é planetário – e mesmo os Estados Unidos podem dançar, vendo sua democracia entrar em parafuso.

Quando dizemos que o questionamento da democracia é planetário, devemos repetir à exaustão que ele se articula e se produz, como foi dito, tanto à direita quanto à esquerda. Vem dos terroristas patrocinados pelo Irã à esquerda identitarista financiada pelo capital internacional. Mas não é só. Em novembro do ano passado, o direitista radical Geert Wilders venceu as eleições na Holanda, país sempre citado como exemplo de lugar libertário, liberalíssimo etc. Giorgia Meloni e Marine Le Pen se projetam cada vez mais na cena europeia. Javier Milei é o presidente da Argentina. Trump tem tudo para ganhar as eleições norte-americanas. Na esquerda, todos falam de democracia – mas é da boca para fora. A esquerda que mergulhou na criação do PT nunca foi democrática. Não nos esqueçamos dos leninistas e trotskistas, dos ex-militantes da esquerda armada, que estiveram na criação do partido. Não adianta posar de defensor da democracia sem nunca a ter de fato defendido. E o identitarismo é a favor de toda truculência autoritária (da violência física para calar seus dissidentes, inclusive), desde que isso contribua para a imposição de seus dogmas ao conjunto da sociedade. Essa gente exige a demissão de professores e jornalistas, ataca de modo exemplarmente canalha seus adversários, defende a censura etc. etc., relativizando de uma ponta a outra a democracia. E não se incomoda nem um pouco com suas escandalosas contradições. Madeleine Lacsko: "Entramos então na realidade de grupos que praticam o discurso de ódio para conter o discurso de ódio, sendo lenientes até com a violência física porque, se não cometer a violência física para conter o discurso de ódio, ele pode levar à violência física". E um "cala-te boca" colossal, apavorantemente ameaçador, esboça o seu desenho repressivo sobre o mundo, com o propósito último de cancelar a vida mental da humanidade, em tudo que ela tiver de criativo, irrequieto, interrogativo, contestador.

Diante do que vejo, me vem sempre à lembrança o título do livro de Hannah Arendt, *Men in Dark Times*[156]. Confesso que não tenho maior otimismo com relação ao mundo e à época em que ainda me movo. Mas, de todo modo, tenho esperança. São coisas distintas, como a filósofa Susan Neiman sublinha. O otimismo apresenta-se sob a forma da previsão. A esperança não prediz nada. O otimismo é uma recusa a encarar os fatos – a esperança deseja mudá-los. E eu me encontro nesta posição, com meus desejos e meus gestos práticos visando à mudança. À transformação das ideias e das circunstâncias vigentes. Ainda assim, acho que, embora a primeira hipótese não seja facilmente descartável, em vez da "hard rain" de Bob Dylan, relativa a uma guerra nuclear, estamos reentrando nos

---

156 Encontramos a seguinte edição brasileira: ARENDT, Hannah. *Homens em tempos sombrios*. Companhia bolso: São Paulo, 2008. (N. E.)

"dark times" de Hannah Arendt, não simplesmente com relação a nazismos, mas no sentido geral do ingresso numa Era da Intolerância. Espero, sinceramente, que essa minha intuição ou profecia esteja equivocada – e que eu pertença à tribo dos *pseudoprophêtai* de que fala o "Evangelho Segundo Mateus". Mas não posso deixar de registrar a percepção de que estamos entrando num túnel sem luz. A própria Hannah escreveu: "A história conhece muitos períodos de tempos sombrios, em que o âmbito público se obscureceu e o mundo se tornou tão dúbio que as pessoas deixaram de pedir qualquer coisa à política além de que mostre a devida consideração pelos seus interesses vitais e liberdade pessoal". *Dark times* são sofridos hoje na Rússia de Putin, no Irã dos aiatolás, na China de Xi Jinping, no Afeganistão dos talibãs. E as sociedades democráticas do Ocidente não estão de modo algum a salvo de uma pavorosa imersão na mais escura escuridão.

Anos atrás, Camille Paglia já observava que as universidades e a grande mídia norte-americanas estavam patrulhadas por uma "polícia do pensamento, tão dogmática em seus pontos de vista quanto os agentes da Inquisição espanhola". E Bari Weiss (editora e articulista do *New York Times* que bateu na mesa e pediu demissão, recusando-se a aceitar a rendição do jornal ao fascismo identitarista):

> Na esquerda, o liberalismo [político] se encontra sob o cerco de uma nova ortodoxia iliberal que se enraizou por todo canto, incluindo as próprias instituições que deveriam sustentar a ordem liberal. E o cancelamento é a arma mais efetiva dessa ideologia. Ela usa o cancelamento do mesmo modo que antigas sociedades usaram fogueiras para queimar bruxas: para encher de medo os corações de quem vê isto acontecer.

O termo de comparação com a agressiva disposição ditatorial do identitarismo, portanto, são as práticas do mundo inquisitorial ibérico e a caça às bruxas dos séculos XV a XVII. Ou seja: ao examinar o que está ocorrendo nos dias de hoje, Camille e Bari, tomando como referência e paralelo a Inquisição, assinalam – clara e corretamente – o advento de uma nova Era de Intolerância, capaz de, em última análise, instaurar o totalitarismo em escala planetária.

De qualquer sorte, mantenho a firme convicção de que é preciso derrotar tanto o autoritarismo populista da extrema direita quanto o autoritarismo da esquerda multicultural-identitarista. E penso que a realização de tal empreitada, hoje, teria de passar por uma aliança entre a centro-direita e a esquerda democrática. Mas vejo que essa aliança vai ficando sempre mais difícil, mais remota. Em artigo recente no *New York Times*, "Europe May Be Headed for Something Unthinkable", o analista Hans Kundnani chamou a atenção para mudanças inesperadas no campo da União Europeia, com a vitória eleitoral da extrema direita nos casos de Roberto Fico na Eslováquia e Geert Wilders na Holanda. O húngaro Viktor Orbán e a italiana Giorgia Meloni, dirigente dos *Fratelli d'Italia* e presidente do Partido Conservador e Reformista Europeu, já não são personalidades algo solitárias. Pelo contrário. E Kundnani acredita que as elites europeias têm mesmo com o que se preocupar. Porque o que vem acontecendo é uma aproximação cada vez mais nítida e consistente entre a centro-direita e a extrema direita, em torno de questões consideradas cruciais para ambas, como a identidade europeia, a imigração e o Islã – temas visivelmente entrelaçados. Essa convergência desenha no horizonte, tornando-a plausível, uma possibilidade até há pouco tempo simplesmente inimaginável: a de uma União Europeia de extrema direita.

Kundnani observa que a centro-direita vem se reconfigurando e se reajustando sob a influência do populismo de direita, enquanto a extrema direita vai se fazendo algo mais moderada. Na verdade, as duas vertentes já se encontram juntas em governos de países europeus, como vemos na Áustria e na Suécia. E penso que ele está certo quando diz que a centro-direita não tem problema com a extrema direita, mas sim com tudo que é capaz de desafiar as instituições e posições da União Europeia. Uma ameaça real e que vem de fora. Kundnani lembra que o bloco europeu tem dado dinheiro a regimes ditatoriais da África para que eles impeçam que imigrantes subsaarianos alcancem a Europa. Não querem uma Europa não branca. E muitos líderes europeus, a exemplo do francês Emmanuel Macron, já acionam uma retórica embasada na "guerra de civilizações", para citar a fórmula surrada de Samuel Huntington. Afirmam que a "civilização europeia" está em perigo, graças principalmente ao Islã, aos muçulmanos. E defendem uma Europa cuja identidade central é branca e cristã. Temos então um confronto entre o identitarismo branco europeu e o identitarismo islâmico e seus apoiadores da esquerda multicultural-identitarista europeia. E não vejo como não concluir que, nesse confronto, a centro-direita vai marchar junto com a extrema direita.

Também no Brasil a aliança entre a centro-direita e a esquerda democrática se mostra uma possibilidade de muito difícil realização. Antes de mais nada, porque a esquerda democrática se tornou uma força política frágil, num país drasticamente polarizado. Mas há mais que isso. Nas eleições presidenciais de 2022, uma boa fatia do centro e da centro-direita aproximou-se da esquerda com o objetivo de derrotar o bolsonarismo. E fez isso acreditando, ingênua e piamente, que Lula da Silva e o PT fariam um governo de "frente ampla". Ora, acreditar nessa conversa fiada era desconhecer a história e a natureza do PT. O governo é Lula – e ponto final. Com a ressalva de que ele não faz somente o que quer, mas também o que a Câmara e o Senado, hoje especialmente poderosos, o obrigam a fazer. Na verdade, Lula e o PT sempre tiveram horror a coalizões. Na prática, acabam se vendo na obrigação (detestável) de fazê-las, porque de outro modo não teriam como governar. O PT hoje, no Congresso Nacional, é uma força bem minoritária. E o peso de seus aliados esquerdistas é irrelevante. Logo, Lula e o PT são constrangidos a fazer alianças e outros conluios para não ficarem totalmente paralisados no governo, o que os conduziria a péssimos desfechos eleitorais. Nada garante, contudo, que o centro democrático, que votou para eleger Lula (e foi decisivo para o desfecho da disputa), vá votar para reelegê-lo. Seja como for, sempre que podem, Lula e o PT investem contra seus próprios supostos parceiros. A cartilha política do PT, ao lado da retórica social, só aceita de bom grado duas coisas: autoritarismo e hegemonia. Ao tempo em que abomina outras duas: coalizão e autocrítica. Recentemente, por sinal, falando no 26º Encontro do Foro de São Paulo, que reuniu em Brasília os partidos "latino-americanos" de esquerda, Lula bateu exatamente nesta tecla: a esquerda não deve discutir publicamente seus erros, pois isso alimenta a direita. É o contrário mesmo do que dizia Gandhi, ensinando que a verdade não traz prejuízo a uma causa justa.

Mas prossigamos. A relação com a direita e a centro-direita democráticas pode se complicar ainda mais se a esquerda identitarista se tornar excessivamente forte. Na conjuntura em que nos encontramos, Lula trata de instrumentalizá-la. Mas não deve ser visto, ele mesmo, como um identitarista. Longe disso. Apesar das declarações ambientalistas e das falas identitaristas pontuando aqui e ali o seu discurso, Lula não é genuinamente ecológico, nem sinceramente identitarista. No momento, temos uma primeira-dama e alguns ministros identitaristas, mas também temos ministros de direita. Como diz um amigo, o governo posa de identitarista em ocasiões festivas. Fora desses dias de festa ou de manifestações em eventos internacionais para manter uma imagem "progressista" do país no exterior, a conversa é bem outra. Lula sabe que a grande maioria do seu eleitorado nada tem de identitarista. Apesar de certos ímpetos, a sociedade brasileira é maioritariamente conservadora. Vemos isso claramente na já célebre pesquisa "A Cara da Democracia", do Instituto da Democracia, com pesquisadores da Universidade Estadual do Rio de Janeiro, da Universidade de Campinas, da Universidade Nacional de Brasília e da Universidade Federal de Minas Gerais. De acordo com o mapeamento, somente 22% dos brasileiros se definem na extrema direita e 11% na extrema esquerda. Ou seja: a maioria segue navegando pelo centro. Especificamente, 77% dos eleitores de Lula são contra o aborto e 71% contra a descriminalização das drogas. Mais: 33% do eleitorado lulista consideram indiferente que vivamos ou não numa democracia. E um dado muito interessante: mais lulistas do que bolsonaristas acreditam que a terra é plana. Mas, mesmo diante desse quadro, admitindo-se a hipótese de um fortalecimento excessivo do identitarismo, aí sim é que a possibilidade de uma aliança com a direita democrática ou "civilizada" vai por água abaixo. Por uma razão simples e profunda: a direita é nacionalista – e o identitarismo é a negação da nação.

Em todo caso, para dizer uma obviedade, é claro que o identitarismo não vai durar para sempre. Uma hora os ventos irão soprar mais forte em outras direções. Lembre-se de Yascha Mounk sublinhando que "quanto mais nos atolamos na armadilha identitária, mais oposição esta vem gerando". Mounk, aliás, observa que o identitarismo conquistou tão velozmente o espaço público que muita gente nem teve tempo de entender sua natureza e suas consequências. Mas, com o passar do tempo, as pessoas estão percebendo seus efeitos perversos. E até já não hesitam em expressar seu desconforto e insatisfação com o que veem. Por isso mesmo, acha ele que existem já sinais visíveis de que o tsunami identitarista começa lentamente a sair de moda – *fall out of fashion*. Mas é melhor não duvidar de que muito dos absurdos e sectarismos do "movimento" parece ter vindo para ficar. O mais provável é que o identitarismo, em vez de desaparecer, vá se convertendo gradualmente na próxima esquerda tradicional, na próxima velha esquerda. Nesse passo, pelo menos parte de seus excessos terá sido eliminada. Mas terá de ser eliminada com clareza e energia. Para isso, serão necessárias (e muito) vontade e determinação coletivas. Só assim a sociedade se livrará dessa conjuntura de "guerra civil" em banho-maria 24 horas por dia. Porque a aposta política e filosófica do identitarismo é que a vida social, por sua própria essência e seu próprio caráter, se desenrolará sob os signos da tensão e do conflito *per omnia saecula saeculorum*[157].

Em "O Identitarismo e a Mediocridade Nacional", escrito enfeixado na coletânea *A Crise da Política Identitária*, o cientista político Carlos Sávio Teixeira e o filósofo Tiago Medeiros, depois de assinalar a "hiperpolitização da vida" no circuito da ideologia identitarista ("Os indivíduos são concebidos como atores políticos *full time*", num empobrecimento absoluto da subjetividade humana), observam que "os movimentos identitários operam pela primazia do conflito sobre os demais processos sociais". E acrescentam: "[...] na retórica identitária, o conflito, que é apenas um entre esses processos [sociais], adquire a envergadura ontológica de fundação e reprodução do conflito social". E isso implica o seguinte: "O imaginário identitarista assevera que, somente na observância da natureza conflitiva da vida social e do posicionamento consciente contra os adversários ou inimigos, os sujeitos adquiririam a sua autonomia". Trata-se de uma ênfase total na "dimensão beligerante da vida em sociedade". E é justamente a isso que me refiro quando afirmo que o identitarismo significa a aposta numa guerra civil em banho-maria 24 horas por dia.

Penso, ainda, que o debate entre a esquerda universalista e esta esquerda particularista, centrada em minorias e identidades grupais, ainda vai dominar as próximas décadas. E isso deve demorar de passar, ainda mais no Brasil, que, em matéria político-
-ideológica, anda vegetando sob o signo do atraso. Millôr Fernandes já dizia que, quando uma ideologia colapsa nas democracias ricas do Atlântico Norte, ela ainda tem, como prêmio de consolo, uma sobrevida no "patropi", nos tristes trópicos brasileiros. No caso do identitarismo, lembro-me de uma observação de Bock-Côté. Com o "socialismo clássico" nocauteado, emergiu, para ocupar

---

157. Em tradução livre: "Pelos séculos dos séculos". (N. E.)

o vazio aberto no campo da contestação ou do contestacionismo crônico, a ideologia identitarista. "No entanto, é a partir da década de 1990 que ela será preponderante nos partidos políticos e que, mais amplamente, ela virá a exercer uma hegemonia ideológica no conjunto do espaço público". No Brasil, essa virada identitarista só vai acontecer já entrado o século XXI. De modo que o mais provável é que, quando tiver evaporado em outros cantos, ela deverá ainda resistir por aqui.

Até lá, acredito que devemos nos centrar em nosso diferencial, sublinhando, com cores vivas, um antirracismo mestiço universalista, voltado para a redução das distâncias e das desigualdades sociais. Além disso, penso como o leitor citado por Susan Neiman, que, depois de ler os originais do livro *Left Is Not Woke*, comentou que, ao lado do universalismo, da justiça e da crença no avanço social, seria importante também ressaltar o papel da dúvida na construção de um novo pensamento de esquerda. Perfeito. É necessário que o compromisso com a dúvida ocupe sempre um lugar de destaque em nossos corações. Na verdade, diante de tanto dogmatismo sectário, de tantos supostos monopólios da verdade, penso que bem poderíamos fazer uma campanha mundial em favor da *dúvida*.

Para finalizar, digo apenas que não tenho como prever o dia exato em que esta gigantesca e monstruosa fantasia ideológica do identitarismo terá sido superada. Mas espero confiante que, no dia em que isso acontecer, que seja logo de manhã. Bem cedo. No primeiro horário.

Acompanhe a LVM Editora nas Redes Sociais

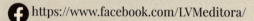 https://www.facebook.com/LVMeditora/

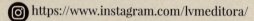 https://www.instagram.com/lvmeditora/

Esta edição foi preparada pela LVM Editora com tipografia Playfair Display e Anton em junho de 2024.